I0519242

论中医的科学本源

——基础理论篇

张弓 著

加拿大国际出版社

Canada International Press

书名：论中医的科学本源——基础理论篇

作者：张弓

出版：加拿大国际出版社 www.intlpressca.com

Email: service@intlpressca.com

2024 年 3 月加拿大第一版

2024 年 3 月第一次印刷

印刷版国际书号 ISBN：978-1-990872-88-4

电子版国际书号 ISBN：978-1-990872-89-1

版权所有，翻印必究

Title: On the Scientific Origin of Traditional Chinese Medicine - Basic Theory

Author: Gong Zhang

Publisher: Canada International Press

www.intlpressca.com

Email: service@intlpressca.com

First Edition in Canada, Mar 2024

First Printing, Mar 2024

Printed Edition ISBN: 978-1-990872-88-4

E-Book ISBN: 978-1-990872-89-1

All rights reserved © Canada International Press.

Unauthorized reproduction prohibited.

前言

　　中医到底是科学的还是不科学的一门学问或医学体系，这个问题是事关中医存在与发展的核心问题，是每一个从事中医事业和关心中医发展的人所必须要面对的问题。面对整个世界现代医学体系越来越紧迫的质疑和挑战，对这个基本问题的回答如果总是似是而非、躲闪回避，那么无论中医事业在全球各地建立了多少楼、堂、馆、所，中医旗帜即使插遍了五洲四海，它都会象一块石头一样沉重地压在每个关心中医发展的人的心头，中医事业仍然会时时面临着潜在的生存危机，因此这个问题必须要回答，而且要回答的清清楚楚。

　　一门学问或体系是不是科学的，是否属于科学范畴、符合科学研究领域的客观要求，不能取决于任何人的主观喜好和臆断，而恰好必须要以科学的态度来判断其科学性。那么什么是科学的态度呢？科学的态度就是以客观、实事求是的精神，以客观实践为基准、不受人为主观意识左右的求实态度。在科学研究领域，其对应的研究方法就是科学研究方法。以科学的研究方法得出的在某一领域的研究成果必然具有科学性、客观存在而又不断发展的属性。它随着人类认识的深入不断地去粗取精、去伪存真、接近真理。真理的相对性使其具有阶段性正确的特点，我们可以将它看成是数学中的分段函数，只要在每段所对应的自变量和因变量的函数关系保持时间和空间的连续性，以及在客观约束条件下具有可重复性，就可以认为其具有科学存在的意义，其表现结果形式就是"唯物"的。

　　但任何高水平的科学探索研究又存在主观上"唯心"的成分，这个"唯心"的成分与客观事物本质接近的程度极大地取决于研究者科学认知和创新的综合能力。所以"大胆假设、小心求证"、"既异想天开、又事实求是"是对每一个科学研究和探索者最基本也是最高的要求。因此在"主观"与"客观"、"唯物"与"唯心"双方寻求平衡的目标和与之对应的相互渗透和辩证统一的研究方法就是探索科学未知领域的根本方法。而中国的传统医学五千年的成功实践就是这种科学探索最生动、最精彩、最富有成果的体现。

如果按照医圣张仲景的自述，将他撰写《伤寒杂病论》所用之参考资料汇总起来，放到今天不过十本书左右，中医的理论基础经典《黄帝内经》也不过十万字，却护佑了中华民族生生不息两千多年。其中的基本概念、思想、方法论渗透到中国人生活的每一个层面、每一个层面的侧面、每一个细节、每一个细节的细枝末节。

说到中医就离不开"阴、阳"，这是让很多人困惑和发狂的概念。其实站在科学研究和探索的角度，转换一下思维方式，就可以十分欣喜地体会到它的精妙所在。这个概念的提出毫无疑问是中华民族的原创和骄傲，因为它实际上使中国古人先贤的思维方式从一开始就处于极高的正确认识世界的思想境界，几乎接近于哲学的顶峰。当所谓的"古希腊的哲学家"还在热衷于"生存还是死亡"、"活着还是不活"、"物质与意识"、"人能否追上乌龟"等等话题且争论不休的时候，中国的古人先贤早已凭借"老子"提供的智慧，随心所欲地运用着"阴、阳"这把辩证法的利剑"一分为二"地巧妙解决着生活中各种难题、战胜着各种疾病伤痛，闯过了一道道艰难险阻、战胜了无数的苦难，终于使中华医学文明近乎完整地呈现在我们世人的面前。当今世界，其它的文明如所谓的古希腊、古埃及、古印度、古巴比伦、玛雅等等早已灰飞烟灭，只剩下一些残垣断壁供游人凭吊考证，只有中华文明从远古走来却越来越年轻、越来越充满生机和活力。在这个令全球华人倍感骄傲的文明中，中华传统医学的靓丽身影越来越令世界瞩目，如果它背后没有科学的思想和实践作为动力和支撑，能够走到今天，首先从历史唯物主义和科学的逻辑上讲就不可能成立。因此十分有必要在此进行认真地讨论和分析。

　　"阴、阳"的概念如同一座脚插大地、高耸入云的通天塔，说它光芒万丈毫不过分。因为实际上它描述的就是整个宇宙演变的基本规律和所有生物与生具有的求生存的最基本技能，作为人类这种最高等级灵长类动物只不过是将它发挥、思辨到了哲学高度，而中国古人以它为基础建立了完整优美的哲学理论体系。要涉及此话题，是有门槛的，至少你需要具有自然和唯物辩证法的基本概念和一定的基础科学知识储备，要有进行科学、哲学思考的基本训练和相应的能力。好在我们每个正常完成了九年制义务教育的人一般都具有这个能力。从中学开始，我们就已经跟随教学大纲和课本开始了科学、哲学和辩证法的学习和思维训练，因此，我们就以概念复习的方式，重新领悟科学的内涵，并将之用于"中医科学性"论证。因为我不是研究哲学和辩证法的专业人士，所以必须要用一种最通俗和大众化、最容易理解的语言和方式来分析和论证。

　　很多人经常说中国古人开创的哲学是"朴素的唯物主义"，依据是古人生活在环境恶劣、物质贫乏、不具有现代科学知识的年代，不可能产生"科学"的思想。我是完全不能同意这种想当然的说法的，倒是觉得如果用"完美的唯物主义"更妥帖些。其实要验证古人的思维很简单，我们只要从一个新生儿对待整个世界的反应就可以感悟出古人的思维方式。因为人类进化的漫长历史全部都刻录在了人类的遗传基因中了，上下五千年的中华文明对于人类历史来讲只是"白驹过隙"的一个瞬间。五千年前的"黄帝"，那个来自轩辕氏族的聪明男孩出生时和我们现在从妇产院抱出来的任何一个健康男孩身体基本结构组成完全是一样的，只不过按照《史记》和《黄帝内经》前言所说，他先天禀赋极高、大脑发育及其完善、非常非常聪明。所以古人和今人，在生命的起跑线上的表现是完全一样的。当他睁开双眼面对一个全新的世界，首先需要做一个最基本的判断："谁是他的亲人？谁不是？这是在这个世界上生存下去的首要问题"，这就是他面临的人生的第一个"阴、阳"哲学问题。如果"阴"代表不是亲人，"阳"代表是亲人，一般情况在亲人妈妈和爸爸的怀里，他会比较安稳，有时还会露出满意的微笑；反之，他会比较紧张、不安烦躁、经常哭闹。他的判断标准来源于他的感觉，他的感觉来源于在妈妈子宫里发育成长时的所有信息储备，来源于代表"阴、阳"的卵子和精子结合着床之后进行胚胎发育的全过程。在母亲身边，饿了他会找奶吃，浑身使劲、充满了"阳"；饱了，就睡了，安静沉稳，纯阳之体又充满了"阴"。在他的体内，母亲提供的丰富营养物质"阴"不断进行着化学反应转化成能量"阳"使他能够维持正常的新陈代谢，肌体组织细胞按照父母提供的 DNA 双螺旋链之上的嘌呤和碱基对组成的"阴、阳"生长密码以 2 的 n 次方快速地分裂成长，自我修复和完善机制在充足的营养物质供应下不断裁剪着身体的外形轮廓和完善着内脏器官的结构和功能，他一天天长大起来。思想"阳"的深刻变化与身体"阴"的成熟发育以相互平衡的方式你争我夺地向前冲刺着。按照《黄帝内经》女七男八的生长周期，当他进入到十六岁花季时，就要准备开始寻找生命中的另一半"阴"了，因为这是人类生命遗传基因和氏族的期盼赋予的使命和责任。

　　我们每一个人都还会有这样的记忆，就是当我们还是个孩子时，每当看到有关战争的电影时，都会紧张地不断地问身旁的大人："谁是好人？谁是坏人？"，为什么会总是这样让别人烦？因为我们那时的思想同孩童时的"黄帝"是一样的，还很单纯、还很"上古"、还很"天真"、还不能辨明是非对错，所以我们就会下意识地采用从骨子里带来的哲学"一分为二"的基本方法来将面对的复杂事物简单化，这样才能放松心情，不那么焦虑、滋滋有味地把电影看下去。随着我们不断地成长，面对复杂纷乱的世界，我们也是不断地这样运用"二分法"的原则发现问题和解决问题。所有这一切的过程就是利用"阴、阳"概念、平衡"阴、阳"体系的过程。对于简单的个人生活历程也是如此，"谁能做我的好朋友？谁不能"？，"我是学西医？还是学中医？"，"是出国闯荡去拼搏？还是留在国内奔副处？"，等等等等。对于复杂的社会历史变革也是如此，"谁是我们的敌人？谁是我们的朋友？"，在这个看似最简单也是最复杂、最严酷的问题面前，很多人都会突然"心神失常"、丧失正确的判断能力。正因为如此，年轻时代的毛主席所著的收录在《毛泽东选集》中第一篇文章《中国社会各阶级的分析》开宗明义第一句话就给出了坚定的回答："这是革命的首要问题"。其中的潜台词就是：如果连这个问题都搞不清楚，就不可能抓住复杂事物的主要矛盾，革命就不可能成功。将这句话延伸至科学领域就是：不分"阴、阳"、不辨"是、非"、不明"对、错"，在科学研究和探索的困难面前就会迷失方向，在中医现代化研究领域更是如此。

　　60 年代左右出生的人一定还记得在 70 年代看过一部电影叫《创业》，那是在那个年代相当不错的电影，充满了时代的激情。电影主人公石油钻井队队长周挺杉的原型是当年大庆石油工人的杰出代表，中国工人阶级的楷模王进喜。电影中有一个经典片段是：周挺杉的钻井队在新的勘探地打不出油，全队上下焦躁万分、争吵不断，大家最后去找周队长拿个主意，却发现队长不见了，东找西找，最后发现队长在一个僻静处、钻杆旁一边啃着窝头，一边认真的读书，走进一看，原来是毛主席的《实践论》和《矛盾论》。如果这样一幅画面呈现在当今人们的眼前，很多人都会撇嘴一笑谓之"政治宣传"，但这却是真实的历史。"两论起家"就是中国石油工业从无到有的真实写照。无人能够否认当今中国石油工业的规模和成就。那么我们只能说周队长或者说千百个王进喜们一定是依据"两论"找到了正确的辩证思维方法，进行了正确的分析、判断和行动，否则石油不会自己从地下冒出来。如果用中医的话说，就是"成功地实施了辨病论证、理论联系实际、思想和行动的高度统一，然后手到病除"。令人感叹的是石油工人早已豪迈地甩掉了"贫油"的帽子，可是"不科学"、"伪科学"的帽子却还扣在祖国传统中医学的头上，而且一扣就是几十年，以至于有人疾呼"中医将不中医了，中医完了！"。

　　既如此，那么我们也简单一点，面对中医的百年困惑，学一学"铁人"的经验，运用毛主席给我们留下的思想武器，试着来解决中医所面对的困难。正如大海行船，只要方向正确，不论风浪再大，绝不熄火，就一定能达到胜利的彼岸。

　　"实践、认识、再实践、再认识，循环往复以至无穷，人类的认识就是这样一步步从低级到高级走向全面"，"人的正确认识是从哪里来的？是从天上掉下来的吗？"，中国古人先贤对人体的医学理论和概念包括：经脉、脏腑、气血、津液等等是从哪里来的？是某些极度聪明的古人凭空想象或是借助某些超自然的神力顿悟出来的吗？某些怀疑和否定中医的人士固执地认为"是"，因为只有这样才能心安理得并且顺理成章地将中医打入"唯心主义"和"伪科学"的行列。甚至出现了极度偏执和想当然的思维逻辑，认为既然古人衣食住行、所处的自然和物质生活条件远比今天恶劣，那么就不可能达到今天现代人的思辩能力和高度。

中医面对的"是否科学的问题"是百年问题，这说明这个恼人的问题只是在近代才出现的，也就是说，在公元1840年鸦片战争之前，中国大地上并没有掀起推翻中医的狂澜，这一诡异的事件出现在历史的长河中只是个突发事件，是个因变量的突变，因此在连续的历史时间轴自变量的方向上，自变量和因变量之间的函数关系曲线图一定出现了对应的重大的突变。这种函数关系的改变一定对应着相关该事件的人和事，即某些特定历史人物的特殊言行和结果造成了这种改变的外部触发条件，对一个稳定了上千年的体系形成了强烈的干扰。因此，从理论上说，只要我们从这个触发条件入手，抓住主要矛盾和矛盾的主要方面，顺藤摸瓜，就一定能够将隐藏在事件幕后的真相挖出来。这是哲学实践，也是科学真理，结果已经出现了，那么原因就一定会出现在对应相关的位置上。

在科学研究与实验中，有原因不一定会有结果，因为结果的出现取决于外因条件和内因条件的双重作用，有时即使有结果又可能出现在人力物力的检测范围和能力之外而被忽视。但是有结果就一定会有原因，找不到原因并不是原因的虚无和不存在，而是你还没有找到。一般找不到原因来自三个方面，第一个是研究实验的"目的"错误，这是至关重要的问题，涉及研究者的认知能力和水平；第二个是研究试验的"方法"错误；第三个是对研究实验最终的结果"分析和结论"错误。所有三个问题均涉及研究者个人的能力和思维方法，也就是"能力"和"态度"的问题。其中第三个问题最为至关重要，因为如果前两个问题发生了偏差，在最后一刻仍有可能发现问题、拨乱反正。非常遗憾的是，直至目前的"中医现代化"研究在这三个方面都同时出现了致命的错误。这也就是为什么建国后七十多年的中医现代化理论研究，付出大量的人力、物力和资金投入，得出的有关中医基本理论现代化的相关结论仍然不被世界一流的科学体系接纳与承认的原因。

某些自我感觉一贯良好或皓首穷经的所谓专家和公知人士总会有这样一种困惑：按理说"我"该有的学历和资历都有了，现代的科学知识多少也有一定基础了，上至"宽广银河"、下至"基本粒子"都尽在掌握之中，为什么就是看不懂"内经"、读不懂"伤寒"、辨不明"百草"、悟不了"阴阳"呢？《黄帝内经》洋洋洒洒十万言，言之凿凿仿佛古人有通天之眼，看尽宇宙、人生之奥妙，而"我"却不能在思想意识的层面与"黄帝"、岐伯共舞、推不开祖国传统医学圣殿之门！

其实无它，心不诚也！正是我们在潜意识中认为我们是早已掌握了数、理、化的现代科学技术的领跑者，无论如何不能接受输给两千年前先辈的定论，从而在思想认识层面、内心深处对古人先贤留给我们的传世经典采取了一种"轻视、嘲笑和不尊重"的态度。如果说在需要不断"证伪"或"自我更新"的自然科学上"学习与批判"的方法还说得过去的话，在传统中医经典理论丰碑面前，这种态度和思维方式却使人难以前行一步，因为对方的境界太高，已经在"形而上"的哲学层次，统领了一切科学。

当今之人，因为自己的知识欠缺、认识浅薄而不能读懂《黄帝内经》，领略中华医学的韵律的确是非常遗憾之事。但只要心诚、心静、谦虚谨慎、精诚所至，按照现代科学的最新成就给我们带来的启发，你的思想火花所蕴藏的能量就有可能让你同"黄帝"、岐伯等古人先贤的精神发生"量子纠缠"，就一定能推开中华医学圣殿的大门，也许他们从大门里面也帮你使了一把劲，那将是何等美妙之事。反之，如果你以为机会来了，自以为是地刚起了一个"批判与创新"的念头，一瞬之间，宏伟的圣殿就在自己的大脑意识中轰然"坍缩"成了几本枯燥乏味的教科书中的教条，"继承"的条件瞬间烟消云散。对于很多研究、学习了一辈子中医却不得其门而入的人，这是十分痛苦和难以承受的，很多人不得不告别中医而另谋生路，也有的人从一个极端跳向了另一个极端，走向了中医发展的对立面。

某些在科学其它领域略有心得之人，看到时机成熟，也想在中医大舞台上来个华丽转身，在中医领域大施拳脚、强行发声、乱枪打鸟而占有一席之地，本也无可厚非，但是他们却被一张无形的"阴、阳"大网困住，百思不得其解。由于大脑中其实并没有优秀的中华传统文化与古典哲学的根基，没有建立正确的思维标尺，因此想当然取巧般地采用"拿来主义"，以西方僵化、教条的医学思维方式来评判和否定中医的科学性，其根本的核心在于没有深刻认识到中医的研究对象是"有生命的活人"，而"活人"是有血有肉、有思想情志的。客观肉体（阴）与思想情志（阳）之间关系，实际上就是"阴、阳"概念在人体医学最高层次上的具体表现。

我们应该有这样一种基本认识，打开《黄帝内经》，实际上就是开始面对了中华民族从文明开始至两千五百多年前医学理论的最精华的乐章，这乐章并不是出自一人之手，而是来自横跨几千年的百千万人的亲身体验和总结。虽然每一个医者对成功经验和失败教训的思辨如同唐古拉山的涓涓细流，但最终却能汇聚成滔滔长江和黄河，它是中华医学科学史真正意义上的"集体智慧的结晶"。

再向前一步，我坚信中医传统哲学理论将与目前世界科学研究领域的最高峰，即："思想情志"与"量子纠缠"、"精神能量"与"物质世界"的关系研究领域相容。当那一天到来之时，我们将会感叹中国古人先贤的境界是既如此深远，又如此的简单、清晰和科学。

作者简介

作者本科毕业于成都科技大学高分子材料系，硕士毕业于四川联合大学塑料工程系，2000年博士毕业于四川大学高分子材料科学与工程学院，获材料加工工程工学博士学位。留校任教10年。现居加拿大安大略省多伦多市，从事中医相关工作，是加拿大安大略省持牌针灸师。

本书的写作文字采用了尽量适应广大阅读面，通俗易懂、简洁流畅的科普方式。

目录

第一部分　中国古典医学的科学基础

现在进入正题，来面对"**中医到底是不是科学的**？"这个问题，我的答案非常明确，从理论到方法都是科学的。中国的古人懂得科学吗？很多人在这个问题上很迷惑的原因是：混淆了具体的现代科学理论和技术与科学研究的方法论之间的关系。检验理论与研究方法是否科学的标准是：能否正确反应客观事物的发展规律，并且能够指导后续的实践不断验证和完善，理论和实践成果要能够不断接近事物发展自身的客观规律和真理。

实践是检验真理的标准，"时间"则是检验某种理论与方法论是否具有真金般科学生命力最严酷的"筛子"。中国古典医学理论与实践成果伴随着中华文明经历了几千年的实践考验，如果没有坚实的科学内涵作为基础，根本不可能还能在今天呈现在我们的面前。肯定会有人说，那"巫文化"更从远古走来，是否更加具有科学的本质呢？答案很简单，"去粗取精、去伪存真"，所有关于"巫文化"的其中符合客观事物发展变化规律的精华部分都是科学的，而且这个问题非常重要、非常有价值、非常值得去研究。

1.1　"科学" 概念的本质

"科学"这个概念的定义虽然五花八门，但是从本质上看，简单说就是两件事：

一个是：面对事物发展的客观规律的主观认识态度，即：**正确的思想**；另一个是：**探索符合事物内部发展客观规律的方法和过程**。

整个过程如果用四个字组成一个并列词组来概括表达就是**"实事求是"**。

所以我写此书的目的就是要"讲清楚这件事"。

所依靠的是：现代医学相关领域的专业知识、中医基础理论和已经具备掌握的现代科学分析方法。

可能有朋友会问，你学过中医吗？你是个什么水平？"撑"得住这个话题吗？我现在能告诉你的是，对于学习中医的这个问题，水平很重要，但更重要的是"态度"和"方法"。

很多人都听说过这样的说法："学好中医要靠师承"，以至于很多人把注意力放在了如何"拜到名师"或得到名师的"神方"、"秘方"之上。其实根本原因是"名师"能够提供一个客观和严格的监督约束环境，保证偷懒的弟子或学生的学习**态度**和**方法**不至于偏离太远。这个问题有些复杂，以后慢慢再来分析。

中国古人还有一种说法叫做**"秀才学医，如笼中捉鸡"**，就是说如果你的文化程度相当于秀才的话，学习中医则：难乎哉？不难矣！秀才相当于现在什么学历？大家有兴趣可以去考证。我记得大致相当于初中毕业，高中毕业则相当于"举人"，也就是说只有拿到"举人"的文凭，才能有资格参加国家的统一考试，即"进京赶考"，考过了则是"进士"，所有"进士"排名，前三甲中第一甲前三名的头衔就是大家最为熟悉的"状元"、"榜眼"和"探花"。

大学本科毕业要拿到"学士"学位才能有资格报考"硕士"研究生入学考试。考过了，则进入各个大学或科研机构的研究生院学习三年。记得我研究生入学时研究生部的领导给所有新生开大会，专门介绍说我们现在就相当于进入了"翰林院"，如果努力学习，三年后毕业拿到硕士学位，则相当于拿到了"翰林"的文凭，进入政府部门工作，如果自身努力外加机遇垂青，被领导赏识和重用，则能更进一步。现在如果还想在某专业学术上有所发展和成就，则可能需要一个"博士"学位来背书，"博士"的招收和考试录取没有"全国统一考试"之说，由各个具有博士点招生资格的大学和科研相关单位自行决定，但是最后的"学位证书"则是由国家统一颁发。所以现在的博士学位等级应该相当于清朝的"大学士"，如果运气好，有可能在"太和殿"、"上书房"或"军机处"获得"行走"或以上待遇。

我的最后学位是工学博士，所以学习中医当然是"半路出家"，但一直在学，有点拖拖拉拉、随性而学。中医"四大经典"至目前粗读了一遍，但是其中的《黄帝内经》和《伤寒论》的重点内容以及我都能读得懂的部分，"精读"了很多遍。很多人都说中医理论是"博大精深"，因而不自觉地或"望而生畏"而"浅尝辄止"；或"叶公好龙"又"敬而远之"。在中国的历代文人当中，由于属于理工领域的自然科学知识匮乏，普遍存在着一种消极的"不求甚解"的毛病，解释一个科学问题总是有些过分随意和想当然、隔靴搔痒、旁征博引而不得要领。

实际上，只要我们掌握了正确的科学研究和学习的方法，追根溯源，中医基础理论，其实学起来并不难，因为所有的领域的学科体系，无论文、理、工、农和艺术在本质层面都是"相通"的，而所有科学研究最后都会汇集到对应最高的"哲学"层面。而"哲学"则是我们最"拿手"的，因为从中学到大学，政治思想课一直就没有断过。

当然，很明显，如果我现在也拿着《黄帝内经》或《中医基础理论》五版教材来讲学习要点，那么我讲得会很费劲，你听得也会很别扭，所以我们要用一种"带着问题学"的态度和方法，这也是最见效、最积极的学习方法。我们要争取每次解决一个问题或者进入一个更高、更新的层次。

仗要一个一个地打，饭要一口一口地吃！我们要不断增强自身脾胃的消化和大脑的理解能力，终于在一个清新的早晨醒来发现，"敌人已经被我们打退了、宵遁了！"。要努力调整思想认识的"轨道"，达到能够与中国古典医学先贤"神交"的更高境界，实现自身对于人体医学科学全面而深刻的认识，在帮助自己的前提下能够努力帮助到自己的亲人、朋友，去体会到岐伯、扁鹊、仲景那种登高望远、领略"无限风光"，坐看"云卷云舒"的欣喜和舒畅的美好境界！

自己凭借个人兴趣来学中医，确实有点像"老虎咬刺猬，不知从何下口"，又有些象"猴子掰包谷，捡的不如丢的多"。但是如果将问题分解，这其实很像小时候读《十万个为什么》，虽然还没有什么专业基础和数理化的知识，但是带着问题和疑惑去学，效果却好得很！这也是历史上很多名家、大家都是源于家人和亲人的不幸，发奋学习、自己和自己较劲，发誓一定要搞明白"**为什么会这样？**"，才获得成功的。

1.2   中国古典医学研究采用的科学方法论

要解决问题，特别是科学问题，必须要掌握分析问题的方法，所谓"分析"，最简单可行的方法就是将"一分为二"的方法论不断地应用下去，直到找到问题的底层结构，即根源和本质。但是这里有一个至关重要的问题就是在分析之前，一定要对事物的全局先进行一个整体的观察了解，分清主次，心中要有一个"总装图"，不可贸然上手就来"二分法"。学过手工机械制图的同学都会记得，指导课程设计的老师一定是要求大家完成总装或局部装配图之后，审查通过才能开始出零件图。这也如同登山，如果是华山，自古华山一条路，相对简单，注意力放在脚下的悬崖即可。但如果山形复杂，岔道丛生，如同四川的峨眉山一样，则先要研究手中的登山导图，对整个山形、庙宇进行"鸟瞰"了解，然后逐步深入了解各条上山道路的特点，经哪座庙、过哪座桥、歇哪座亭，最后根据时间、条件、体力选择一个适合的出发点和路线图，否则极易迷失于大山散乱岔道之中，难以在有限的时间内达到金顶。指挥战斗，不论大小，首先要学会查看地图、辨别地形地貌、掌控全局都是一个道理。

简而言之，就是学习中医要以自上而下、纲举目张、顺流而下、如同受精卵胚胎不断"一分为二"的方式来学，因为人类的诞生和成长就是这样一个方式，这也是中医对于人体医学最根本的认识与方法论。那么需不需要细节呢？当然需要，但必须明确，对于中医的初学者来说，"细节"要学，但不是"现在、而今、眼目下"！

因为"细节"，顾名思义，虽然重要，但也永远处于"补充说明"的位置之上。为什么要这样说？细节搞不清楚能治好病吗？简单系统单元在细节，复杂系统在体系综合的相关流程逻辑和集成。这是一个极其重要而又不难理解的问题，如同大海行船，最重要的不是要知道船上有多少钉、多少眼、多少板、多少帆，大哥你是"坐船舱还是甲板？"，而是一定要有能够指引方向的"定位系统"，如以前手中的航海仪、夜空的北极星，现在的"北斗"导航定位系统。那么人体是复杂还是简单的系统呢？当然是复杂的系统，在宇宙之中，人体的复杂程度在目前公认的认知体系中是无可替代的！而且中国古人也是这样认为的！

中医的整个体系，经过几千年的不断发展，百家百言、百花齐放，的确让初学者眼花缭乱、肝阳上亢、头晕目眩、口苦心焦，似乎每一花朵的背后都蕴藏着无言的真谛和神方，又都呈现出令人难解和困惑的惊人之语。现在的潮流又是提倡"师承"，认为一定要师从名家才能学到真知。但很多人，特别是像本人这样的眼高手低又想自学成才的"槛外人"，苦于拜不到名师大家，承受着理想与现实的煎熬。但是，实际上，换一个思考角度，就会明白，这是要靠"缘分"的。什么叫"缘分"？两个空间站在茫茫太空中要实现对接，二者轨道相交之时，名曰："缘分"，其核心在于如何主动地动态调整自身的轨道、位置和姿态，专业说法叫"变轨"。名师之所以能够游刃有余地治病救人，并不在什么名方、秘方，或者说"方子"只是其"表"，而"里"则是他"悟"到了古典中医的某些"真谛"。所以如果我们能够敬"神方"、"秘方"而远之，主动站在一个更高的层次上主动去"感悟"、去"格物致知"、去"变轨"，也就是要能够从科学理论和方法学的角度想方设法去领悟中医的"空"，自然就会发现"原来佛祖和大雷音寺就在前方不远处等着我"！这是否是一条捷径呢？

当然是捷径！但一路艰险，确实有点难哦！外加各路乔装打扮的妖魔鬼怪纠缠不休，很多人倒在了求取"真经"的途中，还有很多人迷茫了、彷徨了、开小差了。更有甚者"邪入心包"，"高座庙堂"、"衣冠楚楚、浓眉大眼的居然也叛变了！"，转而加入了排队仰望分吃"唐僧肉"的大小妖怪的行列。为什么会发生这样的情况？因为初心不纯且信念不够坚定，外加缺少了一个强大又趁手的"兵器"来护身和保持清醒的头脑，对了，就是"悟空"手中的那根来自东海龙宫的定海神针：重三万六千斤的"如意金箍棒"！它就是**科学方法论**。有人说"Science"这个词来源于近代的西方，日本人率先翻译成"科学"，所以中国古人不可能"懂"科学，借此反对中医的科学性，只能说明"教条主义"的僵化思维方式的确造成了其逻辑思维能力的欠缺，"轴"得有些"超差"。

　　而在另一方面，现在有很多中医圈内人，一听到"科学"两个字就"口苦咽干、心烦喜呕、眼冒金星、振振欲擗地"！这真是很要命的，是"少阴"外加"少阳"失调，**胆怯心慌**。不过仲景早有治法，一个字："**和**"！和谁"和"？当然还是那"闹心"的两个字："科学"！这是个"思想问题"，想不通可能"一辈子"，但想通了就在"一瞬间"！现在是形势所迫，"居庙堂之高"的大夫们还在你争我辩，热衷于"排排坐、吃果果"！各种"刚下飞机、还有个会"的专家们你唱我和，"处江湖之远"的草根百姓朋友们却已经没有多少时间来等来耗了！身边的各种"外邪"预设的包围圈越来越紧，所以我们必须要以"只争朝夕"的态度"杀出一条血路来"！

　　所以我们现在开始第一个问题的讨论：中医理论体系的建立所依据的"基础"到底是什么？我想很多朋友，支持中医和反对中医的可能在脑子里立刻就会蹦出"阴阳五行"、"天人合一"、"气一元论"、"辨证论治"、"打通任督二脉"、"症候群"，等等等等。我认为，这些都不准确！因为这些概念和解释都是相当于在地面之上富丽堂皇的楼堂馆所或无人问津的烂尾楼，而我们需要找的是在地下深层的"地基"，也就是我们所要说的古典中医对应于人体组成基本结构的"理论基础"。那么这个"理论基础"是什么呢？如果你手边有《中医基础理论》教材或者最好有《黄帝内经》，您先自己翻一翻、看一看、想一想，再看下一节。

1.3　中国古典医学所面对的客观人体结构

人体结构，几千年前的古人与我们现代人本质上没有任何差别，所以我们今天对于人体的结构认识适用于几千年前的古人，当然也包括《黄帝内经》的作者和其它中华医学理论的奠基人。九年制的义务教育，使我们每个人在"生理卫生"课上都学过了人体具有的"十大系统"（也有八、九、十二大系统之说）外加四种基本组织。它们分别为：肌肉系统、骨骼系统、消化系统、呼吸系统、循环系统、泌尿系统、生殖系统、内分泌系统、免疫系统、神经系统。还有四种人体的基本组织分为上皮组织、肌肉组织、结缔组织和神经组织。

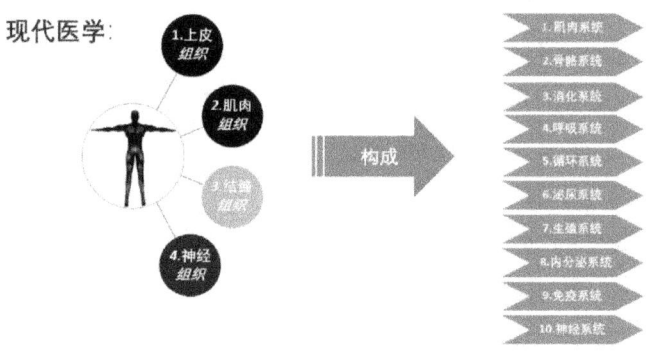

需要说明的是，现代医学同样认为：人体首先是一个精密的、有机的整体，各部分通力协作、密不可分。现简述如下：

（1）皮肤系统：由皮肤、毛发、指甲/趾甲、汗腺及皮脂腺所组成，覆盖体表的器官。

（2）呼吸系统：由呼吸道和肺两部分组成。

呼吸道包括鼻腔、咽、喉、气管和支气管。临床上将鼻腔、咽、喉统称为上呼吸道，气管和支气管统称为下呼吸道；呼吸道的壁内有骨或软骨支持以保证气流的畅通。 肺主要由支气管分支及其末端形成的肺泡共同构成，气体进入肺泡内，在此与肺泡周围的毛细血管内的血液进行气体交换。呼吸道吸入的氧气，透过肺泡时入毛细血管，通过血液循环，输送到全身各个器官组织，供给各器官氧化过程所需；各器官组织产生的代谢产物，如二氧化碳（CO_2），再经过血液循环运送到肺，然后经呼吸道呼出体外。

（3）消化系统：消化系统由消化管和消化腺两大部分组成。消化管是一条自口腔延至肛门的很长的肌肉性管道，包括口腔、咽、食管、胃、小肠（十二指肠、腔肠、回肠）和大肠（盲肠、结肠、直肠）等部分。

消化腺有小消化腺和大消化腺两种。小消化腺散布于消化管各部的管壁内，大消化腺有唾液腺（腮腺、下颌下腺、舌下腺）、肝和胰这三组，它们均借助导管将分泌物排入消化管内。

（4）运动系统：由骨、关节和骨骼肌组成，构成坚硬骨支架，赋予人体基本形态。骨骼肌附着于骨，在神经系统支配下，以关节为支点产生运动。骨骼肌属横纹肌，接受神经支配，随人的意志而收缩，又称"随意肌"。成人约有 600 多块骨骼肌。

骨主要由骨组织构成，有一定形态及构造，外被骨膜，内容骨髓，含有丰富的血管、淋巴管及神经。成人有 206 块骨，可分为颅骨、躯干骨和四肢骨。

骨与骨之间借纤维组织、软骨或骨相连，称为关节或骨连结。可分为纤维连结（纤维关节）、软骨和骨性连结（软骨关节）以及滑膜关节三大类，滑膜关节常简称关节。

（5）神经系统：由脑、脊髓以及与之相连并遍布全身的周围神经所组成。其中脑和脊髓被称为中枢神经系统。

（6）循环系统：又称心血管系统，由心脏、血管及血液所组成。

（7）内分泌系统：由身体不同部位和不同构造的内分泌腺和内分泌组织构成，其对机体的新陈代谢、生长发育和生殖活动等进行体液调节。

（8）淋巴系统：由淋巴器官、各级淋巴管道和散在的淋巴组织构成，其中流动着无色透明的淋巴（液）。其主要功能在于协助静脉运送体液回归血循环，转换脂肪和其他大分子，且参与免疫过程，是人体重要的防护屏障。

（9）泌尿系统：由肾、输尿管、膀胱和尿道组成。

机体在新陈代谢过程中所产生的废物（尿素、尿酸、无机盐等）及过剩的水分，需要不断地经血液循环送到排泄器官排出体外。排泄的渠道有二：一是经皮肤汗腺形成汗液排出；二是通过肾形成尿再经排尿管道排出。经过肾排出的废物数量大、种类多，肾不仅是排泄器官，对维持体内电解质平衡也有重要作用。

（10）生殖系统：由内生殖器与外生殖器组成。其中：男性生殖系统由生殖腺/睾丸、管道（附睾、输精管、射精管）、附属腺体（精囊、前列腺、尿道球腺、阴囊、阴茎组成。

女性生殖系统由生殖腺/卵巢、输送管道（输卵管、子宫、阴道）、女阴（阴阜、大阴唇、小阴唇、阴道前庭、阴蒂、前庭球、前庭大腺）组成，具有繁衍之功能。

现在来看中医的认识体系，以上这些组织和器官，中国古人看得见吗？当然看得见，因为人体解剖工作并不是近、现代医学的专利，不过是中国古人认为"**身体为父母所给，轻易不得毁伤**"，不方便描述罢了。

1.4　中国古典医学对于人体结构的主观认识

从《黄帝内经》中可以很清楚地体会到，中国古人没有局限在具体的器官和组织的精细结构，而是把它分为了十二大类，分别为"手足三阴经"、"手足三阳经"。规定名称曰："**十二正经**"。它就是中医理论基础大厦的"十二根支撑柱"，这也很好理解。既然是医学，针对人体，那么无论是中西医，客观研究对象的物质实体，即人体，当然也是一样的，但是所观察和研究的方法论却是不同的。那么这十二根支撑柱之间的关系顺序和排列方式是怎样的呢？如果查阅当前的中医相关的理论教材和考试复习资料，你会发现，都会给出一个"十二（十四）正经首尾连接顺序图"，如下图所示。它表达了十二正经和任督二脉相互之间的位置和关系，这是必考题，但是很多人记不住，所以老师补习辅导时一般会给出一个"口诀"，如："肺大胃脾心小肠，膀肾包焦胆肝藏"。

如果说我们是要应对考试，这样的"死记硬背"可以理解，但是我认为，从科学的角度上看，这样做的学生并没有真正理解"十二正经"之间的逻辑关系和中医基础理论中最为"精彩而扎实"的基础。

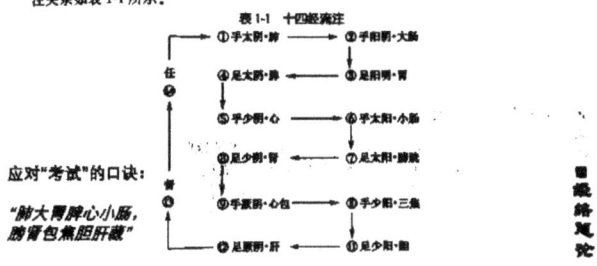

当前中医教科书给出的"十二（四）经循行次序图"

　　不难理解，如下图所示，既然都是关于人体的医学体系，都是针对人体组织结构，那么无论是"中国传统医学"还是"现代医学"，其研究的客观对象的物质实体，即：人体，当然也是一样的，它们之间的区别在于：所观察和研究的"角度"和"方法"有所不同。

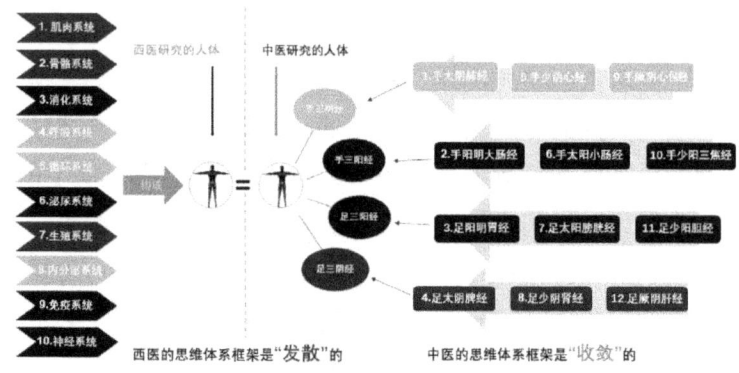

　　如果"十二正经"体系是科学的，那么它的基本原理和应用原则就一定可以从最基础的结构上被**推导**出来。这个过程应该与"依靠五条公理推导出整个欧几里得几何学"、"依靠牛顿三大定律推导出整个近代力学"和"依靠元素周期表，推导出基本物质元素的化学变化规律"，在本质上是完全一样的。而且，这个基本体系结构的核心在《黄帝内经》中有近乎完整和具体的阐述。它的表达方式基于中国传统文化的"阴、阳"，而从数学角度上看，则可以对应使用"正、负"概念来表达。终于说到"阴阳"了！是的，不过请注意，我在这里说的不是一个词组，而是"分析的方法"。所以下面我将按照《黄帝内经》里岐伯对于人体"阴、阳"体系的描述，将"**十二正经**"理论的结构框架给大家推导出来。

1.4.1 "十二正经" 与 "三圈图"

因为《黄帝内经》中最主要的是以"黄帝"与中华医学的智慧化身岐伯二人之间的对话将基础理论进行展开讨论的，所以在后文我都以岐伯来代表理论的发言人。根据岐伯的观点，我先画一个 X 轴，"正"代表"阳"，"负"代表"阴"。将 X 轴上标出 -3，-2，-1、0、+1、+2、+3，分别对应"太阴"、"少阴"、"厥阴"、"少阳"、"太阳"和"阳明"。我们假设面对着一个人体背面的想象图，如下图所示，X 轴以上为"手"，X 轴以下为"足"，X 轴则代表人体的"中腰线"。现在我们更进一步，完成以下步骤：

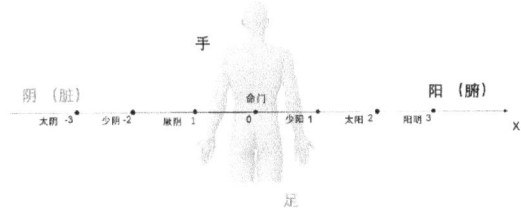

基于《黄帝内经》描述的"三阴、三阳"和"手、足、脏、腑"位置 作 X-数轴

1) 过原点再画一条垂直于 X 轴的 Y 轴，这样就构成了一个 X-Y 的平面直角坐标系。

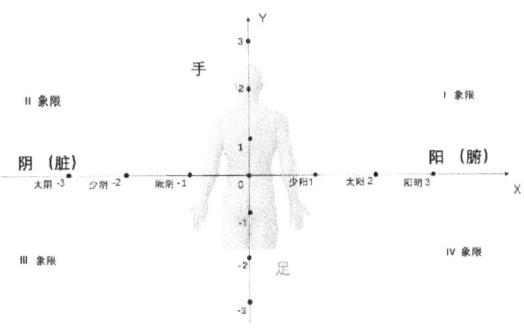

基于《黄帝内经》描述的"三阴、三阳"和"手、足、脏、腑"的位置"作 X-Y直角坐标系

2) 现在将 Y 轴同样过原点各分为三等分。分别为-3、-2、-1、0、1、2、3。然后如图所示，画出三个"矩形方框"圈图，此处简称"三框图"，如下图所示。

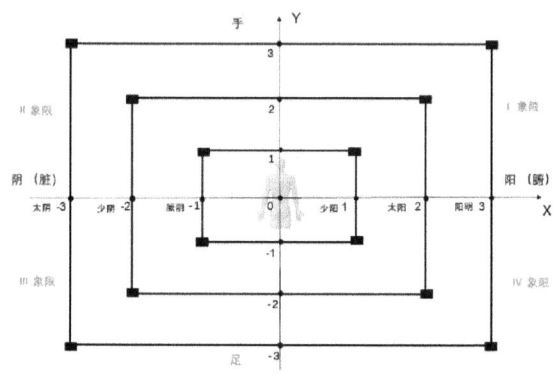

基于《黄帝内经》描述的人体结构 "三框图"

3) 现在按照《黄帝内经》里岐伯的描述分别将"十二正经"的名称对应地画在"三框图"对应的十二个坐标点上。

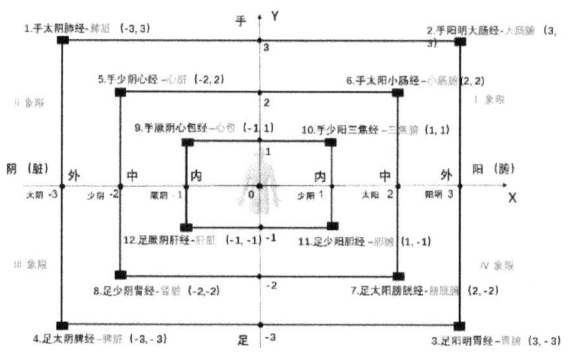

基于《黄帝内经》描述的"三框图"中"十二正经"位置图

4) 现在，开始分析讨论：

A.首先整个代表人体的二维平面被 X-Y 直角坐标系的四个象限划分成了四个区域。其中，第一象限 I：手少阳（1，1）、手太阳（2，2）、手阳明（3，3）；

第二象限 II：手厥阴（-1，1）、手少阴（-2，2）、手太阴（-3，3）；

第三象限 III：足厥阴（-1，-1）、足少阴（-2，-2）、足太阴（-3，-3）；

第四象限 IV：足少阳（1，-1）、足太阳（2，-2）、足阳明（3，-3）。

这里首先要明确，这样的十二个坐标点的划分只是为了直观便于后续研究，高和宽都可以灵活调整，但是要保证对应的三个框不能出现"相交"，因为它实际上代表的是中国古典医学关于人体结构的"内、中、外"三个层次的认识，它与古典中医理论的"里、半表半里、表"的概念有直接的对应关系，但是如何理解和明确"一一对应"的关系则是一个十分重要的内容，我在后面要重点讨论。

B．现在按照岐伯的要求，将分布在十二个坐标点上的名称分别对应中医关于人体结构组成的"脏"、"腑"和**"十二正经"**，分别改写格式为："十二正经"名称-对应代表标志的脏或腑。

第一象限 I：手少阳-三焦经-三焦腑（1，1）、手太阳-小肠经-小肠腑（2，2）、手阳明-大肠经-大肠腑（3，3）；

第二象限 II：手厥阴-心包经-心包（-1，1）、手少阴-心经-心脏（-2，2）、手太阴-肺经-肺脏（-3，3）；

第三象限 III：足厥阴-肝经-肝脏（-1，-1）、足少阴-肾经-肾脏（-2，-2）、足太阴-脾经-脾脏（-3，-3）；

第四象限 IV：足少阳-胆经-胆腑（1，-1）、足太阳-膀胱经-膀胱腑（2，-2）、足阳明-胃经-胃腑（3，-3）。

现在来分析此"三框图"能够给我们到来什么启示：首先它将人体的结构从内到外分成了三个层次来认识，这是一种最为简单、有效和清晰的认识方式。这三个层次同中华文化与传统对于整个世界的认识是完全统一的。我们可以在很多的场合看到这种结构。比如北方民居当中最为经典的"三进四合院套院结构"。当然在北京故宫里，这种套院结构更多。这种方式将复杂的人体组织结构用四个象限区间进行的最为合理的分区，每一个象限分区对应的脏或腑都具有极其重要的相关性，而所有四个象限的关系无论上下左右均可以找到相互之间的生理关系，所有这些关系又都符合中国传统最为重要的"阴、阳"理论。

最为重要的是，它将在现代医学如同一字长蛇排列开来的各自独立成章的人体组织十大系统所对应的庞大杂乱的人体组织器官结构，采用了一种十分简洁而科学的方法**"统一"**了起来，它的先进之处，我在后文将据此进行深入地讨论。

目前这个"三框图"还是"各自封闭独立的"，所以它还是"死"的，如同城市的三个环线，必须要建立出入口和匝道使其相互之间通连起来，才能使整个交通活起来。那么从哪几个点位建立出入匝道呢？注意，此处千万不能想当然地"胡乱创新"，要严格按照《黄帝内经》里岐伯的描述，从外框到中框再到内框的顺序，具体表现为：起始点从外框第二象限的"手太阴肺"开始，顺时针右旋，至外框第三象限的"足太阴脾"，内接到中框第二象限的"手少阴心"；然后顺时针右旋，至中框第三象限的"足少阴肾"，内接到内框第二象限的"手厥阴心包"；然后顺时针右旋，至内框第三象限的"足厥阴肝"，注意此时最为重要的是下一步：从这个终点"足厥阴肝"跳出至外框的起始点"手太阴肺"，形成一个螺旋循环封闭的"三圈图"。

现在按照《黄帝内径》的描述将三个框图"串联"起来，如下图所示，就得到了中华医学最为经典的十二正经的"联络图"，这意味着，不必死记硬背，就可以清晰地人为推导出来了。

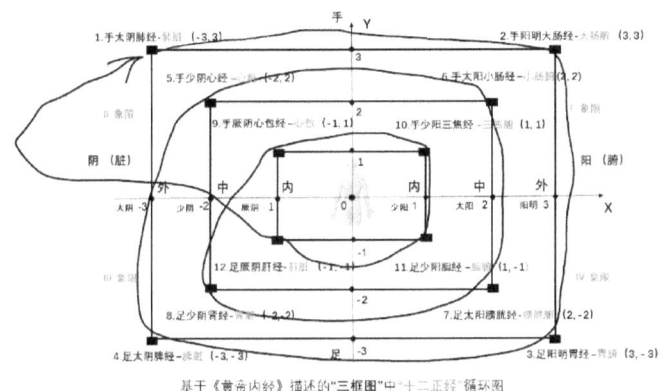

基于《黄帝内经》描述的"三框图"中"十二正经"循环图

现在"三框图"就变成了"连续完整的螺旋三圈图"了，将它简称为"三圈图"。对比一下与当前中医基础理论教材当中的"十二正经流注次序图"或称为"十二正经脏腑工作次序流程图"，就可以发现：

相同点：是整个循环顺序是完全一样的（暂不考虑任督二脉）。这意味着我们不需要死记硬背这个次序图了，因为可以自己完全根据《黄帝内经》的基本结论推导出来。

不同点：是"一个二维平面折叠的单闭环"变成了"一个三维立体的螺旋三锥环"。这个螺旋三环锥体将古典中医人体"十二正经"的理论体系有机地统一了起来，使内、中、外三层结构对应的人体脏、腑相互呼应和配合，将古典中医关于人体医学的认识简洁、清晰地表达了出来，它内部所有蕴含的科学智慧我们将一起在后文层层深入，揭示出来。

在此处需要理解："十二正经"理论的"立体螺旋三锥环"结构，简称"螺三锥"是**"活"**的，它内涵固有的"右旋前进和左旋后退的"特殊的功能，在此处不妨把它看成是"气"的一种表达方式。

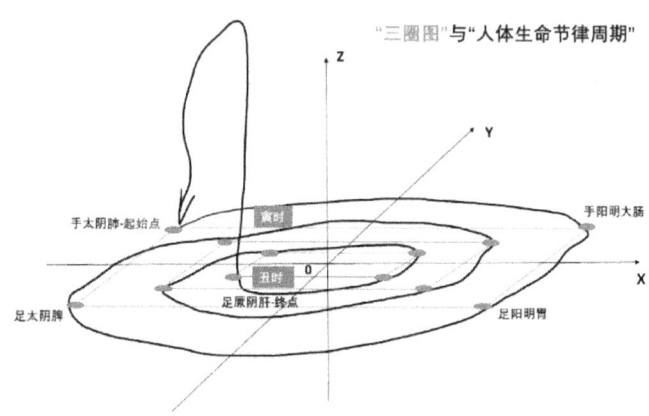

"三圈图"与"人体生命节律周期"

现在我将整个顺序再走一遍，从起始点："手太阴肺"开始>手阳明大肠>足阳明胃>足太阴脾>手少阴心>手太阳小肠>足太阳膀胱>足少阴肾>手厥阴心包>手少阳三焦>手足少阳胆>足厥阴肝，跳出内圈至外圈，回到"手太阴肺"，完成一次完整的循环。

这实际上就是"人体六脏六腑"的工作循环次序，也就是在各种中医基础考试中必考的要求背诵的"口诀"。也就是说，如果你能够在大脑中记住这个"螺三锥"，就永远不必再死记硬背了，因为你已经能够推导出来了，当然前提条件是必须要把"螺三锥"印在脑子里，至少要记住"三圈图"，要能够在任何时候在纸上将它"画出来"！这是必须的要求，否则后面的我的分析讨论你会感到理解很费劲。因为我认为它是中医理论的基础框架核心。它实际上就是的中国古典哲学和唯物辩证法"一分为二"理论在人体医学应用中最基础、最实用的体现。

我们后面所有的讨论都是在这个基础上进行的，现在来细化我们对于这个框架的理解和认识。

1.4.2 "三圈图"-中国古典医学基础理论的"核心"

现在，再来分析和讨论此"三圈图"：

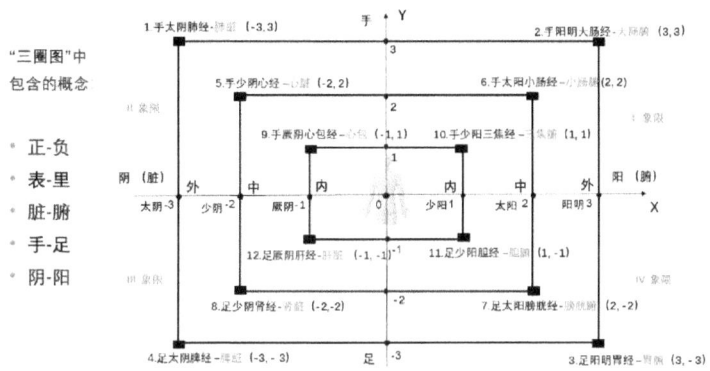

基于《黄帝内经》描述的"三圈图"中"十二正经"位置图

首先它将人体的结构从内到外分成了三个层次来认识，这是一种人类最为简单、有效和清晰的认识方式。这三个层次同中华文化和传统关于整个世界的认识是完全统一的。最为重要的是，它实现了对现代医学散乱排列开来、各自独立成章的人体"十大系统"所对应的组织、器官结构进行合理的"归纳"，创造了一种十分简洁而科学的认识方法论，实现了在认识思想层面对于人体生命**"高度有机的统一"**。

现小结如下：

1.它是中医基础理论"整体观"的完整展现。

2.从二维的"三圈图"可以看到，十二脏腑之间"阴阳、表里关系"清晰可见。将原点放在人体的重心：肚脐的位置，以Y轴为分界面，Y轴以左小于零，为"负"、为"阴""；Y轴以右大于零，为"正"、为"阳"。中医古典理论认为，"腑为阳、脏为阴"，这与"三圈图"上Y轴以左"均为脏"，Y轴以右"均为腑"的结构完全对应；再以X轴为分界面，X轴以下为"负"、为"阴"；X轴以上为"正"、为"阳"，这与中医基础理论所对应的：X 轴以上为"手"，为"阳"，X 轴以下为"足"，为"阴"的论述意思是完全对应的。

3.在第一象限的三个"腑"，对应"手三阳经"，属于"阳中之阳"；第二象限的三个"脏"，对应"手三阴经"，属于"阳中之阴"；第三象限的三个"脏"，对应"足三阴经"，属于"阴中之阴"，最后第四象限的三个"腑"，对应"足三阳经"，属于"阴中之阳"。可以很明显的看到，位于右手第一象限最高点位置的"手阳明大肠"是"阳明"：正值的最高点，而与之中心对称的左手第三象限最低点位置的"足太阴脾"则是"太阴"：负值的最低点。如此人体的十二脏腑不但各有各自的固定位置，而且相互之间的关系就变得清晰而准确，其中包含了现代医学科学已经确认的关于人体个各脏腑功能、能量传递顺序、疾病演变和传递的路径和次序。

4.因为现代医学关于人体的"十大系统"相互之间的关系是各自相对独立的"并列关系"，所以中医的"十二正经"体系"三圈图"框架理论上可以直接作为一个"平台"与"十大系统"一一对应挂钩，如下图所示。而且仔细研究还会发现，古典中医理论的理解对比现代医学相关理论在内涵上还要**更进一步、更高一等、更深一层"**！此处在后文还会反复讨论提及。

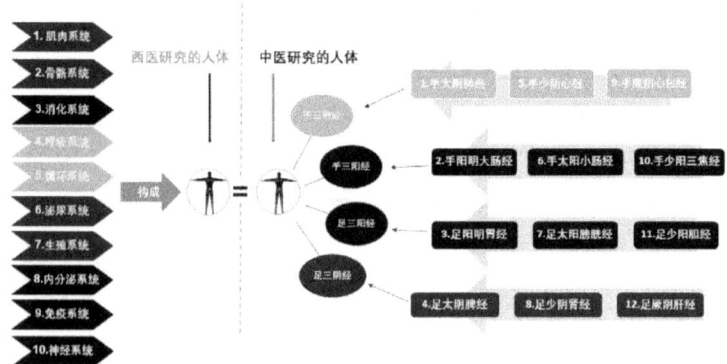

中-西医体系对应匹配图（同色块）

5.现在更进一步，去探索隐秘在"三圈图"中的科学本质。在这个抽象"数学模型"的 X 轴之上，岐伯认为代表的是人的"手"，X 轴之下则为人的"足"。人有手足才能劳动和生活。所以"五脏六腑"或者说"六脏六腑"相互之间的关系是建立在手、足这个"手脚架"上的。这也从一个侧面反映出中国古人的代表岐伯的医学理论是来自于"实践"的，为什么呢？因为人类要生存，用手足劳动和打猎，其出现损伤的可能性最大，其次是皮肤、骨骼，然后才是内脏。因此中国古人的医学实践和认识是一个**"由四肢到五脏"、"由外向内"、"由表向里"**的过程。人区别于动物在于掌握了使用工具的技能，技能的提高促进了大脑功能的完善。所以一个科学的医学理论体系的建立一定是来源于"客观实践"的科学总结。从简单到复杂，不断深入的一个认识飞跃过程。

如果以 Y 轴为界，则可以看到，Y 轴以"右"（X>0）的正数区间为"腑"，对应"大肠"、"胃"、"小肠"、膀胱、"三焦"和"胆"。这三组之间是相互联系的，因为古人给他们用了"同名经"来配对命名。为什么会这样命名？比如"小肠"和"膀胱"为什么是对应手足的一对？此处留待以后详谈。同理其它各对也是如此，这个定义与现代医学或者西方医学的概念有重叠之处，也有很多不同，我们现在可以从功能的角度结合中西医的观点来解释它们之间的联系，但岐伯在两千多年前是怎样确定的呢？

Y 轴以左（X<0）的负数区间则对应的是"六脏"，对应"肺"、"脾"、"心"、"肾"、"心包"和"肝"。如同在棋盘上的棋子一般，处在连线位置的"脏"和"腑"都是相通的。所以在这张 X-Y 的二维图上，包含了"六脏六腑"所有的"表里"关系和相互位置。由上图可见，"腑"为"正"、为"阳"、既有"表"也有

"里"；同理，"脏"为"负"、为"阴"、同样既有"表"也有"里"。特别要强调的是：肺脏属"阴"，在"手太阴"位置，属于"表"。既然属于"表"，当然就是"外邪"进攻人体的第一道防线，理解了这一点，对于今后理解"温病"产生和对应的理论会有很大的帮助。

现在来进一步仔细讨论"三圈图"与中国古典医学的关系，去探索隐藏在其中的科学本质。其实如果我们有基本的科学思维训练，应该可以很明显地感到这个"三圈图"就是人体结构的一种抽象数学模型。来看看岐伯在《黄帝内经》里面是如何说的。岐伯认为，人有"先天之本"和"后天之本"之分，"先天之本"来自"父精母血"，存储在"肾精之中"；"后天之本"来自出生之后的"呼吸饮食之水谷精华"，也就是来自"肺、脾、胃消化吸收的营养"。对应于"三圈图"，刚好就是"外圈"对应"后天"：肺、大肠、胃和脾圈，为岐伯所说的"后天圈"；而"中圈"对应的"先天"：心、小肠、膀胱和肾圈，则为岐伯所说的"先天圈"。那么"内圈"对应的是什么圈呢？借助岐伯的理论，我先将之定义为"情志圈"，这是一个极其重要的话题，要在后文另起一节重点讨论！

如此，可以发现，基于我们现在的知识体系来观察学习人体，的确是很复杂和繁乱的。现代医学专业的本科生不但要读"等身高"的专业书，还要在工作之后不断学习和提高。在两千五百年前，对于岐伯来说，却能够"化繁为简"，一出手就死死抓住了复杂问题的核心和本质，由此奠定了古典中华医学的理论基础。真是令人不服不行！当然一定还有同时代的其它各国、各民族自身对于人体医学的认识和经验总结，但是、注意但是，只有中华医学一枝独秀，在两千五百年前或更早就形成了自己独特的科学的人体医学理论体系。

1.4.3 "三圈图"与现代医学的"人体生物钟"

　　如前所述，用这个"三圈图"四角对应的十二个脏腑可以构建古典中医人体医学的核心理论的基础。现代医学的基础是古典的西方医学"四体液说"。通过文艺复兴之后的三百年与近代和现代科学技术的进步相结合，对于人体的物理结构、组织、器官的认识已经达到了极端精细的程度。

　　我们所熟知的"人体十大系统"虽然可以将人体的功能和新陈代谢的过程精确地描述出来，但是它却存在一个重大的"短板"，就是各个系统理论之间都是在很大程度上"各自为政"的"独立大队"。虽然人体内部都有"血液"、"体液"和各种特殊组织液如"胆汁"、"淋巴液"、"津液"、"脑髓"、"关节润滑液"等等作为通道相连，但是可以一眼看到，各个脏腑器官之间的相互关系的概念是松散和模糊的，对于整个体系的认识是"静态"的，结构精确却没有"生机"的。虽然现代医学也认为人体是高度统一的有机整体，但是具体到真实的人体组织结构的疾病诊断和治疗，一出手，给人的感觉还是"离散化"和"茫然"的。

　　这种本质上的"缺陷"造成了病家到现代西医院看病，在医生面前凳子还没有坐热就要拖着病体，拿着医生开出的各种化验、检测单子楼上楼下乱窜，最后提着各种报告给医生做决定。而医生做决定的依据就是教条主义般的"查表翻书、对号入座"。因此诊断和治疗的效果就完全取决于"短板与疾病的匹配度"，有时效果比较好，比如刚好药房和库房里有对应的药物和治疗设备来匹配，有时则"短板"短的只能让医生束手无策，宣告不治。

　　前面说过，"三圈图"表明了人体脏腑之间的相互逻辑和位置关系。实际上也是人体生命、新陈代谢的次序图，它使我们明白了人体各个组织器官之间功能实现和表达的先后次序。千万不要小看这个逻辑顺序，因为对应的这一高度和层次，对于现代医学来说，是在上世纪中期才突然认识到的，名曰："人体的生物节律周期"。也就是说，虽然现代医学对于人体各个器官的功能和解剖认识已经达到了十分精细的程度，但是对于各个脏腑之间的相互功能内在关系，动作时序图的准确认识比岐伯晚了至少二千五百年！它带来的后遗症就是"医学分科越来越细"，越来越陷入到"一叶障目、不见泰山"的窘迫境地！

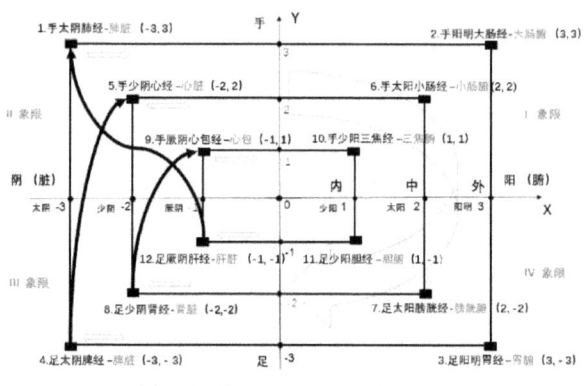

基于《黄帝内经》描述的"十二正经"循行"螺旋三圈图"

对应于人体生物节律及其各个脏腑组织功能在全天各个时间段变化规律的研究，现代医学特别是脑科学生物钟范畴已经有很多明确具体的研究成果，可以完全与之相容，大家可以自行网上查找，限于篇幅，不再赘述。有兴趣的读者可以参考下面的"24 小时人体生物钟节律"，只是再从宏观角度强调一下，任何一个有实际临床经验的现代医学深夜值班的医生都明白，夜半和凌晨不但是病人，也是自己最难熬的时间段。

以 24 小时为周期，人体各项功能呈现如下的变化规律：

1 时，大多数人已入睡 2-3 个小时，但是处于易醒的浅睡阶段，对疾病特别敏感。

2 时，肝脏活动异常活跃，加紧生产人体所需要的物质，包括特殊的蛋白质，同时加紧清除肝脏和血液中对人体有毒害的物质，进行人体内的"大扫除"。此时，其它大部分器官工作效率降至很低的水平。

3 时，肌肉完全放松，血压降低，呼吸和心跳次数均减少，全身进入休息状态。

4 时，脑部供血进入一天中的最低点，血压进一步降低。全身器官工作节律虽较缓慢，听觉灵敏，稍有响动即惊醒。此时是各严重疾患者易死亡的时刻。

5 时，经历了浅睡、做梦、深睡几个阶段之后，人的精力基本恢复。此时起身，会有精神饱满之感。肾脏还没有开始工作。

6 时，心跳加快，血压开始回升，往往不想起床，具有体虚难受和不安全的感觉。

7 时，人体免疫功能已经达到高峰状态，此时对病菌或病毒侵袭的抵抗力较强。

8 时，肝内有毒物质基本排除殆尽，全身器官开始进入状态，此时不宜饮酒。

9 时，心脏进入全负荷状态，反应性及活动性提高，痛感降低。

10 时，精力十分充沛，是工作、学习和运动的最佳时期。

11 时，心脏工作仍然非常努力，人体不易有疲劳的感觉。

12 时，各器官和系统活跃，人体全身进入总动员。此时最好推迟一会儿再吃午餐。

13 时，上半天最佳工作时间已经过去，容易感到疲劳，最好进行午休。部分糖元进入血液，肝脏逐渐进入休息状态。

14 时，人脑反应迟钝，是一天 24 小时中的第二个活动能力最低点。

15 时，情况开始好转，工作能力逐渐恢复。人体器官此时最为敏感，特别是嗅觉和味觉。

16 时，血糖增加，但很快会降下去，因而一般不会引发疾病。

17 时，此时工作效率较高，是运动员强化训练的最佳时机。

18 时，痛感重新下降，可以适当增加活动量。

19 时，血压增高，情绪变得不甚稳定，容易发脾气。

20 时，此时反应敏捷，体重达到一天中的最高值。运动员此时容易出好成绩。

21 时，反应迅速，记忆力增强，可记住不少白天没记住的东西，是最适宜于记忆和学习的时刻。

22 时，体温下降。

23 时，精力下降，疲惫感逐渐增强，肌体功能期待恢复，人体应该进入休息时刻。

24 时，一天当中的最后时刻，大多数人进入甜蜜的梦乡，人体各器官和系统活动能力减弱。

1.4.4 "三圈图"与"子午流注"

前文提到现代医学关于"人体生物节律周期"与人体"三圈图"的关系，可以用来说明二者之间的科学关系，现在来仔细分析讨论如下：如下图所示，在各个位置加上对应的**"时辰"**，则得到了最为著名的**"子午流注次序图"**。

　　这张图，将人体每一天的脏腑功能与时间对应了起来。从二千五百年前到今天，都是充满了实践情怀的科学理论。它使我们明白了，人为什么会生病？病势随时间是如何演变的，应该如何利用"子午流注"次序与脏腑生理功能的关系来防病治病和养生。而且我认为中国古人"天人合一"概念就是从这里生发出来的，清清楚楚，一点都不"玄"，在后文我要详细讨论之。

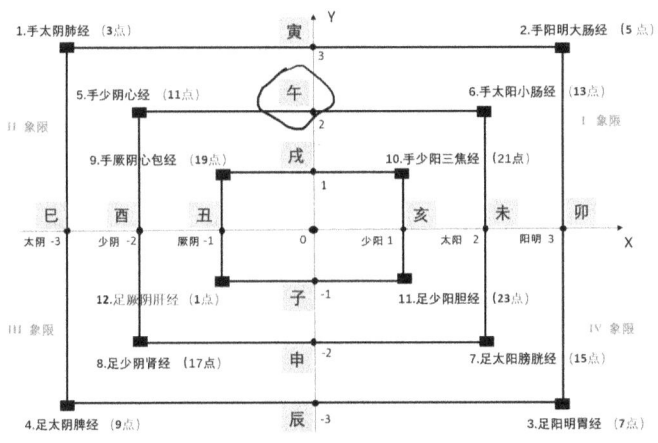

基于《黄帝内经》描述的"三圈图"中"子午流注-人体生物节律周期"位置图

　　前文已经说到，西方现代医学认识到人体具有"生物节律"也就在几十年前，而且也是通过实践观察总结出来的，研究者有名有姓，上网可查，据说八、九十年代还到中国同有关部门进行过学术交流，现在被认为是已经得到验证的科学理论，但在客观实践中并没有得到真正广泛的运用。比如，西方对于中国人的"睡午觉"仍旧不太理解和嘲讽，原因就是缺失了主动运用生物节律调节体力和工作精力的完整知识体系。其实稍微实践一下，就可以验证"睡午觉"的科学解释。

从"子午流注次序图"可以看到，**"午"**时对应的中午 11 点到下午 1 点，刚好是在"三圈图"中圈对应的从"手少阴心经"前往"手太阳小肠经"路径的"中点"，也就是在 Y 轴之上，处于"阴、阳交替之处"，"心经"要把工作移交给"小肠经"，如果工作一切顺利，那么后续的工作，也就是下午到傍晚这段时间人的感觉都会比较轻松愉快，而且工作、学习效率高，否则中午之后的 14-15 点对应的**"未"**时是人注意力十分低下、犯困和工作容易出差错的时间。那么如何才能度过这一"难关"呢，很简单，就是"睡个午觉、小憩一下、打个盹"、或者如"一休哥"的悄悄话："休息、休息一会儿"。给"心经"一点时间，让它从容地把工作交接给"小肠经"，完成这个重要的"接头"的工作而不出差错，时间不需要太长，一个小时左右，过了这个"由阴出阳"的**"坎"**，下午工作和学习一定精神百倍。

西方人不谙此道，但既然都是人，也要过这个"难关"，一般就只能靠咖啡和下午的红茶来提神、抵挡了。前两天看描写红军长征的电视连续剧，有一个很有意思的情节：红军决定准备攻打黔军，指挥员选择的攻击时间是大白天的"中午"，为什么要选择这个时间段而不是夜晚？因为黔军都是"双枪将"，关键时刻要"抽两口大烟"，而中午的"午时"，看似"阳气"最足的时刻，原因如上所述，却正是人体节律"由脏转腑"，最难熬的时刻，黔军将士此时哈欠连天、涎涕横流、腰膝酸软、头晕目眩、需要大烟土海洛因的刺激来帮忙"运转"，所以根本没法打仗！

谈完了"午觉"，从"三圈图"上立刻就会发现还有一个处于对称位置的"子"觉。这个"子"觉更为重要。因为它处于至关重要的"内圈"之上。从结合了"子午流注顺序图"的"三圈图"上可以看到，它对应的时间段是晚上 23 点到第二天的凌晨 1

点。处于"内圈"从"足少阳胆"前往"足厥阴肝"的路径的"中点"
上。

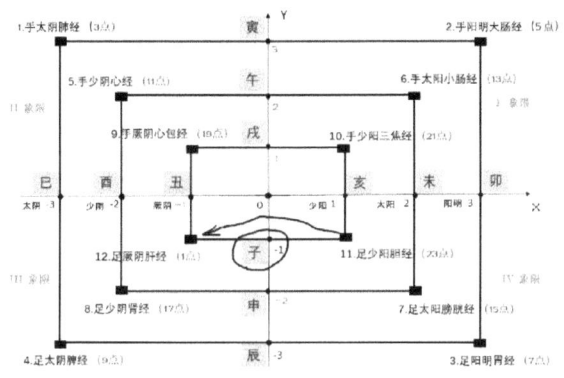

基于《黄帝内经》描述的"三圈图"中"子午流注-人体生物节律周期"位置图

　　要特别注意，这是一个与"午"时相反，"由腑入脏"、"由
阳入阴"的过程。在《黄帝内经》里岐伯认为，这是一个"十
分特殊、艰难、需要小心应对"的时间段。从"三圈图"上可以
看出，这个过程属于"内圈"，刚好从"阴中之阳"的第四象限
进入到"阴中之阴"的第三象限。人体去往"厥阴"处，所以从
某种程度上看，有点要进"鬼门关"的意思，事关生死！实际
上很多危重病人都过不了从"子"时开始到凌晨 3 点这一时间
段。质疑它的科学性的人，可以从现代各大医院重症医学科
ICU 里病人凌晨病危死亡统计数据中去验证核实。

　　我们可以从"三圈图"中看到，"足厥阴肝"（凌晨 1 点到 3
点）之后的下一站是下一次"子午流注"的开始点"手太阴肺"
（凌晨 3 点到 5 点），这是一个全新的开始，人体需要从"内
圈"跳出转换到"外圈"，即从"内圈"的第三象限直接跳至"外圈"
的第二象限，前文所述，这是一个从二维平面进入到"立体
三维螺旋线抽头"的结构。能够跳出去，越过这道**"坎"**，就
意味着再次成功地"由厥阴内圈出至太阴外圈，开始新的一
天"，这是一个"升维"的过程，从一个厥阴脏跳至一个太阴脏，

有点"拔苗助长"的意思，可以想象成"大冬天后半夜从不太温暖的被窝爬出来，直接跳到房屋大门外的雪地"，对身体是一个非常艰难的考验。那如果跳不出这个内圈呢？答案很简单："眼睛一闭不睁，一辈子就过去了"！

这个"足厥阴肝"对应的丑时或者说时间区间（凌晨 1 点到 3 点），岐伯认为是"养肝血、肝脏工作进行全身解毒"的时间段。最佳的状态是人处于"深度睡眠（人体的第二和第三梦境对应时间段）之中"，不要打扰，使大脑的意识和潜意识有充分的时间自动地来调整完成神经系统的修复和控制功能。它关系到人在第二天，也就是下一个"子午流注"次序对应的整个精神状态。现代生活节奏，刚好与之背道而驰。"子夜"时分是正是"夜生活"的开场至"正酣"的时间段。熬夜网游、K 歌、鸡鸭鱼肉、火锅美酒外加各种现代化学药物和手段提神助兴、助性，导致人体"足少阳胆"和"足厥阴肝"疲惫不堪，难以交接"工作"，无法自我修复白天受损的组织结构和净化血液和体液中的毒素。长期的积累，使"一个二、三十岁的年轻人突发各种疾病送到医院急诊抢救，发现已是不治"这类报道，已是司空见惯、见惯不惊了。这种情况，从一个更高视角的层次上来说，就是违背了岐伯所说的"日出而作、日落而息、天人合一"的基本要求。

"三圈图"作为中医基础理论的核心，贯穿了人体医学对应的所有脏、腑、组织、结构，实际上就是完成了对整个人体医学所有组织结构实体的"串联"。而对于生命活动的基础新陈代谢的过程就是沿着这条"纽带"指引的方向实现了"首尾相连"和"无缝连接"、"循环往复"直至生命的终点。

我们可以想象由大脑中枢发出的一个"能量指令球"沿着这条"螺旋纽带"向前滚动，如同一个传令兵，他走到哪里，对应的脏、腑就行动起来完成对应的职能。岐伯早就明白了，人体的十二脏腑并不是扎堆儿在一起同时发蛮力搞大合唱，而是按照一个特定的节律、在每一个时段对应一个特定的脏、腑进行工作，就如同"电子计算机 CPU 片选信号扫描监控子程序"一样，是分时分段操作的。把它对应于十二个时辰，就形成了**"子午流注图"**，现代医学在上世纪八十年代也终于搞明白了，原来人体还有这样一个**"生物节律钟"**。

"学而时习之，不亦乐乎"！理论一定要与实践相结合，才能发挥应有的威力。现在来讨论"三圈图"如何运用才能指导我们的生活和实践。前文已经多次说过，"三圈图"是中医理论的基础核心，而岐伯早已明言，"天下本无治不了的病"，因此我们要坚定信心，"任凭风浪起、死守三圈图"！不管困难有多大，"外邪"有多猖狂，只要依靠科学的分析方法，坚持岐伯给我们指明的方向，追根溯源，抓住人体疾病变化的本质，从根本入手，不断总结提高认知水平，一定能够不断超越自己，获得最后的成功。

第一个例子还是老百姓最熟悉的"睡子午觉"的问题。前文说长征时红军打黔军的时候已经提到过了，再仔细地讨论一下。中国人要强调睡午觉，为什么人在大白天正当午，精神头看似最足、"阳气"最旺的时候需要打个盹？否则下午二到三点很难熬？有了"三圈图"，一切就都可以清晰地解释了。

所谓"子午觉"，其实对应的就是"一天当中阴阳转换的两个关键的时刻"，"午觉"对应的是**"由阴转阳"**，"子觉"对应的是**"由阳转阴"**。如前所述，"子觉"对应的这个时刻比较艰难，而"午觉"则相对容易一些，休息的核心都是"减轻心脏和大脑的负担，集中血液帮助其它脏腑特别是肝脏和身体尽快度过这两个难关"。

　　我现在还深刻地记着，大学毕业到工厂上班面临的第一个最大考验就是**"不能再睡中午觉了"！**到了下午二到三点的时候，难熬地不得了，在车间里噪音很大的电动机减速器旁都会打瞌睡，不禁十分怀念大学的时光。那时，本科学生宿舍都是晚上十一点准时拉闸限电，强迫大家"睡子觉"。白天如果下午有课，中午吃完饭一定要抓紧时间睡一个小时"午觉"，下午上课学习的精力都很旺盛，到了下午五六点钟，操场打球、跑步快乐得很。可是一到工作岗位，中午到下午的工作效率就下降了。后来看了一本在国外访问进修的人写的书，说西方人上班族也有这种情况，大家中午都会犯困，他们是这样的克服的：中午主要吃蔬菜沙拉水果，尽量少吃主食，把血液留给大脑，下午最难熬的时候刚好就是下午茶和喝咖啡的休息时间了，靠在沙发上休息一会儿，正好可以顶过去。还有一个方法就是在中午休息时间到户外或健身房去有氧锻炼。效果都不错，但他们并不知其所以然。现在我们有了"三圈图"，就很好理解了，胆肝和心脏的功能如不能在对应时间段充分行使，人就会出现一系列的严重问题。各种现代病如癌症、心脑血管疾病，包括知名的"过劳死"都与此相关。因为人的生命是由能量来维持的，而能量是由营养物质通过氧化反应来产生的。所以从子时到凌晨丑时对应的1到3点这段时间，就是最重要的"养生"与"治未病"的时间段。如果此时不休息调整，人会很难熬，前文经常说的"熬夜"其实就是指的这段时间。所以用"子午流注"来指导每一天的生活，实际就是在按照中医经典要求来生活。

　　现代医学已经十分清楚了肝、胆的生理学基础和作用，调整全身的基础代谢率、清除体内毒素、合成各种人体所需要的蛋白质基础单元，修复全身细胞组织结构的损伤、为新的一天开始做清理准备。但是对比中、西医的相关理论解释，现代医学总是不如中医用**"胆经"**描述的那样**"传神"**。

中华医学的伟大源于中华文明和二维方块文字的传神和深刻内涵的表达。比如这个"胆"字，英文是"Gall Bladder"，直译就是"盛装苦胆汁的囊"，虽然"靶向精准"，但缺乏"诗意的内涵和外延"，使人不会再有其它的联想了。而中文的"胆"字，左边一个"月"，右边之上为一个"日"，之下为一个"一"。中华文化认为，"月为阴"，"日为阳"，所以"胆"字与"明"字很相似，都与阴、阳相关。不同之处在于"日"和"月"的位置相反，而且在"日"字之下，有一个"小横"。我觉得可以这样来想象一下，这个"小横"实际上就相当于一个小"平衡杆"，它在不断动态调整"日"也就是"阳"的总量，从而实现动态调整"日"与"月"，即"阴"与"阳"之间的平衡。由此可以推导出，中医的"胆"不但包含现代医学的"胆囊"，还囊括了所有与"胆经"相关的人体组织体系结构，具有更深刻的"内涵"和广阔的"外延"。这里所说的"阴"为"人体所需的营养物质"，而"阳"为"营养物质氧化释放的能量"。那么谁在控制和调整这个转换的效率和程度呢？对了！就是"日"下那个小杠杆"一"。现代医学的说法认为主要是"乙酰胆碱"，它实际上控制了全身的氧化释能反应的过程，分泌和控制"乙酰胆碱"的核心在大脑内部。

中医的说法还要看岐伯是怎样说的：**凡十一脏，皆取决于胆！**是保命全神（形）的至要。从"三圈图"可以看出，它对应第三圈，即内圈，属于前面提到的**"情志圈"**，由大脑所控！所以由此可以看出，中医、现代医学的认识是"相容"的，"中医"的理解虽然达不到某些"化学反应催化剂"的小分子层面，但基于"活人和整体"，却更加"传神"！

所以不管你是否理解支持中医，你的生物节律都是在"三圈图"指导的"子午流注次序"之下进行。**顺之者，四世同堂；"逆之者，中道崩殂"**。很多人认识不到这一点，造成了三甲医院门诊大厅，人山人海；急诊室内外人生悲剧，此起彼伏。

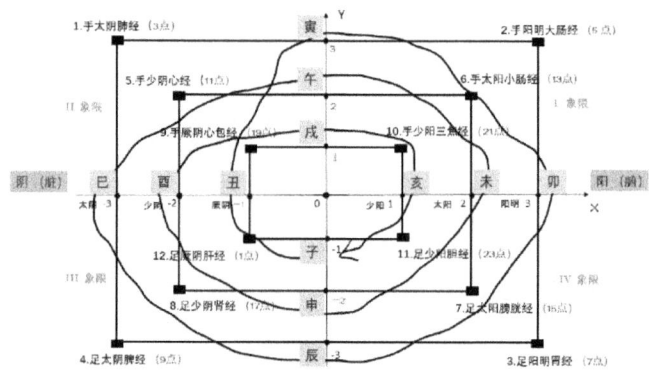

基于《黄帝内经》描述的"三圈图"中"子午流注-人体生物节律周期"位置图

所以再总结一下，"子午流注"并非不科学的"无稽之谈"，它的基础是"三圈图"。与现代医学的交点就是"人体生物节律"。二者都反映了对于人体生理过程的科学描述。那么既然岐伯的"三圈图"是人体医学的基础，那么就一定会有更深层次的内涵。

1.4.5 "三圈图"与"天人合一"

岐伯认识人体的境界是极高的，它不只是将"子午流注图"如同挂钟一样钉在墙上告诉我们每天的时间和对应脏、腑的工作流程，而是用它"举一反三"，灵活运用到了与人体相关的外部环境，直至与外部环境相关联的地球与太阳的相互运动关系。

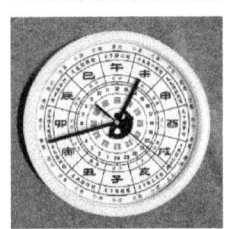

子午流注图挂钟

太阳系八大行星

几乎所有支持和反对中医基础理论科学化的人都非常关切的"天人合一"的思想，当然也暗藏在"三道圈"组成的螺旋"子午流注图"中，所以才有岐伯那句最为著名的**"经脉者，所以决生死、处百病，不可不察"**。

中医的代表岐伯认为**"天下本没有治不好的病，只有没有掌握的术"**，的确让人感到"话有点过"、有些不够"谦虚"，以至于有众多反中医之人以此为据，断章取义地说中医自己说的啥病都能治，现实中大量的事实证明根本不可能，比如给你一个主动脉夹层破裂或肝癌、肺癌晚期病人、渐冻症患者，你给我治治看？明显地熬啥药都来不及了，所以中医是"骗子"！等等等等。

其实这是从高屋建瓴、从最高理论的战略层次上讲。实际上只要你**真正**打开了《黄帝内经》，就会发现其中很多地方都在谈何时、何种情况下属于**"死、不治"**！非常低调但也触目惊心！为什么会有这样的看似"矛盾"的结论，其实很简单，战略理论是行动的方向，战术实践是行动的过程，二者密切相关但却不能直接划等号，人体和大自然都是在变化当中的，疾病也是如此，有属于自己特定演变的**"时间窗口"**。而错过了这个"时间窗口"，治愈的机会就会越来越少。比如"打麻将"，有经验的高手总是能够提前安排布局让自己"胡"的面越宽越好，"窗口"越多越好，否则如果死等或单吊某一张牌，周围"外邪"又死扣不甩入场中，当然就只能与亲人洒泪而别、来世相见了。所以此处一定要深刻地理解**"中医治未病"**的本质就是主动地使**"治病要尽早"**，使治愈和求生的机遇和时间窗口多一些、宽一些罢了！

这个"时间窗口"在全身脏腑之间是按照"子午流注"的次序"有序传递"的，岐伯能够治百病的根本就在于掌握了这个"动态"的规律，它与天时、地利、病人脏腑实际状况密切相关。用"三圈图"将之以"纲举目张"的形式"统一"了起来，使脏腑各个系统之间的内在关系一目了然，病情与哪一个脏腑有关？下一步会影响哪一个脏腑或相关的组织结构？在哪一个时间段采取何种治疗方法来应对某一脏腑的疾病？现在有了"三圈图"，我们也能象岐伯那样，以一种"登顶泰山、一览众山小"的方式来体会、思考和推导了，"理、法"的战略方向明确了，剩下的就是"方、药"的战术问题了。

解决任何一个医学科学问题，一要有正确的理论，二要有能够实践检验的方法，三就是要有适当的"机缘"。也就是要讲"天时、地利、人和"。对于治病救人来说，医患之间的"机缘"更为重要，它不只是"争时间、抢速度"的问题，更重要的是治病"时间窗口"的选择，原因如前所述，在于"三圈图"和"人体生物节律"。"机缘"失去，难治、不治！所以如果你打开《黄帝内经》和《伤寒杂病论》，先贤们说的最多的不是"条件不足、巧施妙手、神方秘方、病家回春"，而是如果错失了"治疗窗口"，**"预后不良、死、不治！"**，随处可见、触目惊心！而"窗口"的多少和宽窄则与人的"正邪之气、阴阳之气"密切相关，所以治病要尽早，最理想的的就是在"邪气"刚刚处于"聚集"之时，选用最合理的治疗方法，"散之"！只是在这个阶段，防微杜渐需要医家仔细体验，很难把握，需要"上工"的水准。中医有"望、闻、问、切"，能够准确理解和掌握之医家，就可以达到众所周知的"上工治未病"的境界！

其实现代医学也认识到了"静态"问题的缺陷，引入了大量的现代科技手段如 X 射线 CT、MRI、B 超、彩超以及各种介入光学探头实施观察监控等等成像技术，加强了**"动态影像和数据"**的获取，但与真实的"人体状况"仍然存在无法逾越的**"鸿沟"**，(即古典中医所说的"情志")。这个"鸿沟"是现代医学所基于的所谓古希腊医学所天生的、固有的、无法通过自身和后续的科技手段所弥补的！这个问题我在后文要专文立题讨论。

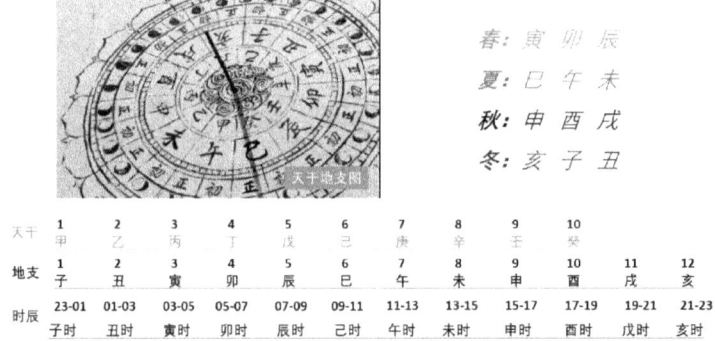

天干	1	2	3	4	5	6	7	8	9	10		
	甲	乙	丙	丁	戊	己	庚	辛	壬	癸		
地支	1	2	3	4	5	6	7	8	9	10	11	12
	子	丑	寅	卯	辰	巳	午	未	申	酉	戌	亥
时辰	23-01	01-03	03-05	05-07	07-09	09-11	11-13	13-15	15-17	17-19	19-21	21-23
	子时	丑时	寅时	卯时	辰时	己时	午时	未时	申时	酉时	戌时	亥时

所以，应该可以明白了，为什么古典中医一定要强调**"天人合一"**！因为这是一种宇宙大自然层次的"随波逐流"，这里的"波和流"就是"人体与大自然的生物节律在空间随时间轴的延展、震荡传播开来的物理表达"，如能**"与之共舞"**，就可以最有效地节约人体能量和机体的消耗，客观上达到"延年益寿"的目的。比如一个不幸掉入大海的人，最好的求生方式就是尽量想办法"躺平"在海面上，随波逐流、保存体力、发出信号、等待救援。至于他是否会游泳，技巧水平有多高，已经变得完全不重要了。

　　所以中医基础理论的核心思想是"科学的"！为什么是"科学的"？因为从地球宏观的尺度上讲，违反它的生物、种群早就在历史的长河中被无情地淘汰了或者正在被淘汰进程之中！

　　当然这样下结论，有些情绪化，肯定还是不足以说服某些或者一大批"带着花岗岩头脑"认为中医不科学的人，所以还需要用科学的方法进一步深入地讨论！

1.4.6 "三圈图"与"抗击瘟疫"

　　中国古典医学认为，人体与大自然是相容的，病毒、细菌等"外邪"也应该具有各自的生存空间。所以如果"外邪"进入人体，最有效的方式就是"放开大路、坚壁清野、敲梆送客"。如果"外邪"是"人体免疫系统"的熟客或者与"寒风"相伴而来，或者由于某些未知原因的叠加，使人体的免疫系统"迟迟不能兴奋起来"，处于"消极怠速"的状态，则人体氧化释放产生的能量就会小于人体对外界释放的能量，人就会感到"发冷"，这就是所谓的"风寒"感冒。反之，如果"外邪"随"热浪"而来，则免疫系统就会立刻行动起来，有可能造成能量的过多释放，使人的肌体出现"热症"。所以所谓"风寒"或"风热"，与"外邪"这个外因的特性有关，但不是决定因素，决定因素是"内因"，即"人体下丘脑温度控制单元与免疫系统对于人体能量的协同调整和控制"。

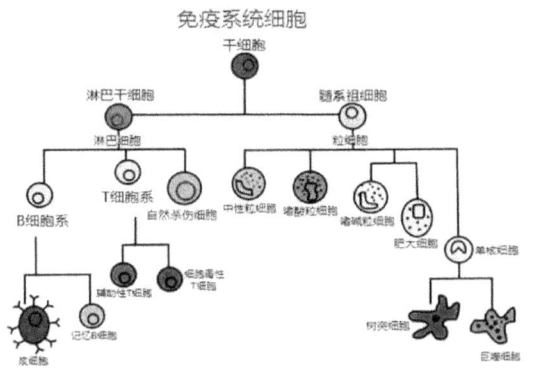

人体抵抗"外邪"侵犯人体所依靠的**自身免疫系统**=古典中医体系的"手少阳三焦经+足厥阴肝经"

如果人体的免疫系统对进入人体的"外邪"不陌生，则其所激发的白细胞和 T 细胞及其 B 细胞等各种防卫细胞杀灭"外邪"的过程就会很顺利，人体就会自我恢复，很快好转，不需要调动更多的能量；反之，如果"免疫系统"对"外邪"很陌生，就会全力以赴调动人体的各种反击资源和来消灭"外邪"，这个过程要消耗人体大量的能量，产生大量的热量、自由基和废物，如果不能及时排除，成为"内邪"，就会进入恶性循环，使人大脑失控，进入"高烧和大量分泌物的产生"的状态，阻塞人体的循环和排泄系统。明确了这一点，就能够准确地理解最关键的"温病"和"疫症"的本质。

1.4.7 "感冒"与"热病"的本质

现在的中医教材和中医界认为，普通的感冒分为两种：如果"外邪"袭表、入里造成人的感觉"怕冷、战抖、发烧、头疼和流清鼻涕"，为"风寒感冒"；如果"外邪"入里造成人的感觉是"高烧、大汗、口渴、黄痰和流脓鼻涕"，则为"风热感冒"。

在这里必须要分析一个问题，即：大自然是否具有"风热"和"风寒"两种类型的"外邪"？这个概念是后世医家提出的，非岐伯的原话。我认为，可以"理解"后世医家的这种分类方法，因为他们都是从人的"感觉"这个角度谈的。但是根据现代科学的理论，造成感冒的所谓"外邪"，实际上是环境温度、湿度和外界"细菌"、"病毒"以及其它的微生物。它进入人体之后，会引起人体的免疫系统的反应和抗击。人为什么会感到"冷"或"热"，取决于人体细胞内部的"线粒体"氧化释能反应的强度等级。人的正常体温是 36.2-36.5℃ 左右，基本处于恒温状态。如果细胞内部的"线粒体"产生的热量大于细胞对外释放的热量，人体的温度就会累积上升，感到"发热"了，即"热症"；反之，则会全身"发冷"，即"寒症"。谁来控制这个细胞内"线粒体"的氧化反应的强度呢？如前文所述，是"情志圈"，即："内圈"的"胆经"和"肝经"。这二者是"执行机构"，其最高"控制机构"是在人体的下丘脑中的"温度控制单元"。所以这里的"肝经"和"胆经"所对应人体物理组织、结构体系就是人体的"免疫系统"。

人体自身拥有一个非常精明的"自动温度控制系统"，维持着新陈代谢和氧化释能的强度。当"外邪"和"内邪"的存在严重影响大脑内部温度控制单元的正常工作时，就会出现体温超出正常工作范围。能量代谢的同时又会导致大量的毒素和自由基废物的产生，进一步造成人体各个脏器的损坏和功能的缺失。当能量代谢过度，体温过高而导致系统和器官功能亢奋时，则出现"阳症"；反之，能量代谢不足导致体温过低时而导致系统和器官功能下降时，则出现"阴症"。

正如汽车爬坡负载增加时，需要换挡减低车速同时提高发动机转速而增加扭矩，使发动机维持在正常工作的水平。这个过程有可能造成发动机过热和废气排放增加，如果自动循环降温系统冷却系统不能有效工作，将会造成发动机过热而"烧缸"；如果排气管不能及时排除废气，则会造成发动机做功气缸燃烧释能效率下降或直接"死火"。发动机系统相当于人的大脑和心脏的联合，所以中医的治疗方法就相当于"保持发动机的正常工作温度，避免烧缸和死火现象发生。所用的方法简而言之就是"十六字诀"，**"寒者热之，热者寒之、虚则补之、实者泻之"**。按照现代的说法就是实现一个"多变量复杂系统的自动化动态平衡控制"。这样一个系统需要先进科学的"硬件、软件、控制理论和算法来支撑"。中医的"十六字诀"和大家都很熟悉的毛主席游击战争"十六字诀"一样，看起来很简单，灵活运用起来却千变万化、奥妙无穷。善用者，"危难之中显身手"；不善用者，"生死两茫茫而不知"！

"外邪"如果入"手阳明大肠"就属于所谓的"肠胃感冒"，它有很多的表现形式，比如：便秘、腹泻、高烧、腹胀、呕吐等等；"外邪"如果入"手太阴肺经"，就属于所谓的"风寒、风热感冒"，对应现代医学的上、下呼吸道疾病，如前文所述，其中造成人体"高烧、大汗、神昏"的，中医学将之统一为"温病"，而"温病"又有两个分类：一个是由于普通"温邪"造成的"温热病"；另一个是由"一种特殊的超强外邪"造成的高致命威胁的"瘟疫病"。"温病"已经由温病大家吴鞠通的"温病条辨"奠定了"温病学"的基础，是现在中医的必学科目，所以下文我们将重点讨论的"瘟疫病"的缘由和中医能够战胜"瘟疫"的科学本质，中医所用的行方用药的科学理论基础，实际上就是针对当前令人心惊肉跳的"新冠病毒"。

可能有朋友问，为啥总在你自定义的"三圈图"上绕圈子，是想挤进"标新立异"、"领军创新"、"独领风骚"的圈子吗？说实话我也想，但是越学《黄帝内经》和《伤寒论》，越来越发现，你想到的，岐伯、仲景都想到了；你没想到的，他们也都说到了，只是你还没看到或者说没领悟到！

1.4.8 如何抗击"瘟疫"

现在我们要进入到下一个问题的探讨，就是与人类健康密切相关的"抗疫"问题。

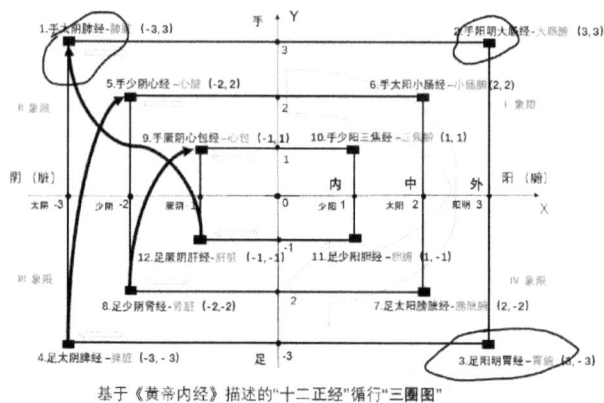

基于《黄帝内经》描述的"十二正经"循行"三圈图"

分析"三圈图"的外圈，就可以明白了，治疗"感冒"，无论"风热、风寒"，治疗的方法有两个：一是疏散"手太阴肺热"，保持呼吸道的畅通，二是保持人体排泄通道的畅通，即"手阳明大肠"的通畅。岐伯有言："肺与大肠相表里"，因此二者结合，可以有效地降低人体自由基的浓度，废物的产生，同时加强废物和浊物的排放。这里还有一个"窍"，即"咽喉和下接的食道"，它对应"外圈"的"足阳明胃经"，所以感冒还有一个分支，即病从口入的"肠胃感冒"。

必须要强调的是，还有一个特殊的"湿寒邪"非常凶险，它是通过"皮毛受寒，由毛孔微窍入里"，直接通过身体后背部和头部的"足太阳膀胱经"直接入"膀胱腑"和入"肾脏"。从"三圈图"可以看到，它属于"中圈"，但是可以通过"皮毛入肺经再直入膀胱经"。这里需要强调一点的是，由于人体的"膀胱经"在背部以两条直线的方式展开，因此岐伯就把外邪入人体用了另一种表达方式，即外邪入"足太阳膀胱经"。膀胱

经对应的是"腑"，其领军的器官是"膀胱"，互为表里关系的
"脏"是"肾"。这样就造成了一个问题，就是：从表面上看，
外感风寒首先攻击的似乎是"足太阳膀胱经和足少阴肾经"。

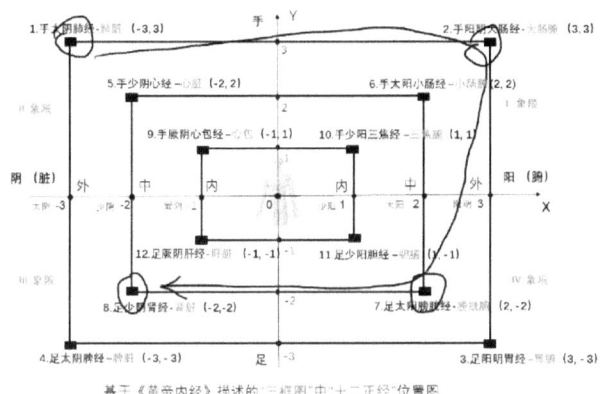

基于《黄帝内经》描述的"三框图"中"十二正经"位置图

再强调一遍，"三圈图"之"外圈"有两个最主要的入口"口
+鼻"和一个出口，二阴之一的"肛门"（另一个窍口是尿道，
过"足太阳膀胱经"，属于"中圈"）。另外还有一种特殊的"孔
窍"是"全身之皮毛"，数量太多数不过来，岐伯艺术地说有
"八万四千"个，通过手太阴肺经所控制的人体汗毛孔直入"中
圈"的"足太阳膀胱经和足少阴肾经"。

"外邪"入里进入"内圈"容易，将之推出"外圈"则很难。
不过幸运的是"医圣"仲景，早已在此布下"恢恢天网"，层层
设防，十几道逻辑严谨、环环相扣的经典名方，组成了珍贵
的"伤寒论之太阳篇"。老百姓都知道，身上淋湿了雨，一定
要想办法把湿衣服脱掉，因为湿寒贴身，"邪"会入肾。野外
遇雨，一定想办法要首先保住头是干的，也是这个道理，因
为膀胱经从脚跟到后脑至颠顶，岐伯早已讲明了利害。现在
有很多年轻人，湿衣裹身、不知其害、湿寒邪入肾、拖延耽
误、造成严重的肾病，遗恨终身。从"三圈图"可以看出它属
于"中圈"的"先天圈"，也就是与生命的最初形成密切相关。

1.4.9 仲景的《伤寒杂病论》与"抗击瘟疫"

由于医圣仲景的《伤寒杂病论》一开篇就是"太阳病篇"，我认为这是后世医家基于残简和自身认知造成的"认识顺序"的错误，就是将"太阳病"对应的"中圈"与"阳明病"对应的"外圈"相混淆了，这样不但会无法体会到"三圈图"的中医理论的基础结构，还会对产生对"感冒"这种病情本质的片面理解，认为主要的感冒形式只是局限在"风寒与风热"，以及随后入里转变成的"阳明热证"，而忽略了还有两种最为重要的"感冒"形式，即"由于饮食直接造成的肠胃感冒"和"由于外邪直接攻击手太阴肺经造成的温病和由此直接入里进入内圈的瘟疫症"。这种认识的缺失，导致后世医家实际上是在**"用治疗中圈的方药去治疗外圈"**，发现用仲景方药治疗"热病"不见效了。这种情况持续了随后的 1300 多年，才由明末清初发展起来的 "温病学体系" 进行了补充和完整化。但是，却"物极必反"地造成了一种错误的认识，即：《温病学》是与《伤寒杂病论》并列的"另一大体系和丰碑"，解决了"用仲景方治疗温病瘟疫死人无数"的问题，表面上是"百花齐放"的另一个龙头理论，丰富发展了中医治疗医学体系的内容，在实质上割裂了中医科学理论发展体系的结构的严整性，造成了后世"你方唱罢我登场"、"城头变幻大王旗"的"百家百言"般的混乱景象。

其实不是"仲景方"治疗"瘟疫"不行，而是如前文所说，原文有丢失，另外后世医家缺乏灵活性，不能灵活运用各种"经"的思想，将仲景的条文当"教条"，另外他们没有搞明白《黄帝内经》的"三道圈"结构。其实在伤寒论的"太阴篇"、"阳明篇"，仲景已经指出了治疗"瘟疫"的基本方向。在此仅举一例有史书明确记载的案例来说明：乾隆时期清朝军机大臣纪晓岚曾记述有一年"瘟疫"流行，有一个地方的中医，大胆使用生石膏，量达到"几十斤"，熬水喝，治好病人无数。读过《伤寒杂病论》，就能够知道仲景有针对"阳明热证"的"白虎汤"，其中"生石膏"两斤作为"君药"，另配"知母"、"甘草"和"粳米"。专清肺胃之邪热，既可解肌透热，又可生津止渴除烦。而且明确使用本方应以**"大汗、大热、大烦渴、脉洪大四大症"**为主要依据。但临床不一定四大症俱全，**"凡无形热炽，均可使用"**。民国时期的中医大家张锡纯也曾有"大米中加生石膏一起熬粥喝，治好了军队士兵大量的突发高烧病人"的经典医案。目前的各种以此方为基础的化裁变方非常多，应用极广。所以可以将它作为一个很好的特例，来分析一下中医抗疫的科学本质。

　　读过仲景的《伤寒杂病论》或目前《伤寒论》的朋友就会发现，此书在收尾处过于仓促，特别是没有对应的"手厥阴心包经"、"手少阳三焦经"的内容。如果按照"三圈图"推导，应该有很多"足少阳胆经"和"足厥阴肝经"的内容。但是，"足厥阴肝经"的内容也明显不足。因此可以肯定地认为，仲景一定是写了这一部分的内容，但是由于历史和战乱的的原因散失了。为什么这样说呢？因为仲景自述熟读《黄帝内经》的"素问"、"九卷"、"阴阳大论"，它的整个《伤寒杂病论》的写作顺序和体系的构成就是按照"十二正经"的顺序完成的，当然也符合"子午流注"的顺序。他是"医圣"，不可能想到哪里写到哪里，一定有一个明确的写作大纲体系，根据这个体系他建立了十二个"证"。并且根据这个体系展开了《伤寒杂病论》的体系论证。但是后人的解释，拦腰一刀，搞成了"六经辩证"，即：从"三圈图"上可以看出，也就是 X 轴之上的"手经"都不要了，名曰"手经短、脚经长"，所以"用脚经代替手经"，这种简单粗暴的研究和认知方式，给后世医家造成了巨大的困惑，也给仲景的医学体系打了一个超过 50%的巨大"折扣"。以至于"手经"体系对应的"三焦"问题，特别是"上焦"问题，也就是对应的"温病学"问题的解决推迟了近千年。有人研究说仲景的年代比较寒冷，而"唐代"以后，全球气候变暖，因此外界的"病毒、细菌"等外邪也变得越来越难以对付。这个说法有一定的依据，但是要说明，人体是否发烧、温度多少，不是有无"外邪"这个"外因"来决定的，而是由"内因"即大脑内部对于"外邪"的认识程度来决定的。所以治疗方法都是一样的，而且方法只有一种，就是，第一，尽量避免外邪进入第一道圈，即：口和鼻；第二，维持大小便和皮肤排泄功能；第三，用汤药控制氧化反应强度，控制体温，加强营养和机体的抵抗能力。

瘟疫的厉害之处在于它表现得异常凶猛，在极短的时间闯入了"内圈"，并同时停留在三圈，引起人体大脑的温控失调和免疫系统崩溃。这里的"外邪"从现代医学科学的角度上看就是各种"具有特殊分子结构的病毒"。古人无这种特殊的分子结构的概念，但是他们也抓住了问题的本质，称其为：不同于六淫之外的其它的外邪，因此要调用全部的知识和措施应对之。并由此发展各种更有效的"抗疫"方法。

如果中医的理论体系是科学的，那么所有后世医家经过实践检验的"真知灼见"在本质上一定是**相互统一的一个相容体系**。医圣仲景在"阳明病篇"中有专题讨论"肺部大热、口大渴"的问题，"麻杏石甘汤"、"白虎汤"等方均为此而设，但却是不够充分，我认为，这部分内容仲景肯定写了，因为这一部分的内容属于"三圈图"的起始部分，是重头戏，随后应该紧接"太阳篇"，但很不幸，由于战乱，遗失了很多。因为医圣仲景自述说自己"勤求古训，熟读素问、九卷"，他能看到的"中医经典"，要比我们今天看到更接近原著，完整、准确的多。所以如果我们通过学习《黄帝内径》都能够理解"三圈图"结构，那么对于仲景来说，当然早就明白了，可能还会更加精妙。

从《伤寒杂病论》的逻辑结构以及"方"与"证"的环环相扣的写作手法上看，仲景一定是按照"三圈图"的结构来构思成文的。所以从"外圈"的起始点"手太阴肺经"一直到"内圈"终点的"足厥阴肝经"，如果将当前的《伤寒杂病论》读到末尾，在"三圈图"的终点，就会发现，在"厥阴篇"，结束的十分"突然"，话还没有说完，就没了！很明显后面的部分丢失了。晋朝中医大家王叔和在整理《伤寒杂病论》时，手边也是残简，他可能对"三圈图"认识不深，所以把看起来最完整和"大气蓬勃"的"太阳篇"放在了开场的首位，以为此"太阳"相当于"天上有个太阳"的那个太阳，忘了还有一个"水中有个月亮"的那个月亮，没有理解"日+月"的"明"才是**"阳中之最"**。

中国古人认为：**"明"**为"日月同辉"，是阳气最为旺盛的的状态，所以才有我们很熟悉的《花木兰》里**"归来见天子，天子坐明堂"**之名句。现在各种院校版本的《伤寒论》教材和讲解在此处很混乱，根本原因看来应该是与前辈王叔和搞乱了仲景原文的次序有关，这个问题很多民间后世医家也注意到了，在现代中医理论研究领域也存在很大的争论。但是我们必须要感谢王叔和，没有他的努力我们就见不到仲景的名篇，原文次序乱了并不太致命，我们可以调整，但如果没有《伤寒杂病论》问世，后果不堪设想！所以我们现在要做的就是根据《黄帝内经》里岐伯的原文，结合现代已有的科学知识体系，校正、补充和完善之，最后将当今所有的"中医各家学说"代表的各路人马统一在《黄帝内经》的旗帜之下，形成一股合力，向人体医学科学理论的最高峰发起冲击！

从理论上讲，只要是"外感"类疾病，只要它还停留在"三圈"之中，那么根据"三圈"的特性将它赶出体外，就可以达到治病救人的效果和目的。对于自学或"半路出家"学习中医的人来说，最重要的是方向要明确，否则在浩瀚的各种中医文献的汪洋大海之中，一旦失去方向，欲"修成正果"，时不你待了！

此处需要明确一个十分重要之处是，很多人在学习现代中医基础理论时，对于"表里"关系的理解很容易产生误解，因为在"八纲辨证"中提到的"阴阳、表里、寒热、虚实"，很容易使人想当然简单地对应成："阴"对应"里"；"阳"对应"表"，特别是从中医理论的"脏腑之间存在的表里关系"的论断，很容易使人想当然错误地认为：

"脏都属于里，腑都属于表"，还有什么"半表半里"等等，这样"外邪"侵犯人体，都会首先进攻"表和腑"，然后深入至"里和脏"，"脏"和"腑"的关系如同是一个"堆栈"或者是"一口井"，"脏"在下层、底层；"腑"在上层、顶层。

但是，当我们面对采用 X-Y 直角坐标系所表达的"三圈图"的时候，一眼就可以看明白，以 Y 轴为分界线，这三个"同心圈"都是**阴阳各半、表里各半**的。也就是说处于三圈外任何一处的"外邪"完全有可能通过"脾肺外圈"以"直接入脏"的方式进犯人体，而一旦这种情况发生，就是先表现为"表症、急症"，然后通过相互关联的经膜网"循经内传"转换成"里症、重症"。这样就很容易理解为什么普通的人群很容易遭受空气和食物中的细菌和病毒等"外邪"的攻击，如风寒、风热类感冒和肠胃感冒以及瘟疫都可以通过"手太阴肺经"和"足太阴脾经"这个处于第二、三象限的**外圈阴经**表层直接入脏，然后进入中圈和内圈对应的脏腑，危及生命。

1.5　中医抗击"新冠病毒"成功实践的理论基础

　　"瘟疫"自古就有，无论东、西方；"隔离"之法其它各国都会，然后就是"死等"群体免疫自动产生。但是中华民族有《黄帝内经》为基础的中医学，所以面对"瘟疫"，当然不可能消极避疫，一定是"八仙过海、各显神通"，而且"各村都有各村的高招"！"烟熏"、"火燎"、"药物熏蒸"；"汤药"、针灸"、"放血拔罐"各种有效方法百花齐放。先救人救命要紧，科不科学你们后世以后慢慢扯！

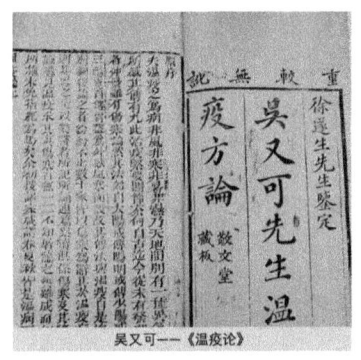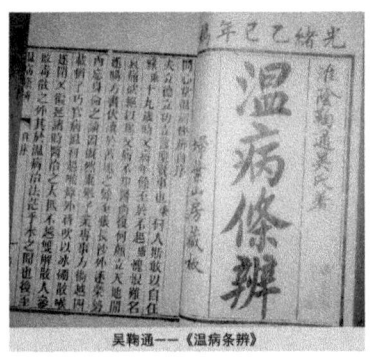

吴又可——《温疫论》　　吴鞠通——《温病条辨》

　　前文已经说过，有记载说"仲景方"治疗"瘟疫"效果不好，才有明末清初的吴又可的《瘟疫论》和清朝吴鞠通的《温病条辨》创立的"温病学"。它也成为了医圣仲景《伤寒杂病论》的有力补充，但是却诱发形成了一股否定和修正仲景医学体系的倾向，以至于清朝的黄元御专门写了《四圣心源》来清理各种错误思潮。"百家争鸣"的发展，出现了中医各路的领军人物，而逐渐形成的"各家学说"也使中医基础理论出现了"空洞化"和"玄幻色彩"，各种混乱、随心所欲的心得体会、解释、主张、理论无法有效地统一在《黄帝内经》和《伤寒杂病论》的旗帜之下。因为这些**"各家学说"**也是来自客观实践的总结，在解决局部问题还都很有效，虽然有时"偏方也可治大病"、"单方气死老中医"，但是站在科学的角度上看，则如同**"盲人摸象"**一般，大象的局部的某一部分的确好像是

"一堵墙"、"一扇大芭蕉叶"、"一条蛇"或"四个大柱子", 描述正确但只是局部, 并非真正的大"象"。那么到底"象"是什么? 以前的解释很多, 想一想, 是什么呢?

中华民族真的值得骄傲, 因为我们手上一个强力**"杀手锏"**。这就是为什么在 2020 年, 当世界面对"新冠病毒"仍然焦头烂额, 唯有中国人又都开始了游山玩水, 过正常的生活了。西方人不相信, 骨子里难以承认和理解, 认为中国的数字肯定造假, 实际上说明了一个深刻的问题, 就是"西方医学以及由此发展起来的现代医学在底层结构上存在致命的硬伤"。外表光鲜华丽、两肋插满先进科技武器的现代医学在面临没有完整细胞结构的"病毒"时, 突然发现, 原来"偶尔治愈、时常帮助、总是安慰"并不是居高临下、展现自谦美德或傲慢自信的"贯口", 原来这一切都是"大实话"、"真的耶!"。

电影"甲午风云"里, 面对靶船, 巨炮沉默! 无它! 邓世昌面呈李鸿章说: "只因弹内无药, 里面全是沙子, 而且都是几天前刚从天津军械局发来的!"。

1.5.1 "三圈图"与抗击"新冠病毒"

"新冠病毒", 从传播途径和人群表现上看, 就是一种超强的"瘟疫", 一种特殊的"厉气"。现代医学已经明确了是一种特殊的"病毒"。它的照片已经全球人人皆知, 浑身上下如同一个"刺猬球或超级水雷", 不同的是每根刺的头部有"冠"。

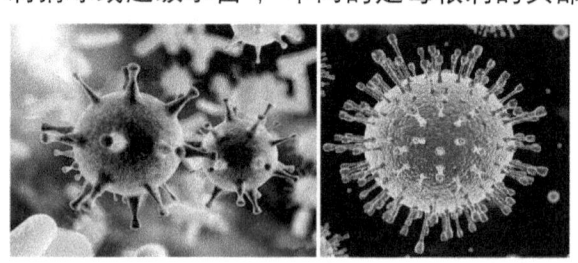

新冠病毒(模拟照片)

为什么它具有如此大的危害性，难道冠状病毒换个"新帽子"就具有如此大的杀伤力吗？现代医学还是只能按照既有的套路直扑"病毒"的 DNA 而去了，目的是找到"**疫苗**"。"疫苗"防病的本质是模拟制作一个虚假的病毒外壳，让人体的免疫系统在通过与之较量搏杀的过程中提高自身识别和杀灭病毒的能力，从而在面临真正的"病毒"时，能够在第一时间识破其面目，调动免疫细胞围歼之。

但这是一个间接的方法，它的成功与否取决于每一个病人的个体能否产生足够的特定免疫细胞。现代科学研发是严谨的，所以这个过程是漫长的，需要足够的临床观察测试数据来支撑其有效率。目前是全世界人民都在翘首以盼"某某疫苗"的上市和推广，但是却隐藏着两个很大的变数，一个就是有效率和后遗症，另一个是"病毒"是否会变异？明年病毒"喜新厌旧"，又"换个帽子"戴呢？专家们都说了"新冠病毒"很狡猾，如果"病毒"改头换面的速率高于"疫苗"研发的速率，便如何是好呢？

现在将这个问题扩展开来，来看中医基础科学理论是如何战胜 2020 年初的新冠病毒的。

新冠病毒对于人体造成的外观主要的表征是：高烧不退、胸闷或咳不出，浑身乏力呼吸越来越困难，特别是突然造成的呼吸停止。病人自诉说"如同慢慢浸入到水中"。现在根据"三道圈"结构来分析，在一般情况下：

1）在第一阶段，"外邪"开始进攻"外圈"，人体的"卫气"即抵抗力在最表层，一定会组织强大的反击，因此会有"高烧"、"有汗"或"无汗"的表症。有汗用"桂枝"、无汗用"麻黄"，但这只是基本的原则，通过体表发汗解决"高烧降温"的问题。为什么要降温？因为此时人体面对未知的"外邪"调动自身的免疫系统释放了大量的能量，如果这种反应出现了过度，必然会造成体温的积累升高。所以一方面要控制反应的强度，另一方面要及时将人体抗"外邪"产生的大量自由基和代谢产物毒素排泄出体外。否则大量的内部产生的"粘痰"会阻滞肺部组织和呼吸道，阻塞呼吸系统。因此在"外圈"，首要的处理方法就是"保持皮毛、呼吸道和消化道入口、肠道出口的畅通"。组方用药的关键在于保持"阳明经"的通畅。"方"无定"方"，但道理即"法"却要清晰明确。

　　2）　在第二阶段，"新冠外邪"开始进攻"中圈"。"外邪"攻击"心经"、"小肠经"、以及"膀胱经""和"肾经"。此时免疫系统攻击"外邪"的同时也在攻击以上的"脏腑"。攻击的基本方式为"氧化反应"。结果是造成人体器官功能的下降，同时产生大量的代谢产物。中医行方用药的目的是全力保护第二圈脏腑的功能，维持体温，同时保持"排尿"的通畅。尿道的通畅由于膀胱经和小肠经密切相关。特别是要降低心脏血液循环系统中对应心脑血管的问题，如血管内的各种塞栓，血管壁和内层的硬化、变薄和破裂造成的内出血。也就是中医所说的"心火炽热"而"热伤营血"。此时用药的关键在于：寒凉药清心火而保持"心经"的通畅，滋阴、增液、导热药加强体液循环，将热量和代谢毒物通过"膀胱经"所控制的皮毛口和尿道排除。在这里，"心经"和"小肠经"互为表里，是人体能量产生之根据地，因为人体所需的几乎所有营养物质都是由"小肠"来吸收的。如果"小肠绒毛坏死了"，人体"后天之本"的根基就瓦解了。所以中国古人讲"小肠"对应的腹部区域命名为"丹田"，还有"上、下"之细分，是能量的来源之地，中华"养生"、"修功"的本源之地。现代医学不久前的研究认为"小肠"同样具有某些"意识"的功能，称之为"腹脑"，来与"大脑"相对应。其实中国古人早就明白了二者相互的关系，所以才有"心与小肠相表里"，二者共同控制在人"丹-心"这个体系中的"自由基氧化反应"的能量释放强度。其中的科学道理，中医"不知其然，但知其所以然"，医圣仲景在此建立了一系列的"泻心汤"加减方，还有后世医家的"导赤散"以及温病学的"热入营血"系列方。

3）第三阶段，"新冠外邪"进入到了"内圈"。攻击"手厥阴心包经"、"手少阳三焦经"、"足少阳胆经"和"足厥阴肝经"。此时，病情发展到"生死之关口"。因为面临的是人体大脑、小脑和脑干中枢系统的失控和崩溃。如前文所述，人体的免疫系统对应的"三焦和肝胆经"面临着严峻的挑战，一旦解毒系统失控，免疫系统将无差别地攻击人体自身，导致各个脏腑的迅速衰竭，而不治！西医现在又创新了一个名词，曰：细胞因子风暴。清朝吴又可、吴鞠通等人创立的"温病学"对此有深刻地认识，建立了完整的组方体系，用特殊的组方，包括家喻户晓的"安宫牛黄丸"、"紫雪丹"等等，目的是：清热、凉血、解毒、补阴。它能够解救危难的科学道理如前文讨论仲景"阳明证、厥阴证"的一样，本质只有一个：控制自由基的浓度以及氧化释能的强度！控制住体温，维持住人体各个脏腑的功能，以时间换空间，将新冠病毒从"内圈"推出至"中圈"，至"外圈"，最后排出体外。

为什么很难杀灭"病毒"，因为免疫系统无法在极有限的时间段完成"病毒"结构的"识别取证"，从而合成出对应的免疫蛋白，做出相应的反击对策，只能全面动员、广谱抗击，结果适得其反，自己毁灭了自己！这一点从已经报道的新冠患者的排泄物中出现的大量病毒"原型"可以得到侧证。

人类的生存，取决于自身对待事物的"看法和行动"。临危而不乱，泰山压顶而面不改色、镇定自若，需要坚定的"信念"，战胜"新冠病毒"，需要强大的"胆经"、需要正确而科学的医学理论支撑、需要牢牢地控制住"人体自由基氧化释能的强度"，需要有千年传承、无数中医宝贵经验方药凝结的"术"，简单地说，需要人体深层次的"冷与静"。直至目前，要达到这个层次，只有中医的理、法、方、药才能胜任。

1.5.2　中医在 2020 年的"抗击新冠"实战分析

从 2020 年 4 月国内中医们的出手、开方、治疗来看，成效显著。所用的都是在中医基础方的灵活化裁。针对不同的病人、地域"有的放矢"。可以看出，只要中医出手，病人张口，汤药"漫灌"，病人的情绪和状态就会明显改善。反观西方社会，主流医学只愿相信西医，但不幸的是源自所谓古希腊医学鼻祖希波克拉底的西医学却存在一个致命的短板，而且是无法自我修复的，因此国家和社会注定要为此付出惨痛的学费和代价。

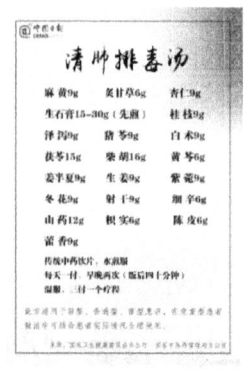

历史的发展和机遇当真是有"窗口"的！此次一个连完整细胞结构都没有的"病毒"居然要"席卷横扫整个世界"，搞得全球人人自危，其实无它，盖此"小小病毒"出手精准，击中了所谓"西方医学科学巨人"的"阿基里斯之踵"这个短板了，就是俗话说被"断了跟腱"、"废了武功"！为什么"巨人"发不出力？因为"脚跟离开了大地"，"大地"是什么？此处就是"活人

的肉体与情志"，说白了就是：把最主要的力量放在了同"外邪"较劲上，还在"幻想"凭借特效药出场打一个漂亮的翻身仗！这个认识错误是"先天"的，其根源隐藏得很"深"、很"深"。

武汉的疫情在中医介入之后，抗疫局面情况终于有突破性的改变。一袋袋中药汤似乎如灵丹妙药一般，一喝下去病人就浑身大汗一场、呼吸如释重负，焦虑恐惧也随之减轻，各级政府组织中医接管西医的一线阵地捷报频传，反观西医这边厢，仍然是"老牛掉井里，有劲使不出！"，除了各路领军人物的新概念、解释、争论、疫苗研究进展和各种科研报告此起彼伏，"打一枪换一个地方"，但都是在"放空枪"！唯有广大医务人员凭借防身的短兵器"隔离加消毒水"还在拼死发挥着一定的作用！一定有西医医生内心难以理解，为何面对这一次生死"战疫"如此被动，洋枪洋炮都使不上劲，反而中医那边厢的"鞭炮枪"、"麻雀战"外加方舱医院里太极拳打得有声有色呢？这真真不科学呀？！

中医药管理局推出了第四版中药组方系列抗击此次"新冠病毒"。据报道实施效果极好，此处来分析一下，看看有没有科学的依据。

1）初期：寒湿郁肺

症状：恶寒发热或无汗，咽干，乏力、脘痞，呕恶，便溏。

处方：苍术 15g，陈皮 10g，厚朴 10g，藿香 10g,草果 6g,生麻黄 6g，羌活 10g,生姜 10g,槟榔 10g。

分析：新冠病毒感染初期，病毒进入了"阳明肠胃与太阴肺脾"的第一圈。所以表现为以上的症状。病毒借助寒湿的环境进入人体，阻塞了第一圈对应的脏腑正常的功能。此时人体各脏腑能量代谢产生不足，人体的宏观表现就是"恶寒怕冷"，皮肤毛孔闭塞而无汗，同时身体水液代谢出现障碍，新陈代谢产生的毒素不能有效排除体外，身体自然强制以呕吐或便溏的方式进行排毒。

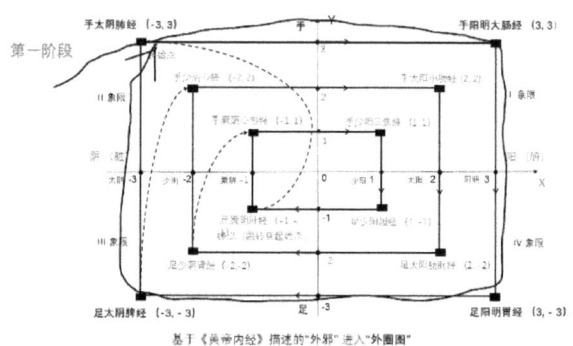

基于《黄帝内经》描述的"外邪"进入"外圈圈"

处方的目的是"除湿开肺气"，恢复第一圈对应脏腑的功能，组方源于经典的"藿香正气散"与仲景"麻黄汤"的变方。"藿香正气散"属"燥药"，正好用于"除湿行气"，麻黄碱可以兴奋中枢，患者自述"大汗淋漓"之后的爽快和降温，正是"麻黄汤"的主攻，"气"在此应理解为各脏腑的"功能"，"行气"就是"功能的恢复与体液代谢的正常"，中医有言：肺主通调全身水道、皮毛且与大肠相表里，"郁肺"被解，"提壶揭盖"，食归大肠、水归膀胱，自然"脘痞"和"便溏"可解。

"病毒"在哪里？在"汗"、在"呕吐物"、在"屎尿中"。"分子结构"是什么？中医不知道！

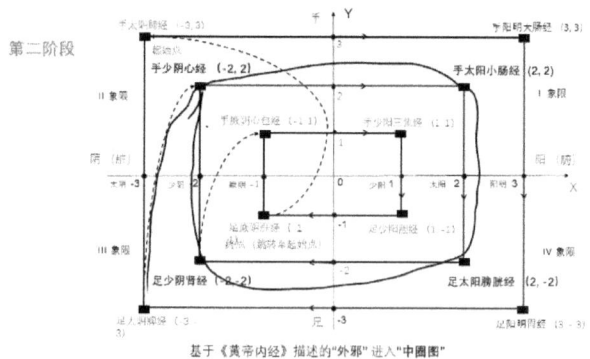

基于《黄帝内经》描述的"外邪"进入"中圈圈"

2）中期：疫毒闭肺

症状：身热不退或往来寒热，咳嗽痰少，或有黄痰，腹胀便秘，胸内气短，喘憋，舌质红，苔黄腻或黄躁，脉滑数。

处方：杏仁 10g，生石膏 30g，瓜蒌 30g，生大黄 6g（后下），生麻黄 6g，炙麻黄 6g，葶苈子 10g，桃仁 10g，草果 6g，槟榔 10g，苍术 10g

分析：此时此刻，病毒可能还停留在"第一圈"，同时进入了"太阳小肠膀胱与少阴心肾"的第二圈和"少阳三焦胆与厥阴心包肝"的第三圈。也就是人体的"免疫系统"与"新冠病毒"在全身脏腑各处都摆开了战场。患者此时或处于"高热"的第二圈，因为"膀胱经"是全身最大的"阳经能量场"，人体大量调用"肾精"参与合成"免疫系统"所需要的各种有机分子单元。患者"痰少或有黄痰"以及"便秘"意味着"身体津液大量被消耗和浓缩"，充满各种代谢产物和毒素的浓痰逐渐浓缩成各种形式"痰核"、"粘痰"和"顽痰"，迅速阻塞肺泡的气体交换界面，使患者"胸闷气短、憋喘"，无法正常呼吸。"脉滑"，说明有大量的痰湿；"数"，意味着能量代谢失控，进入高热状态。"舌质红和苔黄腻"说明这是典型的"阳证"了，"心阴肾阴"在极度地被耗损，"心阴肾阴"是什么？简单地说就是"身体必须的营养精华物质"。

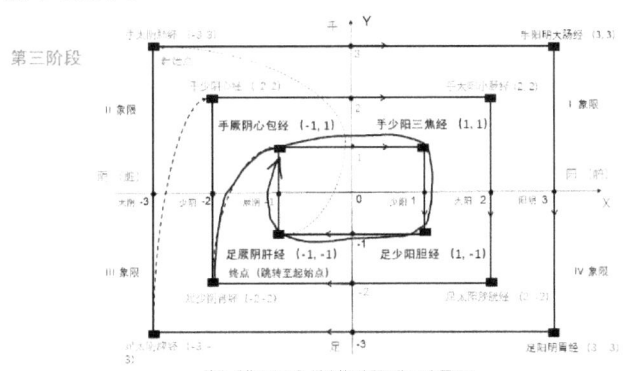

基于《黄帝内经》描述的"外邪"进入"内圈图"

　　为什么身体体温会失控？因为病毒入侵第三圈导致了大脑内部的温控单元设定值失控了。免疫系统不能及时辨别病毒属性，无法行使职能，使大脑被迫靠升温来助力，结果却是陷入"恶性循环"，大量的自由基爆发导致免疫系统失控无差别地攻击自身肌体组织。这个过程会有一个激烈的打摆子"拉锯战"，战场就在第三圈，仲景定义为：少阳证的往来寒热。实际上就是与人体能量控制系统相关的肝胆人体免疫系统与神经系统。

　　处方的目的：除痰湿以恢复肺脏功能，降低免疫系统对肺内组织的过度攻击，保持大小便的畅通，滋补肾精的耗损。组方是以仲景"麻杏石甘汤"为主的变方。这里的核心是要清肺化痰以保住肺泡的功能，呼吸的畅通。这是最为关键的过程，抓不住，则病家不治。为什么这个组方能够起作用，除了前述的功能，关键是它能够"控制住自由基的爆发，也就是免疫系统的强度"，相当于现在的新词"细胞风暴因子"。

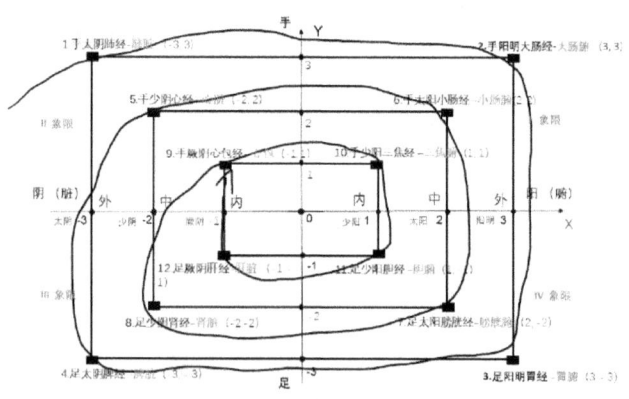

基于《黄帝内经》描述的"外邪"进入人体"三圈图"

　　"病毒"在哪里？在"全身三道圈对应脏腑各处"。

　　"分子结构"是什么？中医还是不知道！

　　患者不能正常呼吸是它造成的吗？不是，是人体自身的"免疫系统"过度反应攻击自身细胞造成的。因为"肺"是娇脏，首先受害，如果不加控制，其他各脏依次都会受损。所以用中药组方控制住"免疫系统"的反应强度，将"病毒"从内圈赶到"外圈，最后通过"汗、吐、下"三法赶出体外，就是中医治病的核心思想与致胜的"法宝"。

中医不认识"病毒"或其它外邪的外观，无论新、旧，也毫无兴趣认识它们！中医只对能够真正"回阳救逆、治病救人"感兴趣！

总结中医治病，一般来讲都是：保持呼吸、食物吸收和排泄的通畅，补充营养的同时等待自身的肌体修复。对比西医急诊室的急救，首先也是保持呼吸道的畅通，体液的平衡以及大小便的正常，所以都是科学的，只不过中医的汤药显得"土"一些，处理手段不够"精准"而已。

对于"新冠病毒"，各地中医管理部门都推出了自己的治疗组方，百花齐放，外行看来有些杂乱，其实目的都是一样的，但是不同的组方在控制自由基氧化释能方面的强度是不同的，也就是调整"阴阳平衡"的能力是不同的，所以还需要现场医生通过诊脉来进行判断调控组合用量，因此采用千年传承的经方为基础进行调整是稳妥和快速的方案，因为它有海量的历史样本来支撑。

明白了中医抗疫的思路，西医当然也可以灵活应用西药来实现这个目标，其中的关键就是如何"控制体温对应的自由基的氧化释能强度"，方法很多，比如：大剂量 VC、泰诺、橙汁，当然还有适当的抗生素和激素。只要病人：能咳（或吸）出痰、能排出便、能呼吸、能出汗，及时补充营养，坚持就一定能够胜利。

　3）重症期：内闭外脱

症状：呼吸困难，动辄气喘或需要辅助通气，伴神昏、烦躁、汗出肢冷、舌质紫暗、苔黄厚腻或躁，脉浮大无根。

处方：人参 15g，黑顺片 10g（先煎），山茱萸 15g，选服苏合香丸或安宫牛黄丸。

分析：此时此刻，人体血液之中已经含有大量的毒素而且缺氧，所以"舌质紫暗"，"邪已入脏"。肺部的功能严重受损，呼吸艰难，说明肺部的气体交换通道被顽痰痰核严重阻塞，所以"动则气喘"。"神昏"和"烦躁"意味着高烧伴随的大量自由基在损害大脑内部、小脑和中枢的神经结构。副交感神经的功能逐渐降低，导致交感神经过度亢奋，表现为"脉浮大无根"，"脉浮大"，说明心脏在做最后的挣扎，想加强循环，把血液中的毒素排出去。由于身体高烧将营阴和血液极度消耗，血管之中大部分是空腔，手腕动脉之处一按就瘪；"脉无根"，说明"肾阴和脑髓"即将枯干，肾即将无主，所以"神昏"。这就是中医温病学中典型的"热入营血症"了，五脏皆已受损，此时当然要"滋阴、清热、凉血"。上面的处方基本思路是：用人参强力滋阴补气，山茱萸护肝，芳香药物醒脑开窍，安宫牛黄丸的特殊功能和寒凉抑制住能量代谢失控造成的高烧或低烧，消除自由基的暴涨。

中医的温病学是在抗瘟疫的过程中不断成熟起来的，"新冠病毒"当然是瘟疫的原因，所以治法是一样的。此时，保住五脏的"阴精和阳气"是首要的任务。

中医先贤早已明示，"邪入脏，半生半死"，此时的抢救最为理想的是中西医结合一起努力。

4）恢复期：肺脾气虚

症状：气短、乏力、纳差、呕吐、痞满、大便无力、苔白腻、舌淡肿。

处方：法半夏 9g，陈皮 10g，党参 15g，炙黄芪 30g，茯苓 15g，藿香 10g，砂仁 6g（后下）

分析：此时患者已经脱离危险，病毒"外邪"已由人体的免疫系统推出到第一圈或体外，所以就在第一圈，即是"太阴肺、脾"和"阳明大肠、胃"圈重新构筑新的防线。

1.6 中医"治病救人"的科学理论原则与总结

中医治病的总的"战略"方针与原则，《黄帝内经》里讲的简单清楚极了，就是"调和阴阳"具体展开的"十六字诀"，**"寒者热之、热者寒之、虚者补之、实者泻之"**。但是从"战术"上看，几千年的智慧总结是使其内涵**"信、达、雅"**而深不见底，远不是"高烧病人泡冰水、放血直下两三升"那样"直、白、露"可比。站在现代科学的角度上看，就是**"如何控制多变量动态系统的平衡"**，所以中医基础理论最坚定的支持者，著有中国控制论奠基之作《工程控制论》的科学前辈钱学森代表了中医最真诚的科学理解与支撑力量，在三十多年前就写下了中医体系科学化的发展方案，为中医的发展指明了科学的方向。

中医对待"新冠病毒"的态度反映了中华文化的精神的本质，即：**和为贵**。中华民族的先贤认为，世界是一个完整的体系，任何生物与大自然是一体的、共存的关系。任何事物都处于发展和变化之中，以时间换空间，目的只有一个：和平地、长久地、幸福地、最后健康地繁衍生活下去。面对新冠"外邪"，中医的治病方法看似古朴、简单、与科学搭不上边，其实在本质上已经几乎接近了"人体医学领域的最高境界"。

很明显，这又回到了开篇的"中医与西医谁更科学"的问题上了。其实从根据《黄帝内经》里岐伯的定义所推导出的"三圈图"理论，我们就可以看到答案了。

人类的疾病，共有两个类别：

一个是：来自"外邪"，也是"外因"。

其先进入到了"后天圈"外圈，再进入到了"先天圈"中圈，最后进入到"情志圈"内圈。在特殊情况下可以直接"从外圈进入内圈"。

另一个是：来自"内邪"，也是"内因"。

其源发自"情志圈"内圈，它从内到外的过程"不确定"，可以沿着"三圈图"以反螺旋对称方式"外旋而出"，也可以内部的直连路径"直接影响各个脏腑"。这个过程可以用"下情上报要层层按要求渠道走，而上情下达则可以根据实际情况，通过各种传播路径，既可按常规也可灵活选择，直至包括大众媒体和手机通讯直达千家万户"来理解。

"情志圈"对应的是人体的"大脑和思想"，人体拥有自然界生物最为完善发达的"情志圈"，所以人有思想和情感，就会对应有"烦恼和忧虑"。在一般的动物世界，低等生物都是凭借生存本能而快乐地生活着，"生离死别都不是难堪事"。它们在世界上存在的目的只有两个：努力生存下来和努力繁衍下去。所以对于它们来说，大多数只有"先天圈"和"后天圈"两道圈体系。第三道"情志圈"很多"聪明"的哺乳动物或其它动物也有，但是仅相当于人类的婴幼儿阶段，远不能与心智成熟的人类相比。

人要有思想，大脑就必须要工作，分析、思考和处理问题，能量本身的宏观释放和物质与能量代谢产生的废物如果不能及时从特定的"通道"排出体外，就会进入"恶性循环"，大脑内部的温度就会升高，而人类的大脑结构表明其对于温度的变化是及其敏感的，是很"娇弱"的，首先就会表现为"烦躁和不安"。中国古人早就抓住了问题的本质，所以在造"烦"字时，用"火"加一个代表"大脑"的"页"字来组合，大家都明白

"脑袋一发热"就会"说胡话"、"出昏招"。越是在关键危机时刻，越需要"冷、静"，因为只有这样，大脑神经细胞才能处于正常有效的工作环境。站在人的主观角度上看，就是要控制"情志"，因此"情志圈"实际控制了人体的其它两个圈，也就是现代心理医学对应的"思想可以控制人体疾病"，既然属于"内圈"的都属于"心病"范畴，当然就都可以从"心"来治，这里中国古人的"心"不是只指"心脏"，而是特别包含指**"脑"**。所以"手厥阴心包经"不是按教科书所说的"心脏外面的防护性包膜"，而是主管人体思想情志的"大脑内部结构"。对应于人体的血液循环的核心，心脏及其外面的各种经膜结构完全可以交给"手少阴心经"整个概念的内涵去囊括，从而将"手厥阴心包"这个概念解放出来，领军作为人体最为核心的决策层"内圈-情志圈"。

由思想情志造成的"内伤"，是通过对应的"六脏六腑"的功能失调来体现的。这个过程可以很慢，贯穿人的一生，比如由于情绪抑郁，长期机体功能失调和过劳造成癌症或各种慢性疾病；也可能很快，由于突然失控的外界因素触发"七情失控"而造成"精神类"疾病。人生在世，还有很多的偶发因素造成生命的意外终结。

医圣仲景在《金匮要略》中有句千古名言：**"千般疢难，不越三条；一者，经络受邪，入藏府，为内所因也；二者，四肢九窍，血脉相传，壅塞不通，为外皮肤所中也；三者，房室、金刃、虫兽所伤。以此详之，病由都尽"**。宋朝医家陈无择将之进一步完善总结为"三因学说"，即：内因、外因、不内外因，**"医事之要，无出三因"**，即：内因，伤于七情：喜、怒、忧、思、悲、恐、惊；外因，伤于外感六淫：风、寒、暑、湿、燥、火；不内外因，伤于：包括饮食饥饱、叫呼伤气及虎、狼、毒虫、金疮等之类。

所以对于中医来说，治病的方针很明确：如果是外邪在外圈，用**"攻"**法，要想办法"前驱后赶"，"外邪"在中圈，用**"补"**法，"引至外圈"；"外邪"在内圈，用**"和"**法，如果"外邪"遍及全身所有"三圈"，那就要攻补兼施、和消并用、各种方法一起上，"加权处理"各种因素和手段，寻求最有效的组合方药和治疗方法。

对于人体而言，岐伯在《黄帝内经》中主要通过"针刺和导引术"，重在"调气"；而仲景在《伤寒杂病论》中则是重在"调血"，即：主要以"天然中药组方"通过口服入血和体液去控制人体大脑对应各种功能的控制单元，动态调整各种参数的设定值，实现"汗、吐、下"三法降温和降浊。仲景所用的"药物和组方"，历经千年而不衰，无数医家的实践和优化组方证明了它们与人体的客观相容性，它为什么是与人体相容的？因为"一方水土、养一方人"，"水土"当然包括了身处周围对应的植物和粮食作物。人体的免疫识别系统对其所处的自然界植物常用的药物用植物分子结构并不陌生，因此肝脏可以对他们进行有效的分解，即"解毒"控制，只要用量在合理的范围之内，这一部分的内容则是仲景经方体系的精华。利用药物之间的相互制约作用和用量的选择，达到在保护人体卫气不受损坏的前提下尽量将"外邪"排出体外。

现在，一定有很多人会问，这是正确的治疗方法吗？是不是太被动消极了？为什么不来个痛快干脆，把"外邪"杀死在体内呢？

因为中国古人认为人与大自然天然一体，就是所谓"天人合一"，更广义地说就是"自然界的一切，包括生物和非生物都是同根同源的"。所谓"外邪"也是大自然组成的一部分，其实在"外邪"眼中，人体何尝不是是另一种具有智慧和思考能力的"巨大的外邪"，因此能够"和平相处"，各自留有生存空间，给别的生物一条"生路"，才是人类生存的"正道"。这看似"中庸"的道路，"和稀泥"的方式其实也是最为"聪明"的做法。因为所有的有机生物都是"高分子链"结构组成的，虽然基本组成结构的化学元素就是 C、H、O、N、P、S 等为主的那么十几种原子组成高分子长链结构天然合成出的"有机体"，但是组合排列方式却是"天文数字、海量无限"的。也就是说人体之外的"外邪"从理论上讲是**"无限"**的，把有限的人类社会资源用于与无限的"外邪"作斗争之中，人类社会就不可能有足够的用于发展和前进的物质基础和经济动力了。

所以中国古人极其智慧，当"外邪"侵入人体时，能够守住门户尽量守住门户，如果守不住，"外邪"攻入了，怎么办？坚壁清野！创造不利于"外邪"存在体内生存的条件，"放开大路、占领两厢"，将"外邪"赶出体外。如同"老鼠进了古董瓷器店"，最好的办法就是打开门窗赶走之，给它一条生路。因为"投鼠忌器"。道理虽很简单，但是很多人在实际应用中却都选择了"鼠死玉碎"的愚蠢的知行方法。任何生物有机体在世界只要能够存在，都有它应该存在的道理和规律，即在哲学上所谓："存在就是合理的"。

现在对第一部分全文做一个总结：

中华医学智慧的化身岐伯在《黄帝内经》里给"黄帝"和今天的我们描述了这样一个人体结构图（以下是我个人的原创，并能够为此文字负责）：它由类似构成护城墙的三道圈组成。

第一圈，也就是最外圈，由"手阳明大肠经"、"足阳明胃经"、"足太阴脾经"和"手太阴肺经"再回到"手阳明大肠经"构成。它负责人体的食物吸收、能量转化和废物的排泄。是人体的脾胃**"后天圈"**，它对应现代医学的"消化系统"、"呼吸系统"和"肌肉系统"。

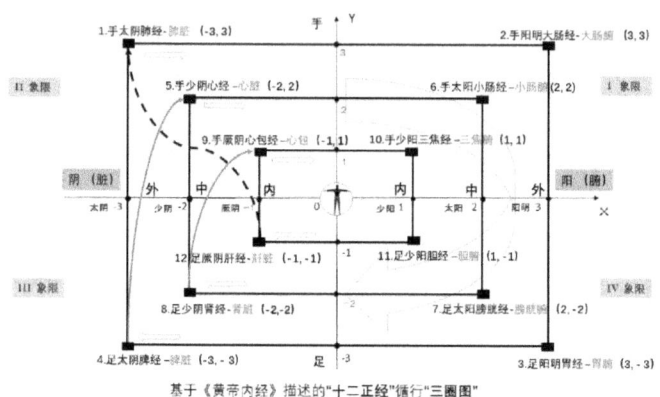

基于《黄帝内经》描述的"十二正经"循行"三圈图"

第二圈，也就是中间圈，由"手太阳小肠经"、"足太阳膀胱经"、"足少阴肾经"和"手少阴心经"再回到"手太阳小肠经"构成。它是人体的**"先天圈"**。对应现代医学的"循环系统"、"骨骼系统"、"生殖系统"、和"泌尿系统"。

第三圈，也就是最内圈，由"手少阳三焦经"、"足少阳胆经"、"足厥阴肝经"和"手厥阴心包经"再回到"手少阳三焦经"构成。它是人体的**"情志圈"**，对人体各个层次的代谢起最核心的控制作用。对应现代医学的"神经系统"、"内分泌系统"和"免疫系统"。

所以中华古典医学与现代医学在理论体系上是完全相容的，古有"十二正经"体系，今有"人体十大系统"，针对的都是一样的人体，画的都是同一样"山水"，只是观察研究的角度不同，叙述、表达的手法各异罢了。

医圣仲景"勤求古训"，以上面的三个圈对应的"十二正经"为立论著说依据，撰写了《伤寒杂病论》，为后世医家树立了**"十二个证"**，即**"十二大治病原则"**，也就是：不论外邪是谁？长成啥样？数量多少？如何变化？穿几件"衣"？戴几顶"帽"？我根本不感兴趣，我只要守住"三层护城墙的十二道城门"，尽力"御敌于城门之外"就行了。如果不幸"外邪"已经破门而入，则尽力保住属于"脏"的六道门，放开属于"腑"的六扇门，"敲锣送客"，赶"外邪"出城！为什么要这样给"外邪"留出路？因为"外邪"是无尽的，多变的，有生存的哲学和科学道理的。比如病毒，它比人类出现的历史还要长，是人类祖先的祖先，直到今天人类的基因里也有病毒的痕迹。

所以面对"新型冠状病毒"或今后还可能出现的其它病毒"外邪"，仲景如果能"穿越"回来，还是会这样做：**辨病论证、随证遣方**。

"证"是什么？就是"外邪"通过十二道城门的**"通行证"**，还可以引申为：证明信、身份证、ID 卡、驾照、护照、工作证、学生证等等。人体内生了"病"，就会有外在的"症"的表现（注意：证和症不是一回事），病和症可以连在一起说。但是，**病症千千万，分证十二门**。如果医家能够辨别此病归此门、彼病归彼门，就是达到了**"辨病论证"**的要求，后面怎么办，很简单了，不要"胡乱创新"，打开仲景"经方"，"随证遣方"即可，方子是现成的，可以根据实际情况做一些化裁。如果大家都这样做，治病效果"立竿见影"，病人对你的处方就有可信度了，毕竟你的方子背后的基础是来自**"仲景千年的传承"**。

比如面对肺炎早期发热病人，此时"外邪"进入了第一层外圈，办法当然就是：第一通过"手太阴肺经"主"皮毛"而用"汗法"排毒降温，第二通过本圈的"手阳明大肠经"用"泻法"法排毒，保持肠道畅通，第三通过"足阳明胃经"通过"吐法"来排毒。维持住正常生理代谢，避免"病毒外邪"向内进入第二、第三圈。等待"病毒外邪"自身的退却！现成的经方都有内在的科学依据，所以才会疗效显著、流传千年。

　　所以在中医的眼中，"不存在不能治的病"，只有"还没有找到正确的治疗方法"一说。但是很多人思想简单，缺乏正确的逻辑思维能力，走极端化，将之包装树立成"中医自称是万能的"，是"包治百病"的靶子，并以此来攻击中医理论。

　　行文至此，最后说到这里，不得不讨论一个根本的问题，到底人为什么会生病？生了病之后正确的治疗方法是什么？现在我们面对的"所谓"两大医学理论体系中医和西医，到底二者之间内在的科学的关系是什么？二者能否实现"真正的"结合？如果能，突破口在哪里？如果不能，那么到底哪一个才是最根本和科学的人体医学的代表？这个问题，其实就如《红楼梦》里黛玉一针见血指出的那样，**是西方压倒东风，还是东风压倒西风？**"的问题！

1.7　　"三圈图"结构"核心"存在的隐含问题

　　我在分析中医理论基础《黄帝内经》中科学的逻辑基础结构时使用了一个"三圈图"来将整个"十二正经"体系**串联**了起来。需要强调的是，这并不是什么"理论创新"，只是采用了一种普通的"归纳和分析"的方法。然后我用了一些已经被科学公认的例子来说明这个"三圈图"结构是如何运用在实际中的。"十二正经"的首尾流注次序表明了疾病传变的走向、脏腑的表里关系、六脏六腑各自的对应关系。这个"三圈图"要牢记于心。这样才能在大脑中随时"生成"一幅中医对于人体结构的动态的平面或立体画面，在面临实际医学困境时，也能领会运用、清晰了然。它给我们带来的效果远不是"死记硬背"所能比拟的。

　　"十二正经"体系对应的"三圈图"可以有各种演变的"化身"。将"子午流注"的次序图与之"叠加"就会明显地看出，它具有一种"右螺旋"的态势，与大家熟悉的太极"阴阳鱼"神似！难道中医基础理论与所谓的"玄学"挂上钩了？其实用实事求是的科学方法来分析，没有什么神秘的！

　　所谓"玄"，"黑"也。处于黑处的宝藏，你看不到，并不等于它就不存在。所以，"玄学"可以近似地看成是一种"黑"科学，这里的"黑"不是"反科学"，而是当前科学界还没有彻底搞清内在本质和逻辑关系的学问，虽然无法用现有的知识合理解释，却能够在实际生活中被人们主观感受和领悟到。

　　任何理论，只要符合自然界客观事物的发展规律，在本质上一定是"相通"的，或者说是"相互兼容的"。我们可以很明显的发现，"螺旋"结构态势，广泛地存在于大自然的生物体和自然现象当中。它是物质世界运动发展的一种最普通、最基本的"形态"。这种运动方式，可以使能量的传递最为有效，结构最为简洁合理，而且是一个运动系统循环往复处于稳定发展的最佳运动方式。比如自然界中常见到的"蜗牛的贝壳图案"、"台风螺旋云图"、"海螺角"、"河流的漩涡"、"机床的麻花旋转刀具"、一颗普通的"螺丝钉"以及"人头上的璇子，有的人还有两三个"，还包括太阳系在银河系观察尺度下的运行轨迹以及银河系本身和整个宇宙深空场的全尺寸计算机合成图，等等等等。

　　中国古人所说的"天人合一"，实际上就是充分利用了"归纳和对比分析"的方法，"以小见大"、"以点带面"、"见微知著"的分析方法，将人体以及所有生命体的生理现象与整个与宇宙的演变联系起来，将"异想天开"与"实事求是"完美高度地结合起来。这种分析研究的宏大气魄和高超的想象力将中华文化深深渗透进了人类生活的每一个层面，当然也就进入了与"生存和发展"密不可分的中华古典医学。

代表中华古典哲学思维的"阴阳太极鱼图"反映了事物内部的对立统一、相互转化和此消彼长的动态关系，它完全准确地反映了客观事物的发展规律，即便单纯从外形上看，它也非常形象生动地概括了宇宙万物和星系的演化。

银河系计算机模拟合成图照片（右旋）

银河系的直径大约有16万光年（算银晕），其中有1000~4000亿颗恒星，总质量约为太阳的1.5万亿倍。地球所处的太阳系在银河系的第三猎户支臂的内侧。我们仰望星空，只能看到银河的"大河"纵贯天际，而看不到此双螺旋图。

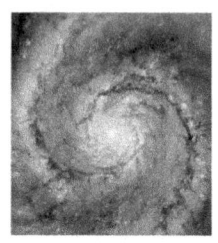

涡状星系（左旋）

是北部天空的猎犬座里的天体，直径6万光年，编号为M51，或者NGC 5194。它是天空中最著名的一个螺旋星系，距离地球大约2300万光年，在观测条件良好的天气下，天文爱好者可以通过双筒望远镜看到它。

比如这张最普通的"银河系"全景照片，实际上就是一个典型的"双螺旋"结构。需要特别强调的是，这个"棒状双螺旋星系"全景是不可能由人的肉眼直接观测到的，因为我们所处的地球所在的太阳系本身就在直径 10 万光年的银河系之中，距银河系中心约 2.3 万光年的猎户座悬臂内侧。所以在晴朗的夜空，仰望星空，银河系是一条纵贯天际的并不规则的明亮"星河"。目前的这张"照片"是现代天文学家根据已有的宇宙信息用电脑"模拟"出来的。那么，在2500 年前的中国古人，比如老子，或太极双鱼图的创造者是如何"感知"到宇宙之间的这个"螺旋"结构呢？这并不难理解，就是用"比类取象"的方法来推断解释的，这种想象力凡是人类都有，而且小孩子思维没有约束，还更加出色。

但是我觉得还有一个更加可能成为"太极图"建立的参考依据就是距离我们约 230 万光年的"仙女座"大星云。这个星云的实体照片在介绍宇宙的专业书和网上可以查到，特别要强调的是，它在冬天是可以用**肉眼**直接观测到的。星表编号

M31，是一个"淡淡的双螺旋星云"，有一个"脸盆"大小。这是人类可以用肉眼直接看到的星云，而且将在几十亿年之后与我们所处的"银河系"相撞，形成新的星系。

仙女座大星云（M31）是秋夜星空中最美丽的天体，也是第一个被证明是河外星系的天体，还是肉眼可以看见的最遥远的天体。仙女座星系有将近一万亿颗恒星，数量远比银河系多。

仙女座星系在适度黑暗的大空环境下很容易用肉眼看见，但是如此的大空仅存在于小镇、被隔绝的区域、和离人口集中区域很远的地方，只受到轻度光污染的环境下。

肉眼看见的仙女座星系非常小，因为它只有中心一小块的区域有足够的亮度，但是这个星系完整的角直径有满月的七倍大。

仙女座大星云（左旋）

有理由相信中国古人通过目视对仙女座星系的观测，"悟"到了"天人合一"的宇宙观

所以在"老子"所处的时代，夜晚没有"光污染"，一定是群星闪烁、清晰异常。而且据文献介绍说，老子的"耳朵有疾、但眼神极好"，那个时候没有"望远镜"，"夜观天象"都靠目视。

所以我认为，老子他老人家通过认真地观察和思考、总结，"悟"到了宇宙发展变化的自然规律，通过"仙女座"星云的全景外观与身边经常所见的自然界客观事物外观的对比，看到了"规律"演变的本质，但是"本质"的中心是"玄"的，即是"黑色"的。他说"玄之又玄"，看不清，又找不到一个更合适的字来表达其规律，就用一个"道"字吧。这是非常合理的，因为现代天文学理论与观测已经明确证实，在超大质量星云的中心一定是一个"超大质量的黑洞"，我们赖以生存的地球所处的"太阳系"在直径 10 万光年的"银河系"中基本可以忽略不计。

1990 年 2 月 14 日，当 1977 年发射的旅行者 1 号距离地球 64 亿公里即将离开太阳系时，美国宇航局发出指令让它回头拍摄了最后一张太阳系全家福，照片经过特殊处理，

人们才能发现人类赖以生存的地球就是一个淡蓝色的"像素"般大小的小点。这个淡蓝色"小点"包含了人类所应遵循的所有"生存之道"。

　　坐在万米高空的飞机上看地上的人，也是渺小得如"像素"一般，所以如果把人体也看成一个小宇宙，当前很多人都在这样讲，思考着如何爆发自己的"小宇宙"，那么就可以尽情想象一下，将我们身体的结构"三圈图"与"银河系"或"仙女座"星云对照一下，就会发现它们很神似。

　　但是仔细观察一下就会发现，"三圈图"似乎缺了一点什么，缺了一点什么呢？

　　现在来考虑一下，到底缺了什么？仔细观察"仙女座"与"三圈图"，可以看出一个明显的差别，"仙女座"是**"双螺旋"**的表达形式，而"三圈图"却是一个**"单螺旋"**，如果将人体看成是一个"小宇宙"，那么按照"银河系"和"仙女座"的"双螺旋"布局，意味着，代表人体结构体系的"三圈图"只能提供一个"单螺旋"，前文所说讨论的内容，即：将十二脏腑串联在一起的"子午流注"线只是一条"单螺旋线"，这说明，用"三圈图"来代表整个中医理论基础的核心，是不够的，因为还差了"另一半"，即：50%的内容。也即是说，如果"三圈图"结构也只是为**主观**分析设置的，根据"阴阳互生"的观点来设置这个"三圈图"，我们还需要一个**客观**的螺旋曲线来匹配完善它。

其实，说到这里，我想大家已经明白了，正如岐伯在《黄帝内经》中的开篇所说的那样，**"经脉者，所以决生死、处百病，不可不察"**，因为它是**"变化之父母，生杀之本始"**。因此"经脉者"，对应的就是"阴阳者"。"三圈图"说的是"十二正经"，那么"经"就是"三圈图"以及"子午流注"曲线，是"阳"；那么"脉"是什么呢？对了，"脉"就是"血"，也就是我们常说的"阴"，由此就可以得出结论了，如果我们要获得一个完整的中医基础理论结构，还必须要把"脉、血"补上！

可能有的朋友会问，中医理论的基础不是"经络"吗？怎么"节外生枝"又扯出"脉血"了？他们难道不是一回事吗？是不是有点"小题大做"、"故弄玄虚"呢？我在未读《黄帝内经》之前，也认为"经络"才是中医的理论基础，毕竟这个热门话题从上世纪五十年代建国开始一直持续到了今天。但是，反复读了《黄帝内经》才明白，原来岐伯说的原话是"经脉"，"络"是"经"的各个下级、横向和表层的分支，不是"脉"，不能与"脉"相混淆。所以很明显，当前中医研究"经络"之人，研究的对象都是"无脉、无血"的，因为"脉"字被人为地用"络"字替换掉了、"忽略不计"了。

人要能够"活"，需要"气血兼备"。"气"在"经"上走；"血"在"脉"中行，无血之人，本不能活，"无血"之任何医学理论研究，注定是要彻底失败的研究，所以要证明中医基础理论的核心"经脉"的科学性，我们就必须要在《黄帝内经》中找到"血"和"脉"的准确与科学的定义，解决中医基础理论中存在的"致命"问题。

要证明一个科学命题为真而成立，必须要同时满足两个条件都为真而成立，即：**充分条件**和**必要条件**。

　　所以在下文我们就从这两个方面入手来解决证明中医能够治病的科学性问题。

　　对于证明中医理论科学性来讲，什么是**必要条件**？

　　即：如果"中医能够治病"所对应的这个条件不成立，中医理论的存在就没有基础、没有价值、没有必要了！这实际上就是要证明**"中医理论在客观实践上到底能不能指导治病的问题"**。

第二部分 "十二正经"的物理基础
(必要条件的证明)

当前所有关于中医是否科学，困扰中医基础相关理论的各种研究，其核心问题都指向一点，就是"**经络到底有没有？是什么？**"的问题，其实也就是在第一部分最后提出的"十二正经"体系的**必要条件**是否成立，即"物理基础"的问题。

如果将"**经络有无**"的问题看成一个刑事案件，那么各类知名刑侦专家云集在一起几十年都找不到头绪来确定"**经络**"概念的本质和存在，无法破案，从刑侦学的角度看就只能说明一点，即：<u>在破案的过程中发生了重大证据的丢失，导致在破案的基本方向发生了根本偏离，主观认识思想违反了真实案发现场发生的客观事实，无法实现逻辑链条的闭合。</u>

所以让我们退回到一个简单的开始，来梳理一下到底问题出在哪里？为什么充满智慧的古人先贤在《黄帝内经》和其它医学专著里高屋建瓴的医学理论和游刃有余、妙手回春的高超技艺对我们今人来说仿佛犹如天降、无法认知和掌握？是被现代科学思想武装的我们不具备掌握这种知识或艺术的智商和天赋吗？如果不是，那么答案只能有一个，就是目前的中医现代化理论研究**走错了方向**。

既然"经络"概念来源于《黄帝内经》，那我们就静下心来，将所有困扰中医相关者的困惑和争论焦点列出来，从源头入手，抽丝剥茧、层层探索、由此及彼、由表及里、去粗取精、去伪存真、彻底冲破面前的迷雾，从根本上搞清《黄帝内经》里告诉我们什么是"经络"，我们到底丢掉了什么至关重要的"证据"而导致几十年都走不出经络理论研究误区和泥潭？到底什么才是中医治病理论真正的精髓？

任何形式的推诿、想当然的胡乱假设和令人"莫名惊诧"所谓的理论创新只能表明极度地不负责任。如果说当前中医基础理论的科学化研究都是失败的，确实会令很多利益相关方很难从心理上承认接受，毕竟搞了这么多年的理论研究，难道连基本方向都错了不成？但是事实却很明显地摆在眼前：中医基础理论的科学化问题不解决，无论再评出多少国医大师、奇方妙法，中医面临的困难都会越来越多，不仅在国际上难以夺回自己的话语权和利益份额空间，而且在国内的生存的压力都会越来越大，最后受损的只能是广大普通民众的根本利益。

"实践是检验真理的唯一标准"。如果能用科学的态度和研究方法证明祖国传统医学及中医的科学地位，那么其它所有的一切顾虑都是次要的，都必须为其让路!

2.1   "经络"的本源

让我们跳出已有的各种争论和思维陷阱、甩掉一切混乱随意的解释和妄言的围追堵截，从头开始，翻开《黄帝内经》，从最原始的中医经典开始，寻找中华传统医学最初的真谛。

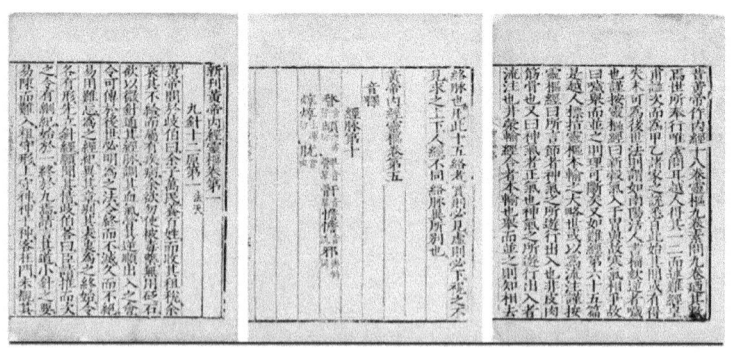

《黄帝内经》- 灵枢篇：经脉第十

　　"经、络"的概念最为集中出现在《黄帝内经-灵枢》的"卷之三"的"经脉第十"、"经别第十一"和"经水第十二"中。这几篇内容以"雷公"、"黄帝"和岐伯之间问答的形式全面详细地阐述了"十二经脉"和"十五络脉"在全身的分布、各自的命名和循行情况。现在我们需要发扬一点"工匠精神"，端正态度、诚惶诚恐、深度下潜，屏蔽掉各种所谓名师和专家的噪音，去亲耳聆听、用心感悟"黄帝"和岐伯是怎样说的。

　　下面进入传统中医经典《黄帝内经》最为核心的第一段原文对话。

　　【《黄帝内经灵枢》原文，卷之三，"经脉第十"】雷公问黄帝曰：禁脉之言，凡刺之理，经脉为始，营其所行，制其度量，内次五脏，外别六腑，愿尽闻其道。黄帝曰：人始生，先成精，精成而脑髓生，骨为干，脉为营，筋为刚，肉为墙，皮肤坚而毛发长，谷入于胃，脉道已通，血气乃行。雷公曰:愿卒闻经脉之始生。黄帝曰：经脉者，所以能决生死，处百病，调虚实，不可不通。

　　《黄帝内经》的作者利用这一段对话，表明了中医是如何认识人体的结构与组成，特别是能够实现的功能。立足全局、立足活人、看似简洁，但是句句都是要害。在本节的最后一句，"黄帝"给出了**"经脉"**的第一次定义。但是在这个定义里他并没有直接回答我们最想知道的**"经络"**是什么、它的来源和具体位置，而是首先强调了**"经脉"**的极端重要性。即：懂得了"经脉"，就可以准确判断当前人处于生死的何种阶段，可以据此解决各种疑难杂症，可以调理人体的虚实和健康状态，并强调一定要确保"经脉"的畅通。因为"通"者生！"不通"者死！

在这一段中，**"经脉"**这一概念出场了，虽然黄帝没有给出**"经"**的具体概念，但是他给出了**"脉"**的准确定义，那就是**"脉为营"**。

根据《黄帝内经-素问、灵枢》中"脉"字出现的各种其它场合所表达的含义和已经得到公认的现代医学科学的概念，完全可以明确，这里的"脉"字主要就是指的"血管"。那么这个"脉"即"血管"的功能是什么的呢？当然是用来传输"营"即"血液"的。所以称为"脉为营"，即"脉"在这里是为了控制血液的传输流动而存在的管道或隧道。"营"字在这里有两重含义，一是"营盘"即"血管"，二是"富含营养的血液"，换句话说就是"铁打的营盘(脉管即血管)和流水的兵（血液）"。

但是我们还要再仔细地分析一下，"脉"字就只是如同现代医学所指代"血管和血液"吗？当然没有那么简单，因为汉字本身这个"脉"字含有"富有节律而跳动"的内涵。

"黄帝"在这里没有用"管为营"或"隧为营"或"隧道为营"，一定有他深刻的用意。"脉"的这个充满**"节律运动"**的"用意"和"思想"为中医所独有，西医没有此概念。这是两种医学思想体系重要的分水岭。我们先将这一重要思维线索暂时放一放，留待后面来仔细讨论。

现在整理一下思路，至少现在我们可以明确一点，即我们已经解决了第一个问题，那就是在《黄帝内经-灵枢》中，明确提出了"血管"和"营血"的概念，所用的名词是"脉"。

既然"经脉"能"决生死，处百病，调虚实"，那么"经"又是什么呢？"经"和"络"又是什么呢？"经"和"络"又在哪里呢？"经或络"同"脉"是一回事吗？"经络"和"经脉"可以相互混用吗？让我们再次打起精神，再往下看：

【《黄帝内经灵枢》原文，卷之三，"经脉第十"】经脉十二者，伏行分肉之间，深而不见；其常见者，足太阴过于

外踝之上，无所隐故也。诸脉之浮而常见者，皆络脉也。六经络手阳明少阳之大络，起于五指间，上合肘中。

这里"黄帝"给出了**"经脉"**的第二次定义，文中表明了"经脉"的位置"伏行分肉之间，深而不见，但有一个容易见到的例外则是出现在：足太阴脉过于外踝之上"和"经脉"的数量为"十二条"。可以明确，这里的足太阴是指一条经过脚踝骨外侧接近表皮的动脉血管（每个人都可以很容易亲手触摸来感受自己脚背关节上这个脉搏的跳动，还有一个对应的位置就是"手太阴肺脉的气口"）。

虽然"黄帝"仍然没有交代"经"是什么，但是我们可以发现一个规律，就是**"经"**和**"脉"总是一起出场的，相伴相随的。**"络脉"这一概念和位置也出场了，应该这样理解，它们是浮在表面，肉眼可见的"络"与"脉"的组合。

以往几乎所有**"经络问题"**的研究者，或是在我能查到的绝大多数《黄帝内经》白话文译文和中医基础理论教材中都是要么将**"经脉"**直接当作**"经"**来解释，把**"脉"**字抛了；要么将**"经脉"**直接当作**"脉"**来解释，把**"经"**字弃了，无论如何就是要扔掉一半，即 50%的文字信息量才觉得爽快，对于**"络脉"**的解释也是同样如此。当然最后就是想当然地丢掉**"脉"**字，直接用**"经络"**一词来个**"简化合并"**和**"全文替换"**，毕竟在《黄帝内经》里确实也有多处有**"经络"**一词出现呀，很有依据呀！

好了，现在让我们回到现代的**"经络是否存在?"**这个恼人的困局，来问几个问题：

1）当前中医理论研究者把 "经脉" 与 "络脉" 组合变成了"经络"，理论根据在哪里？为什么省掉了"脉" 字？难道必须在这里要"合并清除同类项"或"取交集的反集"或搞个"与非门电路"？

2）抛弃"脉"字，谁是始作俑者？有人说是"扁鹊"，他在《难经》里这样用过，但是很明显，根据《史记》可知，我等当今之人，对于中医的理解同"扁鹊"根本就不在同一个境界、同一个维度，他老人家思维里的"经络"与我们争论的"经络"当然有天壤之别。所以最老实本分的办法还是回到《黄帝内经》里去探寻，毕竟"扁鹊"也是读通了《黄帝内经》才撰写出《难经》的。

3）"经脉"与"络脉"组合变成了众所周知、人人皆论的**"经络"**，在当前中医理论界几乎是众口一词、异口同声地附和、照搬。难道这个**"脉"**字真的只是为了给"经"与"络"二字加重语气而形成一个偏正词组的后缀吗？如果真是如此简单，为何古人先贤要画蛇添足般且不厌其烦地用"经脉"与"络脉"，而不直接在《黄帝内经》相关正文的一开始就用直接用"经络"这个概念？如*"黄帝曰：**经络**者，所以能决生死，处百病，调虚实，不可不通"*或者*"经络十二者，伏行分肉之间，深而不见"*呢？

看起来第一个疑点浮现出来了，并不需要特殊的刑侦手段，下功夫"咬文嚼字"即可。

现在让我们再次锁定"经脉"和"脉为营"中的"脉"字，进一步探索其真实的内涵与外延。

"脉"字其实我们每个人都不陌生，因为在初中生理卫生课中就已学到人体的循环系统主要有动脉和静脉。动脉中流动着鲜红色富含氧的血红细胞和其它营养物质的动脉血，来自于心脏左心室的收缩压使之灌溉全身，在毛细血管的尽头的一个特殊的区域转换成对应的一套静脉毛细血管，完成血液中营养物质的转换和交接，将肌体代谢的产物随静脉血在舒张压的负压作用下回流心脏右心房。所以动脉和静脉明确是指"血管"并包含其中的动脉与静脉血。静脉主要分布全身表层，显而易见。是西医输液和抽血的首选血管，安全性最高。动脉在人体肌肉深处，能否说它"伏行分肉之间"，当然可以，只是描写词汇的差异。

那么古人能够看到动、静脉血管吗？当然能够！《黄帝内经》诞生于公元 2200 多年前的"战国"时代后期。"战国"时代，顾名思义，就是什么都缺，唯独不缺战争的年代。百姓流离失所、饿殍四野，战场到处死尸遍地，肢体残缺。对于当时的民间中医来讲，只要心理上能够承受，可以说要找到尸体解剖、了解人体内部构造的条件是很容易的，一定会有有胆有识之士，不畏艰险，奋力探索。那么为什么中国人没有率先创立"人体解剖学"呢？

"非不能也，实不为也！非不为也，实不能言也！"因为那时的中国以孔子和老子所代表的儒、道哲学思想体系已经成熟。"人体解剖"场面过于血腥残忍、操作有违中华传统文明道德。古人认为，人之身体，受之父母，不可轻易毁伤，头发长了都不愿剪去，何况刀刀分解整个肉身！但这些都不是最重要的，最重要的是，古人先贤和有识之士发现了一个极其重要的结论，那就是：**"肉身解剖"并不能建立"决生死"的人体医学核心理论。**因为对象已是人身肢体残片，人早已死，"阴"虽尚在，但"阳"已飞脱身体而去了。所以才从一个全新的方向探寻中医的理论基础，这是一个远远超越同时代的所谓的"古埃及、古希腊、古印度、古玛雅、古什么什么"等等西方一切其它所谓文明对于人类自身认识境界的顽强搏击，这是一个极其、极其艰难的努力和尝试，没有任何其它的参考文献可以助力，但是中国古人有老子的哲学！他们成功了，成功的极其辉煌，以至于在其代表作《黄帝内经》中的精彩而高雅有趣的表述，反而使现代很多人觉得实在是过于玄妙、瞠目、难以理解。

2.2 "血管"和"脉"的关系

很显然我们人类的身体并不是因为几百年前西医命名了血管才有了整个的"血管网络"，当然更不能因为我们把中文的"脉"字赋给了英文单词 Arteries (动脉)和 Veins（静脉） 就自我解除了对血管概念的使用权。既然古人看到了血管，并有另外的命名"隧道"、"隧管"、"脉管"， 那我们当然可以确定古人一定对"脉"即"血管"进行了深入的研究。即便没有显微镜去发现毛细血管网络，肉眼能够看到的深、浅、表、大、中、小血管网络也足够明确方向了。

因此可以先下一个预定义：

"经脉"中的"脉"主要指代：人体全身的动脉，包括：富含氧和营养物质的鲜红色具有正压特征的动脉血。

"络脉"中的"脉"主要指代：人体全身的静脉，包括：富含二氧化碳和人体代谢废物的暗红色具有负压特征的静脉血。

二者统一，则为人体全身"动、静脉血管网"，以"奇经八脉"中的一个词"冲脉"作为概念笼而统之。

至此，至少要明确，当"脉"字与"经"或"络"同时或并列出现时，"脉"均等价于"冲脉"和其中的血液，这样再阅读《黄帝内经》，就容易理解了。

最后再来看看《黄帝内经》中其它的章节是怎样定义"脉"的。

【《黄帝内经-素问》原文，卷第五，"脉药精微论篇第十七"】夫脉者，血之府也。长则气治，短则气病，数则烦心，大则病进，上盛则气高，下盛则气胀，代则气衰，细则气少，涩则心痛浑浑革至如涌泉，病进则色弊，绵绵其去如弦绝，死。

岐伯说，"脉"是血的家和房子，只不过这个家的形状是各种不同尺寸和形状的管道系统，不仅有长短、粗细、还有律动快慢的收缩和蠕动。"脉"还通过血液与心相连，在心血、脉搏的组合推动下，如琴弦般地震动跳跃着，施展着"长、短、数、大、上盛、下盛、代、细、涩、革、色弊、绵绵、弦绝"等腾挪技法，传神地表达着生命的乐章。

可以清楚地看到，祖国传统医学的经典《黄帝内经》对于"脉"的定义不但涵盖了现代医学对于"血管"的概念和功能，更重要的是它还"高瞻远瞩"、"更上一层楼"般地指明了"脉"与"心、气"的相互关系和对于判断生命状态的重要意义。它不但是延续了几千年的中华医学最成功实践的理论基础核心，而且还具有"脉动"的特征，可以通过"气口"让每一个人自己都亲身感受到，实现理论与实践高度的统一，同时，让中医有一个至关重要的诊断**"下手处"**。它是一个医生和病人实现深入的身体状态信息交流的人体窗口。

中医让现代普通人充满怀疑、百思不得其解的"诊脉"技术就是依此为理论基础诞生的。

我们通过以上对《黄帝内经-灵枢》三条原文的分析推导，将早已丢失了的"血管"即"脉"循环系统重新纳入了"经脉、络脉"概念，这并不是在故意人为玩文字游戏、耍小聪明、自设古籍现场捡个漏或搞什么应景新潮的创新，因为"脉"字对应的"动静脉血管网及其中流动的血液"这一实质内涵对于祖国传统医学来说实在是丢不得，**"无血之人本不能活"**。它实际上就是中医哲学基础概念中最重要的**"阴"**的实体表达方式之一。

那么我们在这里把"脉"字找回来并纳入"经络"概念的依据是什么呢？这个依据就是众所周知的中国古典哲学中具有**"互生"、"互根"**概念的**"阴阳"**。它是一个"总纲"，即:在《黄帝内经》所代表的中华经典医学中，任何一个重要概念核心内涵都是"阴阳"贯穿其间，它是中医的哲学基础。另一个明确的依据就是"奇经八脉"之中的"冲脉"的定义，第三个依据就是现代医学人体解剖学已经明确"血液循环系统"。

既然"脉"中充满的是"营血"，属"阴"，那么其对应的实体就该是"阳"，它是什么呢？当然只能是"经和络"，而且从文字上来看也是这样。所以"**经脉十二者，伏行分肉之间，深而不见**"准确的翻译应该是"十二经脉（即：十二条正经与对应相伴的十二条主动脉、主静脉血管），深伏在大块功能组织群的肌肉相互界面之下，一般从外表上看不见"。"**诸脉之浮而常见者，皆络脉也**"准确的翻译应该为"络脉是络和所有浮在体表以下容易被观察到的静脉以及毛细血管网。"

我们应该理解，对于已经掌握了现代科学体系下人体解剖基本知识的我们来说，动脉和静脉在功能上的差异以及它们是如何完成营养成分交接传递的已经很明确了，但是对于古人来说还是很困惑的，因此，《黄帝内经》的作者借"雷公"之口提出了同样的问题，且看"黄帝"如何回答：

【《黄帝内经灵枢》原文，卷之三，"经脉第十"】雷公曰：何以知经脉之与络脉异也？黄帝曰：经脉者常不可见也，其虚实也以气口知之，脉之见者皆络脉也。雷公曰：细子无以明其然也。黄帝曰：诸络脉皆不能经大节之间，必行绝道而出，入复合于皮中，其会皆见于外。

此处"雷公"问"经脉"和"络脉"的差异，"黄帝"只是回答了它们在"位置"上深浅的不同，没有回答"功能"上的区别，即：经脉（动脉大部）通常看不见，但可以通过"气口"探测其"虚实"状态。能够看见的都是"络脉"，而"络脉"（静脉大部）不能过关节，另有特殊的通道，复合与皮下，从皮下穿过，在表面可见。

【《黄帝内经灵枢》原文，卷之三，"经脉第十"】凡此十五络者，实则必见，虚则必下，视之不见，求之上下，人经不同，络脉异所别也。

此段说明"络脉"共有十五条，它与"经脉"的关系将在后文详述。它从属于"经脉"，当人体出现实证时，"络脉"容易被发现，就是通常所说的一个人"青筋"暴涨，当人体出现虚症时，气血不足，则"青筋"细软、潜于皮下，不容易被看到。从此可以看出，可以将"络脉"看成是现代医学对应的人体"静脉"的最主要的特征表现形式。

以上，"黄帝"给出了"经脉"和"络脉"的第三次定义，它是第二次定义的进一步解释，具体说明了"经"和"络"的位置，但是也没有说明功能。有一个十分重要的概念出现了，那就是告诉了我们"经脉"虽然常不可见，但是"**其虚实也以气口知之**"，千万不要忽略了此句话，因为他实际上告诉了我们"用手太阴肺经的气口脉象可以查看到人体的虚实状况"，而这正是中国传统医学独步世界医学、令人难以承认或否认、难以言表的炫目的"切脉"诊断技艺的理论依据。它使中医在几千年前就能够在线探测和感知病家"活人"的生存状态并预知生死，它如同一个"主动有源（医生）的相控阵雷达"一样，使一个真正的"上工"中医能够凭借此项技艺深入感知病人"五脏六腑"的"阴阳"不平衡状态，同时与病人进行高水平的思想情志和精神交流。

但是直到这一段，"黄帝"仍未给出"经络"的最后解释，没有明确"经络"到底是什么？，这的确是造成当今"经络有无"问题的一个方面的原因，以致目前有一种悲观消极的认识论说"经络"是并不存在的虚假概念，"十二经、十五络"无实体结构，只是一种功能现象的体现。

　　现代科学认为，有功能必有对应的物质实体表达。来自于丰富实践科学的中国传统医学，其理论是"活人"或者说"使人活"的理论，"人体"当然属于"坚实可见的物理实体"。而"经、络"即便是个粗浅简化的概念，它的物质基础也一定在人体内部，而且就在"脉"的左右，不离不弃。找不到它是因为相关经络理论研究者还没有"顿悟"，真正达到"既异想天开、又事实求是"的思想境界。

　　当前在中国医学界存在着一种十分诡异的现象，似乎中医不能谈血管、动静脉，那些似乎都是所谓现代医学的专利。好像中国古人医家都是粗枝大条，不知人有血管，更遑论"神经系统"和"血液循环系统"了。反对中医经络理论观点的人欢欣且急不可待地下定论：说了半天经络其实就是西医发现的血管网或神经网，否则不可能费了"九牛二虎之力"都找不到经络的物理实物依据；而在中医界支持中医的人则坚决不能承认"经络"就是血管，因为中医的理论基础无法只建立在血管基础之上，不能想象医圣张仲景的六经理论是建立在六条血管基础之上，干脆就人为地"视而不见"，但又提不出充足的证据说明"血"在哪里，因为"内经"里只说了"经络"没有说"血管"嘛，只能另起炉灶，想当然地脱离事实再搞一套"多气多血"的"经络通道"来印证经典"针灸铜人"上的各条"经络线或者经络管道"的走向，其结果必然是"自设陷阱"、"自缚手脚"，"经络"的物理实质比"皇帝的新装"还难发现，便胡乱假设、闭门造车式的拍脑创新"有可能是一种特殊的不可见的场或者功能"、亦或是"另一个物理高维度空间的实体"，等等，主动把一个"伪科学"的帽子牢牢地扣在自己的头上，折腾几十年都甩不掉。

　　不过这里仍有一个让中、西医正反双方都困惑的地方，为什么这个几十年找不到的"多气多血"的"经络"通道似乎确实存在，并在暗中发力，支撑着中医的基本理论体系与客观实践，在之前几千年的默默之中护佑中华民族成功繁衍、中华文明繁荣昌盛至今呢？

总结上面的分析我们发现**"经络到底是什么？"**这个问题确实比较复杂，但是至少我们已经向前迈出了极其重要的第一步，那就是把丢失的"脉"找回来了。在"气无所依、血无所靠"的目前中医理论现代化的绝境中已经看到了一缕明亮的曙光。

2.3　《黄帝内经》中的"经"与"络"

所以我们下一步的任务就是把"经、络"的物理实体存在找回来。手捧《黄帝内经》，我们应该有足够的理论自信，"经"和"络"一定就在那里，因为它们是"阳"，而且"阴"即"脉"，不能无"阳"而独立存在！

如此说来，不由得让人倒吸一口冷气，目前最权威的中医基础理论定论居然：既把"阴"丢了，又说不清"阳"是什么。整个祖国传统中医理论赖以生存几千年的"阴、阳"两条腿在建国以后七十多年的中医现代化理论研究过程中似乎都研究没了、不存在了，居然还能摇摇晃晃走到今天，这只能更说明它具有无比强大的心灵和力量，这个力量来源于无数中医先师、名家、民间高手大师和写作《黄帝内经》的先贤们的集体智慧给中华传统医学提供了强大的先天禀赋和巨大的历史惯性，当然还有广大人民群众默默的支持。

所以，现在我们开始啃这个硬骨头。

本来在一百多年前它并不是个事关中医生死的问题，但是今天却决定着中医是否能成功实现现代化的涅槃，再铸2000多年前的辉煌。

　　还是让我们静下心来，跟随着《黄帝内经》天才作者的思维节拍，去感受他们的思绪和大脑中真正"经"、"络"的精彩世界是如何演绎的。

　　在前文"经脉"的论述中，"黄帝"连续三次对"经、络、脉"做出了多方面的描述，但是并没有对"经、络"做出明确的定义。为什么"黄帝"不直接给"雷公"或今天的我们提供精确一个的答案呢？我认为原因只有一个，那就是"经络"是《黄帝内经》作者根据大量的按跷、推拿、针刺、灸的观察实践和前人积累的知识高度浓缩而产生的**"思维的结晶"**，并基于此**创新**的一个**"概念"**。

　　他已经能够明确感受到"存在"一个有形的实体"路径"在体内，但却不同于任何的肉眼可见的"脉管"即"血管"的网络体系，而且它能够同对应相伴相随的"脉"一起起到**"决生死、处百病"**的强大作用，但是却不能十分明确其具体的组织结构和功能原理。

　　但是"经络"的功能确实是显而易见的，那么为什么会有这样的功能呢？这样的功能所依据的物理实体到底是什么呢？这是一个最为关键的核心问题，因此《黄帝内经》的作者在这里将这个"情景剧"中对白的双方升级、直接换成了"黄帝"和他的老师、中华医学智慧的化身岐伯，使整个对话更加精彩、内涵更加深入，直至最高层次，表明了这个问题的极端重要性。

　　在这里"黄帝"直接向岐伯求教，而岐伯则甩开了"具体结构的困惑"，从实际的功能入手，用形象化的启发方式给"黄帝"进行了具体的讲解。由此引出了这一给后人留下了巨大想象空间的著名的"经水"篇。

　　且看"黄帝"的老师岐伯是如何分解"经络"的。

【《黄帝内经·灵枢》原文，卷之三，"经水第十二"】
黄帝问于岐伯曰：经脉十二者，外合于十二经水，而内属于五脏六腑。夫十二经水者，其有大小、深浅、广狭、远近各不同，五脏六腑之高下、小大、受谷之多少亦不等，相应奈何？夫经水者，受水而行之；五脏者，合神气魂魄而藏之；六腑者，受谷而行之，受气而扬之；经脉者，受血而营之。合而以治奈？刺之深浅，灸之壮数，可得闻乎？

这里从"黄帝"直接发问的逻辑上看，一定是岐伯先给他这样解释"经脉"的。但是"黄帝"并没有深入理解，由此发问。这实际上是借"黄帝"之口提出了我们的困惑和想提出的问题。这种写作手法上的灵活修饰，将我们每一个读者带入了一个积极主动的虚拟答疑空间和话语氛围，使整个理论分析过程变得有趣而生动。

在这一段中，最重要的是岐伯仍然用了比喻的手法来解释"经脉"与周围脏腑的关系。因为在前几章我已经明确地将"经"与"脉"拆开解释了，因此在这里我如法炮制，进一步展开分析此段如下："经"与"脉"各有相互对应的12条。其中12条"经"在身体各层的分布可以用12条"大河"来比喻、帮助理解；而"脉"则可以暂时想象成为"沿12条大河而修的南水北调工程的12条输水总管道"；在内部则分别隶属于各自对应的"五脏六腑"，也就是说分别同各自对应的"五脏六腑"相连。

随后文中出现**"经脉者，受血而营之"**这一句的"经脉"特指**"脉"**即"动静脉血管"（即：与"经"相伴的"脉"），这样才能以对句的方式合上句**"夫经水者，受水而行之"**，这里的"经水"特指**"经"**，即与"脉"相伴的"经"。所以，"脉"指：动静脉血管，它接受血液的充盈往来，控制其流动的方向和律动状态。

"夫经水者，受水而行之；…… 经脉者，受血而营之。合而以治奈？刺之深浅，灸之壮数，可得闻乎？"，"黄帝"问岐伯的这句话可以作为我将"经脉"拆分成"经"、"脉"来讨论合理性的直接理论佐证。"黄帝"问："经是行水的，脉是走血的，如何把二者结合起来去具体实施治疗呢？您能告诉我怎样用经、脉的理论来指导实际针刺操作的深浅和灸的壮数（次数）呢？"

从这里可以看出，在《黄帝内经》中确实有时"经、脉"的定义有时作为"偏正词组"连在一起混用，时而指"经"，时而指"脉"。这种一词、组多义的现象对于岐伯代表的古人来说转换很容易，因为他"知其所以然"，而对于后继研究者来说，如果不读"经典"、不明言语的背景、不会用"阴、阳"的一分为二的哲学方法论分析问题，就肯定会陷入分不清到底该是"偏正词组"还是"联合词组"的迷茫和思维的误区。所以我从全文的理解出发，将其分别定义、明确其内涵和外延，这是我们后续研究的基础。

再次明确这里的 12 条"脉"是给**"六脏六腑"**供血的最主要的"12 条大动脉、静脉血管"。这里需要先说明一下，一般情况下在《黄帝内经》里和很多人都习惯说**"五脏六腑"**或**"五脏五腑"**，这是因为中医讨论的重点有时在"腹腔"，没有把**"大脑"**计算进去、有时又没有考虑**"三焦"**这个概念。因为中医认为"心"包含了"大脑"，但是在这里必须要拆分来研究。我认为现代医学研究的成果已经十分清楚地表明，被保护在坚硬的"精明之府"的"头颅外壳"之内的"整个大脑仁"可以看成是极其重要的娇柔的第六个**"脏"**，而且有两条可以在功能上看成是二合一的极其重要的"颈动、静脉"为其供血。这样考虑，不但与 12 经、脉在数量上对等统一，更重要的是将"大脑"和"心"统一起来分析讨论，更有利于将现代医学的内容引入并统筹研究论证。

中医把"大脑"包含入"心"的范畴，西医很难理解，也很难否认，特别是随着换心手术的实施和心脏起搏器的广泛普及，大量的病人人格、性情大变，"登高而歌、弃衣而走"，使现代医学和众多的胸外科专家们陷入迷茫，"人的思想不是由大脑产生、控制的吗？怎么换了心，又没换头，这人咋变了涅？"，并为此发表了大量的研究文章，其实这个问题中医在几千年前就有了明确答案，"心主神明"，这是中华传统医学独特的认识论，具有极其深远的意义。

将"大脑仁"作为"脏"，"脏为阴、腑为阳"，谁是与它对应的"腑"呢？是"内经"所说的"精明之府"那个"头颅外壳"吗？这也是中医自身存在的一个令人困惑和引起争论的问题，但是极其重要，我将在后文专题讨论。

【《黄帝内经灵枢》原文，卷之三，"经水第十二"】 岐伯答曰：善哉问也。天至高，不可度，地至广，不可量，此之谓也。且夫人生于天地之间，六合之内，此天之高、地之广也，非人力之所能度量而至也。若夫八尺之士，皮肉在此，外可度量切循而得之，其死可解剖而视之，其脏之坚脆，腑之大小，谷之多少，脉之长短，血之清浊，气之多少，十二经之多血少气，与其少血多气，与其皆多血气，与其皆少血气，皆有大数。其治以针艾，各调其经气，固其常有合乎。

这一段中最为著名的就是中间这一段**"若夫八尺之士，皮肉在此……与其皆少血气，皆有大数"**。说它著名是因为当今不可胜数的反中医人士用它作为反击中医支持者声称的"经络有却玄而不见"的超级武器。反中医人士认为此段非常清楚地表明"经络就是血管"。那么反中医人士说对了吗？我认为他们在这里的确说对了，但只说对了一小部分，如我在前文中所论，"血管"在这里就是"脉"的一个部分，的确可以**"解剖而视之"**。但还有一个很大的部分也属于"脉"，我留待后叙。

中医的当前流行的理论是"经"和"脉"皆混用为"经络"，回避说"血管"，给广大中医支持者提供了内容缺陷达 50% 的混乱理论解释，所以在此让很多中医和中医支持者显得十分被动，在现代医学的解剖现实面前无法自圆其说。其实这种错误的认识方法古来已有，极端典型的例子就是在鲜活刺眼的活体解剖人体血管网的面前，2000 多年前新朝老大王莽的御医手持通导血管（原本认为是"经络）的竹片"傻了"、100 多年前清朝名医王清任"蒙了"，顿感脚下立足一生的中国传统医学理论基础崩塌了，莫名惊诧、心神震慑、自以为"恍然大悟"了，"原来经脉就是血管！"、"医林原来还有如此众多的错误!……"。

其实无它，他们犯得都是同样的错误，其根本还是源于大脑中所拥有的对于传统中医基本理论在《黄帝内经》中的描述认识和实际人体组成的知识体系不过关。创造了"血府逐淤汤"等名方的清朝名老中医王清任尚且如此，更何况当今忽视经典学习的中医相关人士和利益相关者。自唐以后，各种门派的中医理论、学说尘烟四起，但大都是"盲人摸象"、"各执一词"、"各承家技"、"各逞家技"，偏离《黄帝内经》的理论核心越来越远。这说明认真学习、理解中医经典理论是多么的重要。

理解岐伯的话重要，更重要的是理解他没有表达出来的潜台词，这个需要达到"神通"的境界。什么叫"神通"？就是：别人刚说了上半句，你就明白了下半句；别人刚唱了上半句，你就"潸然泪下、泣不成声"了。这说明在此时此刻，你和他或她"心神相通"了。如果这种境界时常出现在你手捧《黄帝内经》的时刻，你与中医就是有缘人。

反之，"七十二行"，另选其它"七十一行"为上。

这一段岐伯依然没有明确说明什么是"经络"。但是全文将"经、脉"的关系、作用、与脏腑的对应关系讲的十分有特色。

因为此段十分重要，我在此以自己的理解**"意译"**如下：

"对于一个身高八尺左右的人，皮肤、肌肉健全正常，身高尺寸、肌肉分布从外部可以测量，(经、络、脉)可以用手寻肌肉组织的界面按循。人如果死了，则可以通过解剖来观察和验证。通过解剖观察可以了解五脏的坚韧程度、六腑的大小、以及肠胃中残留的食物有多少；动、静脉血管的长度，动、静脉血管内血液的清浊程度，连接各脏腑之间的经膜之上实现新陈代谢转化得到的津与液的容量以及肌体所体现的功能阶段和程度是多少。十二**"经"**和十二**"脉"**之中哪些对应的脏、腑属于"多血少气"、或"少血多气"、或"多血多气"、或"少血少气"，通过实际的观察都可以得到明确的位置分布和新陈代谢程度的高低。

在这一段多次提到了**"气"**这个概念和应用的场合。

"气"这个概念是中医基础理论的核心，但却是"仁者见仁、智者见智"。需要十分认真地进行分析和讨论。它是中医基础理论能否实现与现代科学成功结合的关键。

【《黄帝内经灵枢》原文，卷之三，"经水第十二"】黄帝曰余闻之，快于耳，不解于心，愿卒间之。岐伯答曰此人之所以参天地而应阴阳也，不可不察。足太阳外合清水，内属膀胱，而通水道焉。足少阳外合于渭水，内属于胆。足阳明外合于海水，内属于胃。足太阴外合于湖水，内属于脾。

足少阴外合于汝水，内属于肾。足厥阴外合于渑水，内属于肝。手太阳外合淮水，内属小肠，而水道出焉。手少阳外合于漯水，内属于三焦。手阳明外合于江水，内属于大肠。手太阴外合于河水，内属于肺。手少阴外合于济水，内属于心。手心主外合于漳水，内属于心包。凡此五脏六腑十二经水者，外有源泉而内有所禀，此皆内外相贯，如环无端，人经亦然。故天为阳，地为阴，腰以上为天，腰以下为地。故海以北者为阴，湖以北者为阴中之阴，漳以南者为阳引，河以北至漳者为阳中之阴，漯以南至江者为阳中之太阳，此一隅之阴阳也，所以人与天地相参也。

此段是岐伯用比喻和对应的手法用十二条分布在中国大地之上的大河具体讲解十二经与五脏六腑的各自对应关系。这一段虽然与前面的十二经水的定义有一定的重复，但是目的十分明确，进一步细化了"经水"中将人体的"经脉"与自然界十二条大河的名称和位置，而最后的落脚点是在最后一段的总结，即"此一隅之阴阳也，所以人与天地相参也"。

这是中国古典哲学在中医理论上最闪光的总结。它深邃的思想和意境不但将当时的各国同时代的各种古代医学，即便是现代西方医学都远远地甩在身后无数圈，以致当代人大多数无法理解，只能用个"玄学"来为自己的无知浅薄遮羞，找个台阶来缓冲，避免大脑思维的"硬着陆"。

现代科学技术领域研究的最高峰，即人体大脑、意识与整个宇宙的关系已经使我们能够看到中国古典先贤们思想的一骑绝尘之后留下的尘烟。宇宙、天、地、人、分子、原子、基本粒子直至夸克和胶子能否用传统中医的思想统一起来呢？我觉得能！这是一个宽广的系列课题。能够挤进这个思想领域，即便是"走马观花"一番，对于每一个喜爱中医之人来说都是极好的，因为它事关人类的生死、存在的本源。

目前国内《黄帝内经》白话文中对于这一段的主要精神都是这样解释并归纳为"借分布在不同区域的十二条河流的运行情况和相互关系,来比喻人体十二经脉的气血运行情况和相互关系,即:经脉也像河流一样,有着发源、流域、纵横交叉、出入离合等特点,并形成一个循环不息的整体"。并都到此为止了。对照前文引述的"十二经水"原文,粗略地看,这一段就是更加具体地解释了"十二经脉是怎样具体地与十二条河流相对应的问题"。

很明显,岐伯对"十二经水"的精确描述对于解释**"什么是经络?"**还是有点隔靴搔痒,让"黄帝"和你、我、大家都没有得到想知道的"经络"的核心内容。所以"黄帝"在下面一段继续发问:**"夫经水之应经脉也,其远近浅深,水之多少各不同,合而以刺之奈何?"**,我将它意译如下,就是"您将经脉与经水这样对应起来,新鲜而又生动,我对人与自然的关系的理解更有针对性了,但是我还是不明白您做了这么多的比喻,为什么非要用"经水"这个概念,"经水"的远近深浅、水血多少各不相同,这些同针刺之术的应用有何因果关系呢"?

"黄帝"其实是在用另外一种方式问岐伯:**"经水到底是不是经络"?**,**"经络到底是什么"?**

2.4 "经络"到底是什么?

我认为,《黄帝内经》的作者在"经水"这一章再一次回避了"经络是什么?"的问题。而且借岐伯回避"黄帝"的问题,间接地将该问题转移到了"针刺术"的范畴上去了。很多人也就随着话题的转移将这一章中隐藏的"闪光之处"忽略过去了。

首先需要强调的是，岐伯并不是有意地回避，我认为合理的解释是，在 2000 多年前《黄帝内经》的作者的知识储备不足以让他从本质上来解释"经络"的本质和结构。因此他让他所塑造的中华医学的最高智者岐伯尽量用比喻的方法向"黄帝"和后人来说明"经、络、脉"的实质、形态和功能。在这里他把科学的严谨和灵动的想象结合到了一个非常高的境界。他没有随意地下结论说"经、络"就是"什么、什么"，他把这个问题留给了后人，因为他一定相信掌握了更多知识的后人一定会有足够的智慧对这个问题实施最后的精确打击。他能够做的就是尽全力把能够提供的智慧和思想传达给我们，尽量将"经、络"这个问题封锁在一个尽量小的包围圈内，使后人能够利用这个概念和位置解决问题而不至于手足无措。当然他可能没有想到的是:没有下定论的结果使 2000 多年后会导致一个属于"机械唯物论"的"科学"研究方法会对后世中医产生如此大的冲击，以致威胁到了中医的生存。

岐伯可能会想"看来这些后人还是有些教条和僵化，缺乏理论与实际联系的基本功训练，早知如此，还不如再多找几只竹简或木条、再多写几行字"。

文章写到此，我不想再等了，觉得可以先把我的"经络"观点表明出来了。后面再来进一步通过《黄帝内经》其它的章节来验证。

下面是我的学习体会，在此分享给大家。首先我想坦白地告诉大家，凭借下面的认识，《黄帝内经》中所说的"经、络"，岐伯对黄帝和我们后人没有明确的话对于我来说(具有的知识结构)只有记不住、暂时不懂而没有不可"理解"的障碍了。

这里需要借助现代医学的知识明确扩展说明如下: 如前所述，12 条脉管是连接五脏六腑的 12 条主血管。12 条"经"

是五脏六腑之间的分界面之上覆盖的"经膜"。它在宏观角度上看类似于 12 条"山谷"或"河流"。用河流"经水"来比喻"经"含义是十分深刻的。山谷是各大山峰交界的延长线，是地势的最低处，河流如果干涸的话，其实就是深沟或地势低洼的滩涂。它在地理上实际是陆地两个交接区域板块和沟壑的分界面，因此"经"的含义明确包含了"界面和由界面自然形成的相对位置较低的路径，水汇集在表面就形成了河流，即"经水"。

要深刻地认识到：既然是"河流"，那就是要有约束和可控制河水的功能。而且河流无盖，并非管道，所以它是除"脉管"之外的另一个主要的控制流体的深沟、低洼的路径和通道。对应于人体内部就是津液、体液及其肌体之间的组织液的"经水"通道。这就是"经"的功能和特点。所以这里强调说**"夫经水者，受水而行之"**，可以这样借用引申来描述，即：作为各脏腑的分界面之间的"经"就如同河流一样，接受并汇聚人体内部的各种组织液并且控制着各种液体的流动的方向、速度、状态和过程。

因此"经络"实际上就是"经膜"在"分肉"之间的"沟底"或"谷底"；或者就是大块功能组织、各脏腑器官之间的连接支撑部分。那么它们是"筋"的延伸部分即"筋膜"吗?有很多人经过研究认为**"是"**，只不过是"经络"的两种不同的说法而已。但我认为**"不完全是"**，它们之间有很小一部分**"交集"**。

因为很明显，如果是的话，就没有必要写"经水"这一节了。因为后面有专门的"筋经"一章。再者说"筋"是联结骨骼和肌肉的肌腱部分，不具备"经水"中所描述的功能。当然"经膜"与"筋经"的关系也是十分密切的，它实际上在结构上是同源的，具体我将另文详述。

通往脏、腑的 12 条主动脉血管与通往手足的 12 条正经的位置时而相依，时而分离。注意我没有讨论"主静脉血管"，因为在此处它处于次要位置，通过西医解剖图谱可以看到，当静脉血管网走到 15 络脉时，也是同样表现为"相互依存、相互交织"的关系。

【《黄帝内经灵枢》原文，卷之三，"经水第十二"】黄帝曰夫经水之应经脉也，其远近浅深，水之多少各不同，合而以刺之奈何?岐伯答曰足阳明，五脏六腑之海也，其脉大血多，气盛热壮，刺此者不深弗散，不留不泻也。足阳明刺深六分，留十呼。足太阳深五分，留七呼。足少阳深四分，留五呼。足太阴深三分，留四呼。足少阴深二分，留三呼。足厥阴深一分，留二呼。手之其受气之逼近，其气之来疾，其刺深者皆无过二分，其留皆无过一呼。其少长大小肥瘦，以心撩之，命曰法天之常灸之亦然。灸而过此者得恶火，则骨枯脉涩，刺而过此者，则脱气。

这一段转到了具体的刺法和灸法。我的体会是：针刺和灸法的理论来源于广泛而深刻的实践操作，古人先贤的用心专注让人叹为观止。其中说明的"位置、深浅、留针时间（用呼吸标定）与对气、血循行快慢的控制"包含了十分深刻的对于化学反应释能与营养精微物质的转换定量精确控制的关系。

具体问题、具体分析；具体病人、具体施针。"针法"用于调动人体自身的能量和精微物质运行和分布，而"灸法"则是直接通过外界补充能量。虽然见效快，但是它有可能会影响人体自身内部的能量平衡，因此需要非常小心用"灸"法。**"灸而过此者得恶火，则骨枯脉涩"**，即："恶火"耗伤"阴精"。"针刺法"如果掌握不当，实际上会使机体损失更多的能量，**"刺而过此者，则脱气"**，即损耗阳气和功能的表达。

因此随后整个的《黄帝内经-灵枢》的重点都会放到如何在这两者之间实现"游刃有余"的平衡操作，在更高的层次上治病救人。

【《黄帝内经灵枢》原文，卷之三，"经水第十二"】**黄帝曰夫经脉之小大，血之多少，肤之厚薄，肉之坚脆，及腧之大小，可为量度乎?岐伯答曰: 其可为度量者，取其中度也，不甚脱肉而血气不衰也。若失度之人，痛瘦而形肉脱者，恶可以度量刺乎。审切循扪按，视其寒温盛衰而调之，是谓因适而为之真也。**

这一段的总结看似简单且与上文有些不够连贯，实际上作者从"经水"跳到了"五脏"的全局高度，进行了预先的小结，其中的内涵却是从一个侧面利用"五行"的原则阐述了中医理论与实践密切联系的科学本质。

因此我在此"**意译**"如下:

人体的"**经脉之小大**"对应的是人体的营养物质传递和能量释放的通道和功能，即"阳"和"阴"在全身运行的顺利程度;"**血之多少**"对应的是"阴"，即营养物质的传递范围和心脏心肌功能;"**肤之厚薄**"对应的是人体肺的功能的潜力;"**肉之坚脆**"对应的是人体脾胃功能的强弱;"**腧之大小**"对应的是人体肝肾功能的大小，实际上就是《黄帝内经-素问》当中的"心主血"、"脾主肌"、"肺主皮毛"、"肾主骨"、和"肝主筋"的另外一种灵活的表达方式。不同的人体大小对应的五脏尺寸也各不相同，因此所阐述的关于用针、灸的方法主要针对身材肌肉匀称、体型适中的人体。对于肌肉瘦削，形体变形的人，用针需十分谨慎，切忌伤及"五脏"。要严格按照"审、切、循、扪、按"的方法，根据病人的实际体质和盛衰、虚实、寒温，事实求是、具体分析、灵活应变，找到疾病的本源所在。

由此可以推断，"经水"这一章，实际与人体的"肝"、"肝经"以及所主的"筋"和"脾"、"脾经"以及所主的"营养精微物质"有关。

那么《黄帝内经》的作者是如何看待"筋"的呢？"筋"是"经、络"的另一个代名词吗？"经、络的物理位置到底在哪里呢"？

一定要搞清这个问题，因此《黄帝内经-灵枢》作者想我们之所想，给我们准备了更加精彩的下一章"经筋"。

2.5　"经筋"与"经络"

目前的国内外关于"筋"与"经络"的研究已经是花样繁多、数不胜数了。

有研究者直接就把"经筋"说成是千呼万唤的"经络"，并且还赋予了新的名称。用计算机进行了三维立体透明图像的模拟，把西医解剖的图谱中"筋"的全身走向与"经络"的概念对应起来，而且还发现了所谓的"珠串"样的结构直接对应了"经络铜人"身上"经络"线条上特定"穴位"的位置。

国外和一些中外合作项目研究得出的结论比较客观，就是"经络"有"极大的可能"就是人体"筋"所对应的结缔组织。而结缔组织的功能恰好被西医分析得很清楚却又刚好基本被忽略了，因此极有可能它就是在**"灯火阑珊处"**的中国古人所说的**"经络"**，现代医学所有的肌肉解剖图谱对应的位置都与《黄帝内经》所说的"经络"重合度非常之大。但是西人研究者仍然不能下最后的决心和定义说"经络"就是"筋"对应的结缔组织，因为实际的解剖组织"筋"的走向和功能与中国古人对于"经络"的描述的任然有令人**"困惑和难以解释"**的明显差别，似乎中国古人所下的"经、络"的定义内涵更加广泛和奇妙，难以琢磨，超出了"筋"组织的物理解释范畴。而且在《黄帝内经-灵枢》中也有专门的论述"筋经"的一章。说明中国古人早已经认识到了"筋"与"经、络"的关系。而且用**隐含**的方式提示了它们二者有密切关系，但却**"不是一回事"**，二者不能相互取代。

为什么用**"隐含"**而不是直接下定义的方式来直接挑明"经筋"与"经、络"之间准确的关系呢？这个问题十分的棘手和重要，需要深入到《黄帝内经-灵枢》作者的创作思维体系当中，细心体会、反复论证。

因此在本章我将利用已经明确的现代医学和科学的知识进行专题论证。

从查阅到的数量繁多的相关论文和发表的成果介绍中可以看出，国外的有识之士在**"经络与筋经的关系"**这个研究过程中明显表现的比较理智和客观，提出了最有可能的假设，但是没有妄下结论，这与西方医学严谨求实证的科学态度有关。而中国的相关课题研究者则过于主观和情绪化，因此可以看到，所谓令人兴奋的大量科研成果和相关研究结论仍然没有足够的说服力和客观证据，不能得到当前科学界的广泛认同。长期的争执造成情绪的冲突，结果是恶化分裂成两大块：一块是坚信"中医是不科学的"，另一块是坚信"中医是超科学的"，形成了我们最熟悉的"极左"和"极右"两大阵营。

所以"解铃还需系铃人"，所以我们还是要去问问《黄帝内经》的作者和他塑造的"黄帝"和岐伯，去亲身感受他们的思想，去体会他们是如何看待这个问题的，努力尝试着站在他们的角度去感受人体的"经、筋"奇妙组合和功能的实现。

以下我采用在科学研究和论文写作中最常用的对比分析方法，将《黄帝内经-灵枢》中的"卷之三，经脉第十"中有关**"手、足三阴、三阳经"**和"卷之四，经筋第十三"中有关**"手、**

足三阴、三阳经筋"的对应分析素材片段拆分、组合在一起，用对比和分析的方法来体会《黄帝内经-灵枢》的作者是如何构造人体"经脉"与解释"筋经"这个精美体系的。

俗话说**"有比较才能有鉴别"**，如果这样的常规分析研究方法能够使我们在思维方法上靠近作者，何尝不是一件"多、快、好、省"之事。

从**"经络有无问题"**几十年的研究中产生的大量所谓成果和文章中可以看到一个"共性"，就是大多数相关"循经"研究者对认真研读《黄帝内经》原文本身并不真正感兴趣，比较热衷于"剪刀加粘贴"式的"断章取义、断句取义、断词取义"，直至更加极致的一刀两断、"阴阳"分离式的"断字取义"直接剥离"经脉"中的"经与脉"、"气和血"。其实想来这也符合当前中医理论研究的逻辑现状。据报道，相当一批在校中医学博士的研究"以阅读《黄帝内经》为羞，以基因、分子辨证为荣"，所以不管你在思想深处"反"或"不反"中医、"废"或"不废"中医理论、基于自身的知识结构框架想当然地认为中医是"科学"或"伪科学"，此时此刻，只需要你静下心来，"复位、清零"大脑中所有对中华传统医学的主观认识残片，用科学的态度冷静、客观地比较分析以下《黄帝内经》的原文组合，努力找出其中的"规律"，看一看你能不能"读懂"、"发现"、"体会"或者说"悟"到什么。

可能你会一眼看到下面的古文文字感到不顺眼、看不懂也很厌烦，没关系，此处的中医理论阐述不需要你懂（能懂更好！），但需要你用一点点科学的精神"咬牙"坚持认真读完这一大段文字"精华"，用**"手、足三阴、三阳"对照理解、分析的方式来用心体会、理解古人是如何表达我们所最关心的问题的"**，我的分析结论将放在最后，如果你在阅读中产

生的感悟能够与我的一致，那么我相信在你心中一定也会涌
现出一种莫名的喜悦和感动。

2.5.1 手、足三阴的"筋经"与手、足"三阴经"的对应关系

共有 6 组。

（1）手太阴的"筋经"与手太阴"肺经"

1）手太阴的"筋经"

【《黄帝内经灵枢》原文，卷之四，"经筋第十三"】
手太阴之筋，起于大指之上，循指上行，结于鱼后，行
寸口外侧，上循臂，结肘中，上臑内廉，入腋下，出缺
盆，结肩前髃，上结缺盆，下结胸里，散贯贲，合贲下
抵季胁。

其病当所过者，支转筋痛，甚成息贲，胁急吐血。
治在燔针劫刺，以知为数，以痛为输。名曰仲冬痹也。

2）手太阴"肺经"

【《黄帝内经灵枢》原文，卷之三，"经脉第
十"】肺手太阴之脉，起于中焦，下络大肠，还循胃口，
上膈属肺，从肺系横出腋下，下循臑内，行少阴心主之
前，下肘中，循臂内上骨下廉，入寸口，上鱼，循鱼际，
出大指之端；其支者，从腕后直出次指内廉出其端。

是动则病肺胀满，膨胀而喘咳，缺盆中痛，甚则交
两手而瞀，此为臂厥。是主肺所生病者，咳上气，喘渴，
烦心，胸满，臑臂内前廉痛厥，掌中热。气盛有余，则
肩背痛，风寒汗出中风，小便数而欠。气虚则肩背痛，
寒，少气不足以息，溺色变。为此诸病，盛则泻之，虚

则补之，热则疾之，寒则留之，陷下则灸之，不盛不虚，以经取之。盛者，寸口大三倍于人迎，虚者，则寸口反小于人迎也。

（2）足太阴的"筋经"与足太阴"脾经"

1）足太阴的"筋经"

【《黄帝内经灵枢》原文，卷之四，"经筋第十三"】足太阴之筋，起于大指之端内侧，上结于内踝；其直者，络于膝内辅骨上循阴股，结于髀，聚于阴器，上腹结于脐，循腹里，结于肋，散于胸中；其内者，著于脊。

其病足大指支内踝痛，转筋痛，膝内辅骨痛，阴股引髀而痛，阴器纽痛，上引脐两胁痛，引膺中脊内痛。治在燔针劫刺，以知为数，以痛为输，命日孟秋痹也。

2）足太阴"脾经"

【《黄帝内经灵枢》原文，卷之三，"经脉第十"】脾足太阴之脉，起于大指之端，循指内侧白肉际，过核昌后，上内踝前廉，上踹内，循胫骨后，交出厥阴之前，上膝股内前廉，入腹属脾络胃，上膈，挟咽，连舌本，散舌下；其支者，复从胃，别上膈，注心中。

是动则病舌本强，食则呕，胃脘痛，腹胀，善噫，得后与气，则快然如衰，身体皆重。是主脾所生病者，舌本痛，体不能动摇，食不下，烦心，心下急痛，溏瘕泄，水闭，黄疸，不能卧，强立，股膝内肿厥，足大趾不用。为此诸病，盛则泻之，虚则补之，热则疾之，寒则留之，陷下则灸之，不盛不虚，以经取之。盛者，寸口大三倍于人迎，虚者，寸口反小于人迎。

（3）　手少阴的"筋经"与手少阴"心经"

1）手少阴的"筋经"

【《黄帝内经灵枢》原文，卷之四，"经筋第十三"】手少阴之筋，起于小指之内侧，结于锐骨，上结肘内廉，上入腋，交太阴，挟乳里，结于胸中，循臂下系于脐。

其病内急心承伏梁，下为肘网。其病当所过者，支转筋，筋痛。治在燔针劫刺，以知为数，以痛为输。其成伏梁唾血脓者，死不治。经筋之病，寒则反折筋急，热则筋弛纵不收，阴痿不用。阳急则反折，阴急则俯不伸。烨刺者，刺寒急也，热则筋纵不收，无用燔针，名曰季冬痹也。足之阳明，手之太阳，筋急则口目为僻，眦急不能卒视，治皆如右方也。

2）手少阴"心经"

【《黄帝内经灵枢》原文，卷之三，"经脉第十"】心手少阴之脉，起于心中，出属心系下膈络小肠其支者，从心系上挟咽，系目系；其直者，复从心系却上肺，下出腋下，下循臑内后廉，行太阴心主之后，下肘内，循臂内后廉，抵掌后锐骨之端，入掌内后廉，循小指之内出其端。

是动则病嗌干心痛，渴而欲饮，是为臂厥引。是主心所生病者，目黄胁痛，臑臂内后廉痛厥，掌中热痛。为此诸病，盛则泻之，虚则补之，热则疾之，寒则留之，陷下则灸之，禾盛不虚，以经取之。盛者寸口大再倍于人迎，虚者寸口反小于人迎也。

（4）足少阴的"筋经"与足少阴"肾经"

1）足少阴的"筋经"

【《黄帝内经灵枢》原文，卷之四，"经筋第十三"】足少阴之筋，起于小指之下，并足太阴之筋，邪走内踝之下，结于踵，与太阳之筋合，而上结于内辅之下，并太阴之筋，而上循阴股，结于阴器，循脊内挟膂上至项，结于枕骨，与足太阳之筋合。

其病足下转筋，及所过而结者皆痛及转筋。病在此者，主痫瘈及痉，在外者不能俯，在内者不能仰。故阳病者，腰反折不能俯，阴病者，不能仰。治在燔针劫刺，以知为数，以痛为输。在内者熨引饮药，此筋折纽，纽发数甚者死不治，名日仲秋痹也。

2）足少阴"肾经"

【《黄帝内经灵枢》原文，卷之三，"经脉第十"】肾足少阴之脉，起于小指之下，邪走足心，出于然谷之下，循内踝之后，别入跟中，以上踹内，出腘内廉，上股内后廉，贯脊属肾络膀胱；其直者，从肾上贯肝膈，入肺中，循喉咙，挟舌本；其支者，从肺出络心，注胸中。

是动则病饥不欲食，面如漆柴嗍，咳唾则有血，喝喝蹢而喘，坐而欲起，目院皖如无所见，心如悬若饥状，气不足则善恐，心惕惕如人将捕之，是为骨厥。是主肾所生病者，口热舌干，咽肿上气，嗌干及痛，烦心心痛，黄疸肠游，脊股内后廉痛，痿厥嗜卧，足下热而痛。为此诸病，盛则泻之，虚则补之，热则疾之，寒则留之，陷下则灸之，不盛不虚，以经取之。灸则强食生肉，缓带披发大杖重履而步。盛者寸口大再倍于人迎，虚者寸口反小于人迎也。

（5）手厥阴的"心主之筋"与手厥阴"心包经"

1) 手厥阴的"心主之筋"

【《黄帝内经灵枢》原文，卷之四，"经筋第十三"】手心主之筋，起于中指，与太阴之筋并行，结于肘内廉，上臂阴，结腋下，下散前后挟胁；其支者，入腋，散胸中，结于臂。其病当所过者，支转筋前及胸痛息贲。治在燔针劫刺，以知为数，以痛为输，名曰孟冬痹也。

2) 手厥阴"心包经"

【《黄帝内经灵枢》原文，卷之三，"经脉第十"】心主手厥阴心包络之脉，起于胸中，出属心包络，下膈，历络三焦其支者，循胸出胁，下腋三寸，上抵腋，下循臑内，行太阴少阴之间，入肘中，下臂行两筋之间，入掌中，循中指出其端其支者，别掌中，循小指次指出其端。

是动则病手心热，臂肘挛急，腋肿，甚则胸胁支满，心中憺憺大动，面赤目黄，喜笑不休。是主脉所生病者

[3]，烦心心痛，掌中热。为此诸病，盛则泻之，虚则补之，热则疾之，寒则留之，陷下则灸之，不盛不虚，以经取之。盛者寸口大一倍于人迎，虚者寸口反小于人迎也。

　　（6）足厥阴的"筋经"与足厥阴"肝经"

1) 足厥阴的"筋经"

　　【《黄帝内经灵枢》原文，卷之四，"经筋第十三"】足厥阴之筋，起于大指之上，上结于内踝之前，上循胫，上结内辅之下，上循阴股，结于阴器，络诸筋。

　　其病足大指支内踝之前痛，内辅痛，阴股痛转筋，阴器不用，伤于内则不起，伤于寒则阴缩入，伤于热则纵挺不收，治在行水清阴气；其病转筋者，治在燔针劫刺，以知为数，以痛为输，命日季秋痹也。

2) 足厥阴"肝经"

　　【《黄帝内经灵枢》原文，卷之三，"经脉第十"】肝足厥阴之脉，起于大指丛毛之际，上循足跗上廉，去内踝一寸，上踝八寸，交出太阴之后，上腘内廉，循股阴入毛中，过阴器，抵小腹，挟胃属肝络胆，上贯膈，布胁肋，循喉咙之后，上入颃颡，连目系，上出额，与督脉会于巅；其支者，从目系下颊里，环唇内；其支者，复从肝别贯膈，上注肺。

　　是动则病腰痛不可以俯仰，丈夫癫疝，妇人少腹肿，甚则。嗌干，面尘脱色。是肝所生病者，胸满呕逆飧泄，狐疝遗溺闭癃。为此诸病，盛则泻之，虚则补之，热则疾之，寒则留之，陷下则灸之，不盛不虚，以经取之。盛者寸口大一倍于人迎，虚者寸口反小于人迎也。

2.5.2 手、足三阳的"筋经"与手、足"三阳经"

共 6 组

（1） 手阳明的"筋经"与手阳明"大肠经"

1） 手阳明的"筋经"

【《黄帝内经灵枢》原文，卷之四，"经筋第十三"】
手阳明之筋，起于大指次指之端，结于腕，上循臂，上结于肘外，上孺，结于鶻其支者，绕肩胛，挟脊直者，从肩胛上颈其支者，上颊，结于烦；直者，上出手太阳之前，上左角，络头，下右颔。

其病当所过者，支痛及转筋，肩不举，颈不可左右视。治在燔针劫刺，以知为数，以痛为输，名曰孟夏痹也。

2） 手阳明"大肠经"

【《黄帝内经灵枢》原文，卷之三，"经脉第十"】
大肠手阳明之脉，起于大指次指之端，循指上廉，出合谷两骨之间，上入两筋之中，循臂上廉，入肘外廉，上臑外前廉，上肩，出骨之前廉，上出于柱骨之会上，下入缺盆，络肺，下膈，属大肠。其支者，从缺盆上颈，贯颊，入下齿中，还出挟口，交人中，左之右，右之左，上挟鼻孔。

是动则病齿痛，颈肿。是主津液所生病者，目黄，口干，鼽衄，喉痹，肩前臑痛，大指次指痛不用，气有余则当脉所过者热肿；虚则寒栗不复。为此诸病，盛则泻之，虚则补之，热则疾之，寒则留之，陷下则灸之，不盛不虚，以经取之。盛者，人迎大三倍于寸口；虚者，人迎反小于寸口也。

（2）足阳明的"筋经"与足阳明"胃经"

1）足阳明的"筋经"

【《黄帝内经灵枢》原文，卷之四，"经筋第十三"】足阳明之筋，起于中三指，结于跗上，邪外上加于辅骨，上结于膝外廉，直上结于髀枢，上循胁属脊其直者，上循千，结于膝；其支者，结于外辅骨，合少阳其直者，上循伏兔，上结于髀，聚于阴器，上腹而布，至缺盆而结，上颈，上挟口，合于顺，下结于鼻，上合于太阳。太阳为目上网，阳明为目下网其支者，从颊结于耳前。

其病足中指支胫转筋，脚跳坚，伏兔转筋，髀前肿，㿉疝，腹筋急，引缺盆及颊，卒口僻急者，目不合，热则筋纵，目不开。颊筋有寒，则急，引颊移口；有热则筋弛纵，缓不胜收，故僻。治之以马膏，膏其急者以白酒和桂，以涂其缓者，以桑钩钩之，即以生桑灰置之坎中，高下以坐等。以膏熨急颊，且饮美酒，啖美炙肉，不饮酒者，自强也，为之三拊而已。治在燔针劫刺，以知为数，以痛为输，名日季春痹也。

2) 足阳明"胃经"

【《黄帝内经灵枢》原文，卷之三，"经脉第十"】胃足阳明之脉，起于鼻之交頞中，旁纳太阳之脉，下循鼻外，入上齿中，还出挟口环唇，下交承浆，却循颐后下廉，出大迎，循颊车，上耳前，过客主人，循发际，至额颅；其支者，从大迎前下人迎，循喉咙，入缺盆，下膈属胃络脾；其直者，从缺盆下乳内廉，下挟脐，入气街中其支者，起于胃口，下循腹里，下至气街中而合引，以下髀关，抵伏兔，下膝膑中，下循胫外廉，下足跗，入中指内间；其支者，下廉三寸而别，下入中指外间其支者，别跗上，入大指间，出其端。

是动则病洒洒振寒，善呻数欠颜黑，病至则恶人与火，闻木声则惕然而惊，心欲动，独闭户塞牖而处，甚则欲上高而歌，弃衣而走，贲响腹胀，是为骭厥。是主血所生病者，狂疟，温淫汗出，鼽衄，口喎唇胗，颈肿喉痹，大腹水肿，膝膑肿痛，循膺、乳、气街、股、伏兔、骭外廉、足跗上皆痛，中指不用。气盛则身以前皆热，其有余于胃，则消谷善饥，溺色黄。气不足则身以前皆寒栗，胃中寒则胀满。为此诸病，盛则泻之，虚则补之，热则疾之，寒则留之，陷下则灸之，不盛不虚，以经取之。盛者人迎大三倍于寸口，虚者人迎反小于寸口也。

（3）手太阳的"筋经"与手太阳"小肠经"

1) 手太阳的"筋经"

【《黄帝内经灵枢》原文，卷之四，"经筋第十三"】手太阳之筋，起于小指之上，结于腕，上循臂内廉，结于肘内锐骨之后，弹之应小指之上，入结于腋下；其支者，后走腋后廉，上绕肩胛，循颈出走太阳之前，结于耳后完骨；其支者，入耳中直者，出耳上，下结于颔，上属目外眦。

其病小指支，肘内锐骨后廉痛，循臂阴，入腋下，腋下痛，腋后廉痛，绕肩胛引颈而痛，应耳中鸣痛引颔，目瞑良久乃得视，颈筋急，则为筋瘘颈肿，寒热在颈者。治在燔针劫刺之，以知为数，以痛为输。其为肿者，复而锐之。本支者，上曲牙，循耳前属目外眦，上颔结于角，其痛当所过者支转筋。治在燔针劫刺，以知为数，以痛为输，名曰仲夏痹也。

2）手太阳"小肠经"

【《黄帝内经灵枢》原文，卷之三，"经脉第十"】小肠手太阳之脉，起于小指之端，循手外侧上腕，出踝中，直上循臂骨下廉，出肘内侧两筋之间，上循臑外后廉，出肩解，绕肩胛，交肩上，入缺盆络心，循咽下膈，抵胃属小肠；其支者，从缺盆循颈上颊，至目锐眦，却入耳中；其支者，别颊上䪼抵鼻，至目内眦，斜络于颧。

是动则病嗌痛颔肿，不可以顾，肩似拔，臑似折。是主液所生病者，耳聋目黄颊肿，颈颔肩臑肘臂外后廉痛。为此诸病，盛则泻之，虚则补之，热则疾之，寒则留之，陷下则灸之，不盛不虚，以经取之。盛者人迎大再倍于寸口，虚者人迎反小于寸口也。

（4） 足太阳的"经筋"与足太阳"膀胱经"

1） 足太阳的"经筋"

【《黄帝内经灵枢》原文，卷之四，"经筋第十三"】足太阳之筋，起于足小指上，结于踝，邪上结于膝，其下循足外踝，结于踵，上循跟，结于腘；其别者，结于踹外，上腘中内廉，与腘中并上结于臀，上挟脊上项；其支者，别入结于舌本；其直者，结于枕骨，上头下颜，结于鼻；其支者，为目上网，下结于顺蜕；其支者，从腋后外廉，结于肩髃；其支者，入腋下，上出缺盆，上结于完骨其支者，出缺盆，邪上出于顺。

其病小指支，跟肿痛，腘挛，脊反折，项筋急，肩不举，腋支，缺盆中纽痛，不可左右摇。治在燔针劫刺，以知嘟为数，以痛为输，名曰仲春痹。

2） 足太阳"膀胱经"

【《黄帝内经灵枢》原文，卷之三，"经脉第十"】膀胱足太阳之脉，起于目内眦，上额交巅其支者，从巅至耳上角其直者，从巅入络脑，还出别下顶，循肩膊内，挟脊抵腰中，入循膂州，络肾属膀胱其支者，从腰中下挟脊贯臀，入腘中其支者，从膊内左右，别下贯胂，挟脊内，过髀枢，循髀外从后廉下合腘中，以下贯踹内，出外踝之后，循京骨，至小指外侧。

是动则病冲头痛，目似脱，项如拔，脊痛腰似折，髀不可以曲，腘如结，踹如裂，是为踝厥。是主筋所生病者，痔疟狂癫疾，头囟嘲项痛，目黄泪出鼽衄，项背腰尻腘踹脚皆痛，小指不用。为此诸病，盛则泻之，虚则补之，热则疾之，寒则留之，陷下则灸之，不盛不虚，以经取之。盛者人迎大再倍于寸口，虚者人迎反小于寸口也。

（5）手少阳的"筋经"与手少阳"三焦"

1）手少阳的"筋经"

【《黄帝内经灵枢》原文，卷之四，"经筋第十三"】手少阳之筋，起于小指次指之端，结于腕，中循臂，结于肘，上绕臑外廉、上肩、走颈，合手太阳；其支者，当曲颊入系舌本；其支者，上曲牙引，循耳前，属目外眦，上乘颔，结于角。其病当所过者，即支转筋，舌卷。治在燔针劫刺，以知为数，以痛为输，名曰季夏痹也。

2）手少阳"三焦"

【《黄帝内经灵枢》原文，卷之三，"经脉第十"】三焦手少阳之脉，起于小指次指之端，上出两指之间，循手表腕，出臂外两骨之间上贯肘，循臑外上肩，而交出足少阳之后，入缺盆，布膻中，散落心包，下膈，循属三焦；其支者，从膻中上出缺盆，上项，系耳后直上，出耳上角，以屈下颊至颌；其支者，从耳后入耳中，出走耳前，过客主人前，交颊，至目锐眦。

是动则病耳聋浑浑焞焞州，嗌肿喉痹。是主气所生病者，汗出，目锐眦痛，颊痛，耳后肩臑肘臂外皆痛，小指次指不用。为此诸病，盛则泻之，虚则补之，热则疾之，寒则留之，陷下则灸之，不盛不虚，以经取之。盛者人迎大一倍于寸口，虚者人迎反小于寸口也。

（6）足少阳的"筋经"与足少阳"胆经"

1）足少阳的"筋经"

【《黄帝内经灵枢》原文，卷之四，"经筋第十三"】足少阳之筋，起于小指次指，上结外踝，上循胫外廉，结于膝外廉其支者，别起外辅骨，上走髀前者结于伏兔之上，后者结于尻；其直者，上乘䏚季胁，上走腋前廉，系于膺乳，结于缺盆；直者，上出腋，贯缺盆，出太阳之前，循耳后，上额角，交巅上，下走颔，上结于顺支者，结于目眦为外维。

其病小指次指支转筋，引膝外转筋，膝不可屈伸，腘筋急，前引髀，后引尻，即上乘䏚，季胁痛，上引缺盆、膺乳、颈，维筋急。从左之右，右目不开，上过右角，并跻脉而行，左络于右，故伤左角，右足不用，命曰维筋相交。治在燔针劫刺，以知为数，以痛为输，名曰孟春痹也。

2）足少阳"胆经"

【《黄帝内经灵枢》原文，卷之三，"经脉第十"】胆足少阳之脉，起于目锐眦，上抵头角，下耳后，循颈行手少阳之前，至肩上，却交出手少阳之后，入缺盆其支者，从耳后入耳中，出走耳前，至目锐眦后；其支者，别锐眦，下大迎，合于手少阳，抵于出页，下加颊车，下颈合缺盆以下胸中，贯膈络肝属胆，循胁里，出气街，绕毛耐纠，横入髀厌中其直者，从缺盆下腋，循胸过季胁，下合髀厌中，以下循髀阳嘲，出膝外廉，下外辅禺之前，直下抵绝骨之端，下出外踝之前，循足跗上，入小指次指之间；其支者，别跗上，入大指之间，循大指歧骨内出其端，还贯爪甲，出三毛。

是动则病口苦，善太息，心胁痛不能转侧，甚则面微有尘，体无膏泽，足外反热，是为阳厥。是主骨所生病者，头痛颔痛，目锐眦痛，缺盆中肿痛，腋下肿，马刀侠瘿，汗出振寒，疟，胸胁肋髀膝外至胫绝骨外踝前及诸节皆痛，小指次指不用。为此诸病，盛则泻之，虚则补之，热则疾之，寒则留之，陷下则灸之，不盛不虚，以经取之。**盛者人迎大-倍于寸口，虚者人迎反小于寸口也。**

以上为引用的原文，如果你能够结合现代医学肌肉、骨骼结构解剖示意图和中国传统医学"十二正经"分布示意图进行理解和体会，效果会更好。

2.5.3 "经筋"、"经脉"的对比分析与讨论

这个研究工作和文章内容来源于最真实、最丰富、最直接的实践，是汇集了大量第一手现场医学观察、实践、实验记录和随后的"经、络"理论分析推导的完美结合。这个实验过程深刻体现了"**实践、认识、再实践、再认识**"的全部过

程。可以想象它是中国古人从最初的沿着"筋"进行"推拿、按跷"，排病解痛，不断总结提高，找到规律，在"筋"与"骨"，关节和各种联结韧带、筋膜之间寻找最佳的解除病痛关键点下手，慢慢**"悟"**到了**"经"**的功能存在。

在不用刀，不损坏皮肤、肌体结构的情况下，创造出了中华医学文明的奇迹**"针刺术"**，注意在《黄帝内经》里，主要是以**"燔针劫刺"，**也就是"火针快速突刺"的方式进行针刺术的。这样就彻底实现了既可以在活体人身上以最小损伤进行医学探测治疗，又可以在无知觉的尸体上进行"解剖"，并将得到的经验有机结合起来的理论联系实际的方法。对照现代医学"筋"的解剖图可以清晰的看到中国古人关于整个"经筋"的描述过程与人体实际的筋的分布是完全一致的。因为时代虽然变了、解剖具体方法、用词术语变了，但是人类的身体结构并没有变。

在分析"筋经"走向和治病解痛功能的基础上，**反其道而行之，**结合针刺术探测的手法和病人在实际临床中的感官反应摸索推导出了**"经的位置和走向"**。这是典型的**"从实践中来，到实践中去"**的科学研究方法。如果有人认为拿近代的"科学"一词来套用有些牵强和不舒服，那么就直接干脆用借用"老子"的"道"和"德"两个字来描述也行。就是说：古人先贤采用的一种结合"道（目标的本源和方向）与德（向目标前进的过程）"的研究方法，也就是在**"知行合一"**的进程中，客观认识世界、主动改造世界中形成的知识体系的方法集合。

中国古人经常说做人要有"道德"，做中医大夫更要有"道德"。这里所说的"道"和"德"在祖国传统医学领域，就是指"知道疾病产生的本源（道），懂得如何应用正确治疗的方法和路径（德）"。就是：追寻影响人体健康发展本质核心的研究方法，发现在筋和筋膜"延伸部位"也可以找到相近或更佳的治疗效果。再进一步根据筋膜体系的延伸部分和脏器的交界部位推导摸索出了"经、络"的走向和功能。

通读和仔细推导"经筋"的全文，就可以完全明白了中国传统医学最初的"经筋"的解剖实践同 1500 多年后的西方医学出现的"筋"的解剖实践都是一样的，术语和词汇有所不同，但描述的位置完全一样，因为都是从最基础的"人体解剖"开始的。但是同西方医学人体解剖不同的是，受中国传统哲学和社会风俗的影响，人体发肤不应有丝毫损坏，所以中国的人体解剖是**"从小处入手"，"从外向内的"**，我把它想象成是"哆哆嗦嗦、战战兢兢，从四肢或者五官的筋的末梢开始的"。而不是象近代西方医学那样，"刀叉并举，分心便刺，上下驰骋，左切右割"。千万不要小看了这个顺序，正是因为这个解剖顺序的差异，使中华医学建立在了**"针刺活人"**的基础上，而西方医学则只能在**"刀剖死人"**的基础上发展了。

《黄帝内经》有言在先，五脏决定人的生死，**"邪入五脏，半生半死；伤及五脏，各脏传遍，主死"**。所以成为一个中国传统的良医的标准就是：病痛能够通过皮毛解决的 (如叩击、拍打、刮痧、拔罐等)，就不动筋；能够通过按跷、推拿、舒筋解决的，就不动针刺或灸；能够应用针刺或灸通过经、络、脉解决的，就不动刀；能够动刀通过皮、分肉、经、络、脉、腑的手术解决的，就绝不动脏。总而言之，正确的治疗顺序就是先刮痧、按跷（推拿）、针刺、灸，再内服汤药或外敷膏散，最后才是手术。

中医也会手术？有没搞错？中学学过庄子的《庖丁解牛》吗？2200 多年前的丁大厨手持一把 19 年不换的钢刀，上下翻飞、**"奏刀騞然"**，犹入无牛之境，解牛如此，何况解人乎？！只是不方便过分宣传罢了。司马迁在《史记》中描述的那个医学高手更是能够**"重新安放、理顺、洗涤内脏"**，令人难以置信。没有抗生素和消毒液，不怕感染乎？至于大众熟知的华佗建议曹操做"开颅术"，给关羽做"刮骨疗毒"，虽然有小说的创造成分，但一定也是有中医外科基础知识来支撑的，否则一般人根本想不到要用"开颅"和"刮"的手法来清除脑瘤和骨膜上的毒素。

在"筋经"的全文叙述中，三阴三阳筋经的解剖工作都是从手、足的指端开始的。然后逐步顺着发现的经筋的走向延着四肢往身体的躯干和脏腑深入。其中三阴的筋经最后深入扩散到**"五脏"**而消失，而三阳的经筋则终结于六腑对应的**"体表开窍处"**。这个过程完全合乎实际客观操作的逻辑。因为要完整、准确地完成解剖实验工作包括我们现在要做的任何科研工作，最好的方式就是**"由外到内、由表及里、由近及远、由简单到复杂"**。这样才便于记录、分析和总结。最重要的是"经筋"的解剖工作可以在死人和尸体上进行，因为"筋"和"筋膜"总是依附于人体骨架生长并且连续延伸、显而易见的。这样对于解剖探索者来说，中国传统文化造成的"不可毁伤身体"心理压力就会比较小。

2.5.4 中国古人从探索"经筋"实践升华到"经络"概念的创造

从原文"经筋"的部分伴随的治疗效果的来看，最早的治疗工作一般由"刮痧"、"导引"和"按跷"开始，对于不同的百姓来讲就是"哪里疼或不舒服，就揉揉、按按、刮刮哪里"。这也可以说明为什么在民间有大量的"推筋按摩、复位正骨"的治疗手法且行之有效。实际上它们都是"经、络、脉"治疗的一个方面和组成部分。

现在来讨论一个非常重要的部分，就是古人是如何从"筋"的探索递推到"经"和"络"的。

　　仔细分析原文各段，筋的走向无论三阴三阳，其叙述方式都是"由四肢指向五脏六腑的中心深处"，而"十二正经"的描述则是：在上半身的"手三阴经"，行走方向与"手三阴筋"的描述**"相反"**，即：由"上焦的内脏"向外直至对应的"手指尖"，即**"由内向外"**；而在下半身的"足三阴经"则是由"足指端"向内指向"中、下焦的内脏"方向，即**"由外向内"**，行走方向与"足三阴筋"的走向**"相同"**。

　　手、足三阳经在身外的指尖与对应的三阴经交接，随后六条阳经在头顶汇聚，顺流而下至足指尖，实现全身闭环，通过"经别"在体内实现与"五脏六腑"的沟通，实现"阴经"、"阳经"无缝闭环的走势。

　　这就更加明确地说明，**"筋"**的走势来源于解剖实践，是客观实践的纯粹反映。而**"经"**的走向则含有强烈的**"主观分析推理"**的成分。《黄帝内经-灵枢》作者在写作时，"经脉"在前、"经筋"在后，二者在描述上既有重合的部分，又有较大的差别。但作者并未有意调整"筋"的走向来迎合"经"的走向，说明古人思想品质的纯洁和研究方法符合真实客观的逻辑。从格局上看对应的"经筋"与"经脉"的走向是基本一致的，位置的描述几乎相同、相伴而行。但是在手三阴经中，"经"与"筋"的走向顺序刚好相反。

　　仔细对比上文引述的段落，三阴三阳**"经"**和三阴三阳**"筋"**所用到的描述语言和物理位置有很大不同，如果不同人物在不同的时间描述同一件事物，方式不同但结论相似，能够互证，则具有高度的可信性，更能说明求实和科学的态度。这说明古人并没有把"筋"简单化地看成"经"，也就是说**"经"来源于"筋"，却高于"筋"**。这句话听起来是不是很"熟"？比如：**艺术来源于生活，但高于生活！**

所以说，**"经"**具备了一种极其可贵的**"艺术"**的品质，它结合了古人高度的想象、推理和创新思维的能力。如果把**"经"**单纯理解为**"筋"**，那么古人最多也就停留在现代西方医学筋膜解剖层次，不可能更上一层楼而在思维层面接近人体科学的顶峰，最后只能是自套枷锁，就像当今大批**"经络有无"**课题的研究者，如同"盲人摸象"一般。

这一部分其实就接近**"经络有无物理实质"**的核心问题了。

从这一点上看，用现在的科研标准，中国古人是头脑清晰、客观准确、不"妄下定论且忙于出论文"的严谨之人。

现在我根据以上的推论作如下的进一步分析：

"筋"不是"经、络"概念中的"经"。但是"经"就在"筋"的旁边，它的物理结构**"是且只能是"**一种，即：主要由人体筋和筋膜延伸组织部分，和临近的器官固定自身位置所依靠的各种隔膜结缔组织相互交织覆盖形成的复合结缔组织结构，其中包含了"神经系统"下属的"周围神经系统"。

需要指出的是，古人没有特意地强调"神经组织"的功能并单独为此写一章来讨论。但是独创的"经"的概念其实已经包含了现代医学明确"神经系统"的功能和内涵。这也是有的经络研究者发现它们十分类似，直接片面地将"经络"的物理结构等同于现代医学的"神经系统"的原因。

其实**"神经"**这个词就可以很好地解释古人的看法：**"通神的经与络"**。有人说古人不知道有神经系统，那是西方医学才发现和提出的，其实是不明白古人把它包含在了"经"的概念里，也就是把它看成是复合在"经膜"系统中的一种"能够更完整、更强烈地表达某些特殊功能和神采的肌体功能的弦线束"。由此看来，把"神经"一词让西医无偿占用真是可惜的很，因为西医的单词"nerves"只能表达"紧张或相关信号的传递"，没有中医思想和文字里最深邃的"通神"的内涵。

所以"经、络"也就是连接人体的大块肌肉即所谓"分肉"、"筋"、"骨"、"皮"、"神经"之间结缔组织"末梢"延伸出来的松散的多层次筋膜复合体系。它对应于自然形成的五脏六腑（或六脏六腑）之间的十二个最主要的内脏器官外表的"分界面"和自然形成的"路径"就是"经"。对应于其它次要组织之间的细小的分界面和"路径"的就是"络"。

在这里还需要重点讨论一个问题：为什么《黄帝内经-灵枢》的作者在之前分章节论述了"经脉"、"经水"、"经筋"、"脉度"、"骨度"以及"经别"，却没有在"经神"（我临时自定义的）这个问题上深入下去讨论"神经系统"与"经、络"的关系，或者给后人一个明确的定论？是他们都高度近视没有看到人体存在一套明显的"树枝状分布"的"神经系统"吗？当然不是，因为虽然神经网络遍布全身，有时细微用肉眼观察较为困难，但是人体通过脊柱两旁分支的脊髓主干神经网以及通往大腿的坐骨神经是十分粗大明显的，比如：如果腰间盘突出压迫了两侧的坐骨神经，立刻就会感到腰痛、直不起腰并放射到腿和脚。古人在解剖时一定是注意到了，而且明白了这是一种非常"敏感"的"经"，不可触碰，它在人体全身及四肢运动中的发挥着的决定性作用。

所以目前认真学习过《黄帝内经》且具有一定针灸基础的中医针刺亲身实践者都能体会到并明白一个原则，即：针刺的最佳位置应该在**"筋间、骨缝间、分肉之间、脉（血管）之间、神经之间"**，尽量不要伤及到它们而给病家造成痛苦，特别是尽量不要伤到"分肉"、伤到"筋"、伤到"血管"，更不要伤到"神经"！因为老百姓都知道"伤筋动骨 100 天"，伤到"主干神经、中枢神经系统"则有可能危及正常的生理活动乃至生命。

　　而经、络自然呈现的连续"沟壑和分界面"所在的位置刚好符合、满足这个要求。所以站在古人的角度可以设想，他们认为"经、络"这个概念与"分肉"、"筋"、"骨"、"皮"以及"筋经的某一部分（神经）"都有直接的关系，它们是连结人体的"固体"器官的组成部分，也是"阳"所表达的功能所依据的物理基础的总和。而相对应的"液体"成分，即脉（血管）和淋巴管、各种组织纤维中的"精、津等体液"则是"阴"。二者之和即"经（络）、脉"与各自对应的"五（六）脏六腑"则构成了完整的人体器官、组织结构并最终能够实现《黄帝内经》所阐述的"决生死、处百病"的功能。特别是还有一个中间产物是"气"，需要随后重点及进行讨论。

　　现在回到上面的核心问题，古人为什么淡化了"神经"的作用而将它归并入了经筋和筋膜？我认为最重要的原因是：古人虽然感受到了或领悟了"筋经"之中复合的"神经"具有一种"通神"的功能，但是却无法解释为什么它会具有这样的功能。因为中国古人崇尚"天人合一"的境界并且因此创造了纵贯天、人、地的"申"字和带有祈祷、祭天意味的"神"字，并早已感知到了"电"或者"雷电"的自然存在和强大力量以及它与人类的生存十分密切的关系，明白了"通神"与"来电"之间具有一种奇妙的关联，但又不能完全等同，所以在造字时把"申"的脚给"弯"过来变成"电"表明**放电大地需要转个弯**（我自己的想象）。这是完全合理而且合乎逻辑的，因为人类真正懂得"电"的本质和"生物电"、"脑电波"等等概念是在《黄帝内经》诞生 1800 多年后的近代科学诞生的年代了。这也是将岐伯困惑住了的根本原因，使他老人家在"黄帝"的不断追问下，不得不顾左右而言它，将整个《灵枢》后面的部分向纯针刺、灸使用技巧和经验的总结方面展开和推进。

我们应该能够理解这是《黄帝内经》的作者在背后用主动、隐含的手法铺展全文，有意地引出问题并讨论问题，以表达如下两个方面的含义：一是要树立中华医学智慧的代表岐伯的光辉旗帜与至尊的形象，要给若干年或者千年以后那些相信中国传统医学的医家和中医爱好者以及各阶层的反对中医理论人士表达出这样一种观点，就是：**"经、络通神与放电的问题我们已经考虑到了，虽然解释的不够圆满，但是基于我们当前的认识水平所包括的"理"和"法"已经足够指导诸位的具体实践了。所以对于各位后世医家来说今后最重要的是在岐伯已经明确的理论、方法的指导下，发展出各自最有效的"方"和"药"，尽可能为你们当时的病家解难，不要拘泥于个别词句，理解精神，治病救人为第一要务，灵活创造各自面对的病症的解决方法；另一方面，如暂时不能解释这个核心理论问题，不要随心所欲、胡乱逞强，就留给有足够智慧的后人去解决吧"**。

通过现代医学人体解剖的成果，我们可以明白人体的任何动作都是由：大脑高级神经系统和脊髓低级中枢神经系统二者共同通过"周围神经系统"下属的躯体神经和内脏神经，其中又包括主、副交感神经系统网"传递到"筋"和"筋膜"，再通过各种层次的"筋膜"传递到肌肉的各种层次的"肌肉纤维组织（各级层次的分肉）"，最后通过"筋"和"肌肉"的收缩带动"骨"的运动来完成的。

所以"神经"是一种更加细小或粗大的、高强度的、具有更高导电（通神）效率并能够快速传递电脉冲信号的"筋"的组织结构之一，针刺时要尽量避开，不可损伤。古人并没有重点强调"神经"，只是把它归于"经、络"这个大范围概念。因为在"经、络"上是要完成大量的"针刺"任务，所以人体主要的"神经"网络是必须要尽量避开的，对比中医人体经络穴位图和现代医学神经解剖图可以看到二者很类似、相近但仍然存在有明显的不同，而这也是区别"上医"和"粗工"的一个十分明确的标准。

因此将中国传统医学"经、络"用现代医学已经明确的"结缔组织、神经系统"的公认成熟理论来"标定"，就可以得到明确的概念："经络"这个中国传统医学原创的"路径和分界面"概念的物理存在实际上就是：神经网络、筋膜结缔组织和相邻肌肉组织纤维的延伸组织部分的复合体界面，为了便于后面的继续讨论，我将这个复合体界面借用《黄帝内经》中出现过的"**经膜**"一词来定义。

2.6 "经络"的物理基础"经膜"

任何一本小说或文艺作品成功与否在创作角度上看就是主角人物能否"立的住"、"有血有肉、栩栩如生、有气有血"的问题。将人体内五（六）脏六腑统筹在一起的多层"结缔组织"对应的器官组织的分界面通道就是"经和络"的物理基质。可以暂时将之看成是一种特殊的"经膜"，也就是说人体脏腑、各个组织之间的表里沟通的通道的就是由它提供的。"脉"是血管，传送富含"营养精微"物质的血液，那么"经膜"上最主要完成的功能就是营养精微物质"经水"在各个层次最后传递、交换、氧化和能量的释放，也就是"氧化释能"的过程。

这就是为什么中医治病不到万不得已不动刀，因为一旦动刀必伤及"经膜"，伤及哪一脏对应的"经膜"，就有可能伤及那一脏的相关功能，而一旦哪一脏功能真正受到伤害，"病邪"必然按照"五行"互传的方式"五脏传遍"。而一旦传到"心、肺"，呼吸无法继续，营养物质氧化释能无法继续保持，"气"就绝了，生命就走到了尽头。

但是西医无"气"的概念，所以这种肉眼可见或不可见的大量"经膜"被作为概念和功能明确的基本可以忽略的"结缔组织"筋膜，或被挑断于手术刀下，或被丢弃于生物垃圾桶中，即便是非常小心地避开神经和血管。

古人没有"电"和"电脉冲"的概念，所以用了**"神"**这个字。

古人没有"能量"的概念，但是能感知它的存在，所以用了**"气"**这个字。

古人不知道"营养精微物质"是如何转换成化学能量并且在人体内实现可控释放的科学原理，但是感知到了它的整个转换的过程，所以创造了**"气化"**这个词。

但是古人知道**"人活一口气"**，"气为阳，为血之帅"，它主人的生死，散布在全身各处、每一个人体组织的精细、微妙之处。所以古人认为"保住气、正气、阳气、宗气、各脏腑之内和之间的精气"是维持人类生存的头等大事。而所有的气又都来自于人获取外界营养的能力，简称"胃气"。所以才有"有胃气（者）则生，无胃气（者）则死"的名言。

在中国古人先贤面前，任何一种治病的方法和药物，如果最终不能使病家保住"胃气"或者说"胃口"，就意味着肌体"阳气即能量"最终必将耗散，最后就只能导致一个结果：死亡。

所以任何医学成就，不论它有多么动人的疗效理论说辞、多么光鲜神秘的药品外表包装、多么强大的机电一体化检测设备，如果病人在治疗之下最终的结果是"恶心、呕吐、下泄、没了胃口"，那么在中华传统医学"阴平阳秘、治病救人"的终极标准面前，只能是"不及格"、"下下医"！

最后再仔细考虑一下能否更加准确地定义"经络"的物质基础呢？我在前文临时用了"经膜"一词。简略地说，它就是现代医学解剖看到的各种结缔组织、筋膜的集合体。现代医学没有也无法考虑其上能量代谢和传导、释放的宏观表现，因为一旦动刀，能量传递的通道就被"割断"了，所以没有了能量，即便是高技术伺候的"多层 CT"或"核磁共振"，得到的也是一叠如"麻糖切糕"般人体器官的断层扫描图像的照片，但是仍然是"静态"的，没有了中医心中灵动的"气"的概念。

我一直认为古人先贤一定是深刻理解了"经膜"的功能和实体本质，那么他们会不会有一个专用的词汇来表达"经膜"的外延与内涵呢？看完了《黄帝内经》我明白了，其实那个词"得来全不费工夫"，古人早就给我们准备好了，它就是"**三焦**"。因此最后我用"**焦**"字对本部分全文进行最后的总结。

"**焦**"字代表了物质氧化燃烧释放能量之后的**黑色**，当然也包含了燃烧氧化释能的过程，物质燃烧后绝大部分都表现为碳化后的黑色，俗话说就是"烧糊了"、"烧焦了"、"焦头烂额"。因此在《黄帝内经》里实际古人早就定义了这个"**三焦膜**"的概念，比我在前文中借用的"**经膜**"的概念要完美、准确得多。

从狭义上看，"三焦"为岐伯主观独创的"腑"，包含了腹腔上、中、下三个部分，其中的三焦隔膜将五脏六腑隔绝、固定在各自最佳位置，同时又是联系五脏运行的通道。广义上则是分布于全身各处的经膜结缔组织各个级别层次，扩展至最底层约六十万亿个机体细胞的"线粒体"内进行氧化反应、释放能量的场所，是"营养精微物质"通过氧化反应释放能量，推动能量在人体内按照"阴阳"、"五行"轮转的"道场"。

因此我明白了，"**三焦**"的物理实质就是所有宏观结缔组织膜结构和微观细胞膜结构的集合，它的最重要和深层次的功能就是通过氧化反应释放能量，实现人体内各种级别的可控氧化"燃烧"的过程，实现能量代谢的平衡。它不只是有人认为和翻译的"三个燃烧的锅炉或反应器"。而是古人以"三"

代"多"、代"所有"，泛指全身各处，乃至每一个细胞内部线粒体内三磷酸腺苷 ATP 氧化释能的过程。这个反应的场所也就是遍及全身的"三焦膜"。

西医没有这个概念，就意味着它无法考虑或者说没有热情考虑能量在结缔组织"三焦膜"上的能量代谢问题，因为用于解剖和化验分析的死人、组织和残片，在病理显微镜下，其上之所有细胞的能量代谢都停止了。所以在西医眼中，结缔组织的代表"三焦膜"就只能起到各个脏腑器官支撑、定位的作用，而中医最为关注的与人类外在疾病、内在思想和情志问题密切相关的能量问题在"经膜或筋膜"这个层次上就与以机械唯物论为指导思想的西医和现代医学无关了。这就是为什么，你去看西医，他总让你拿一叠单子先去化验和拍片，没有也无法进行深入的思想交流；而去看中医则是要"望、闻、问、切"，因为只有这种方法才能获得一个"活人"最真实的动态信息，做出尽量准确的判断。

总而言之，现代医学虽然可以用各种现代科学仪器作为辅助诊疗手段，但是最后用于分析的基础仍然是"固定的、片面的、静止的"的数字或图像。所以只能在"器"这个层次尽量发挥"术"的作用。

2.7 《黄帝内经》中的"五行"与中医治病的"道"

那么中医在"道"这个层次是如何具体体现的呢？

从前文的讨论中可以明确，《黄帝内经》的作者在"灵枢篇"中虽然没有直接给出当前中医界最关心的"经络"的物理实质，但是他利用了一个"五行"相辅相承、相生相乘的写作手法，将这个课题紧紧包围在了一个固定、明确的边界条件之内，没有随意下结论，而是让后人去解决它。这是一个十分智慧和高尚的实事求是的品格，这也是为什么《黄帝内经》历经两千多年却无人能够撼动它所奠定的中医理论的基础和存在。

这样下结论有什么依据吗？依据当然还是在《黄帝内经》中。

现在来回顾一下这种"五行"的写作手法是如何体现在文中的：

1）首先在"灵枢篇"第一节"经脉第十"中讲的是**"经"与"脉"**的关系，结合我已经提出的分析结果，即"经膜"与"血管+血液"的关系，实际上讲的就是**"经"与"手少阴心经"**的关系，因为《素问》有专论**"心主脉"**，因此也就是**"经"与"心"**的关系。【原文】**"是故视其经脉之在于身也，其见浮而坚，其见明而大者，多血，细而沉者，多气也"**。

2）在第二节"经水第十二"讲的是**"经"与"水"**的关系。即"经膜"与在其上以各种方式流动的"人体津液、淋巴液等各种组织液"的关系。在这里思维要扩展一下，它实际上讲的是**"经"与"脾"**的关系。因为《素问》有专论"脾主运化"。运化什么？当然是"营养精微物质"，如何运化？当然是通过对应各种体液成分的"水溶液"来运化。"营养精微物质"最后"运化"和"转化"的结果就是成形为人体的肌肉和各种组织器官、经水管道（如各种胆管、输尿管、腺体分泌管、淋巴管等）和各种溶解在"经水"之中的具有特殊使命的"精华"物质，如激素、脑髓、精液、淋巴液等等。所以《素问》还说**"脾主肌"**。

3）在第三节"经筋第十三"讲的是**"经"与"筋"**的关系。实际上要进一步引申理解为**"经"与"肝"**的关系。因为《素问》有专论**"肝主筋"**。我在这一节引用了大段的《灵枢》原文。目的是运用在科学研究中最常用的"对比分析、论证"的方法，明确"经"与"筋"的相互位置关系。从对比分析的结果可以很明显地看出:"经膜"的物理实质中占很大一部分就是"筋膜"。而且其中还复合有"神经系统"的网络结构。由此可以看出"肝"不仅"主筋",而且从功能上看还是参与主导和控制"经膜"的核心器官。

4)在第四节"骨度第十四"讲的是**"经、脉"与"骨"**的尺寸的关系。在这里需要进一步引申理解为**"经"与"肾"**的关系。因为《素问》有专论**"肾主骨"**。人体的骨是"奇恒之腑"之一,"骨髓"与"肾精"和"脑髓"相通且本质相同,又与"经水"互为"先后天"的关系。骨膜与筋膜相互依存和过渡,也是"经膜"的组成部分之一。而且"神经系统"与人体的骨骼系统密切相关,其中的大脑和中枢主干神经网通过脊髓各个生理弯曲对应、穿越椎间盘和筋膜扩展至人体躯干和四肢末梢。人体大脑和中枢神经系统的主干纤维束上通脑髓、脑干,下藏于人体脊柱之中。大脑脑干、延髓通过副交感神经网分配至对应的脏腑、交感神经网通过每一个脊柱间椎间盘自上而下均匀分配,与副交感神经网相互配合指向控制各自对应的脏腑器官。

5)在第五节"营气第十六"讲的是**"经"与"营养物质的传送"**的关系。【原文】**"黄帝曰:营气之道,内谷为宝。谷入于胃,乃传之肺,流溢于中,布散于外,精专者,行于经隧,常营无已,终而复始,是谓天地之纪"**。实际上要进一步引申理解为**"经"与"肺"**的关系。从"脾"运化而来的饱含"营养精微物质"的微观和宏观营养物质经过肝、脾转化入血,再通过肺的"通调水道"和引入氧气(O_2)和排除二氧化碳(CO_2)的作用变成富含营养的鲜红色的动脉血而流动充盈于体内,营养脏腑、四肢百骸与皮肤肌表。所以《素问》有专论**"肺主皮毛"**。人体内在的"经膜"、"筋膜"与外在的"皮"在功能、组织结构上是相似的、相互沟通的。"经膜"的开窍之处在宏观就是人体的"七窍"，在微观就是全身的"毛孔"。它的通畅程度关系到人体氧化释能反应的效率与废物及有毒物质排泄程度的高低。

这五个部分的关系实际上就是按照"**五行**"的关系进行论述的，也就是说《黄帝内经》的作者很自然地在按照"**木、火、土、金、水**"所对应的"**肝、心、脾、肺、肾**"五脏的"五行"关系来论述"经络、脉"的关系和功能表达，也就是通过岐伯在教我们如何利用中医基础理论来理解"经络"问题。所以我们就可以理解了为什么在一百多年前至岐伯、"黄帝"的年代，历朝历代的中国社会仁人志士、智慧贤达、风流人物数不胜数，但却没有多少反中医的等闲公知和风头之人，因为凡是想学、想涉足、想在中国传统医学言论领域占有一席之地的人首先要过"阴阳、脏腑、五行"等理论关，所以他们内心理解"经络、脉"的内涵。而当今评论、研究中医之人，如果对于中医经典理论《黄帝内经》等古典著作主观上不想、不屑看，客观上又发蒙、看不懂，当然也就无法理解和找到"经络、脉"的物理存在的本质。

2.8　《黄帝内经》中的"三焦经膜"

现在来分析中医的核心"道"是如何在"三焦经膜"这个层次上体现的。

"三焦经膜"对应"十二正经"中的六大阳经之一，即：**手少阳三焦经**。可以把它看成是"三焦经膜"在全身对应人体各个层次"**分肉**"界面铺展开的有序高密度束状纤维聚集形成的通道，其中复合了从人体脊柱各个椎间盘间隙穿越出来均匀分布于人体的"周围神经系统"。根据《黄帝内经》关于"阴阳"

的定义，"手少阳三焦经"属于阳经，那么与它互为"表里"的阴经当然就是"手厥阴心包经"，它的末端对应的就是人体大脑内部最重要、最核心的部分，即：小脑、脑桥、延髓等。它们以束状经膜的形式从人体颈椎间盘间隙部分穿越出来，分散在腹腔内，分别控制各自分担负责的其它"**五脏六腑**"的功能表达，实际上就是现代医学科学已经明确的人体的"内脏神经系统"。这是一个需要专门详细说明的地方。

目前的公认的中基教科书理论认为手厥阴心包经（手心主）是在心脏外围的一个"代替心脏受邪、受过的筋膜组织结构"，我个人认为这只是"冰山一角"、并不完整的认识，还没有达到岐伯的认识水平，而正是这种认识水平**"扼住"**了当前中医发展的咽喉。医学并非我的本门专业，但我确有多次在菜市场和自家厨房观察和解剖"猪心"和"鸡心"的实践经验。坦率地说，它们的心脏外表都很光滑，心肌的外表面和周围组织并无一层特殊包膜覆盖，倒是有几条白色粗大的束状经膜和众多细小的络丝纤维纵横其间。所以我认为完全可以将保卫心脏"君主功能"的重担归属给**"手少阴心经"**来完成，因为顾名思义，既然叫"心经"，这本来就是它的责任之一。

我们到现在应该有一个基本认识准则，就是**"十二正经"**并不是人体原本具有的十二条康庄大道或管道，而是《黄帝内经》作者所代表的古人先贤**主观思维创新**总结出来的十二条与"六脏六腑"功能相关性最高的，在人体内部连续分布形成的"路径"。因此我认为在此完全可以学习体会古人先贤的智慧，把与"心脏"本体相关的"经络"组织结构和它应该完成的任务调整分配给**"手少阴心经"**来完成，这样就可以将**"手厥阴心包经"**的概念、定义和功能解放出来。

解放出来干什么？当然不是要哗众取宠、无事生非。我在前文中曾论述过，《黄帝内经》已经将人体的头颅外壳定义为一个不属于"五脏六腑"范畴之内的另外一个由骨骼结构密封而成的坚硬"奇恒"的**"精明之腑"**，这个"精明之腑"一身兼二职，既具有"腑"的功能，内部半固态的"大脑仁"，又具有"脏"的功能，有时又把这个"脏"的功能与"心脏"的功能合二为一了。中华传统医学和文化认为人的"大脑"就是"心"的一部分，大量需要用脑子进行思想来完成的事对应的成语比如"心想事成"、"心有余而力不足"、"心心相映"等等词汇都来自于此。虽然这个认识在古代是很超前的，但是如果能够把现代医学科学的知识整合进来，在一个现代科学的平台上彻底搞清楚中医、西医所关注的"心"与"大脑"的关系，把古人限于两千多年前的历史阶段和人类知识水平而没有完成的部分补齐，将整个中华医学关于人体认识的思维逻辑理顺，主动创造出一个清晰的认识视角，就可以使我们能够更加深刻地领悟到应该如何真正地实现"决生死、处百病"。

现在我们在继承《黄帝内经》关于头颅是**"精明之腑"**的理论下更进一步、深入一层，走到人体大脑外层硬膜以内，根据"脏腑"、"阴阳"对应的相关理论首先将人体的"大脑仁"内部看成是一个"娇柔的脏"，将这个"脏"作为"心包"和"心包经"的集合，就是从大脑内部几个极端重要的功能控制模块引申出来的"中枢神经系统"对应的大脑神经纤维束，那么"手少阳三焦经"在大脑内部就是"腑"，即：大脑外层的"皮层"、"蛛网膜下腔"和作为"中枢神经系统"沿脊柱内部而下的神经纤维束"。

而这个"脏"就是所谓"六脏六腑"中的"第六个脏"，它的所配属的"阴经"就是"手厥阴心包经"，而与它通过**"经别"**互为"表里关系"的就是"手少阳三焦经"，它所对应的就是"手少阳三焦经"在人体头颅壳内部构成的"腑"。

这样的重新定义并非完全是我的自创，很多中医前辈和相关资料中都有类似的说法，比如著名温病学家赵绍琴老师就曾多次在讲座中提到心包和大脑的关系问题，并以此观点创造了十分有效的温病中涉及大脑病症的治疗案例，但是这种认识似乎并未占主流的话语地位。因为《黄帝内经》中也没有十分明确这样说，我认为关键问题还是限于历史和知识、技术水平，中国古人对于大脑内部的结构和功能还不能十分明确，但是在"通神"的这个层次却已经领悟到了，故此给我们预先留下了"手厥阴心包"和"手少阳三焦"两个定义位置空间，先将"大脑-心包经"依附于"心经"，再将"大脑皮层、蛛网膜和中枢神经网等"依附于"三焦经膜"。待到时机成熟，由后人来展开和完善。

这个说法有什么实际意义吗？我认为有意义，可以利用它在**"中华传统医学理论与现代化科学技术之间架起一座沟通的桥梁"**。

现在可以明白了，充满智慧的中国古人在《黄帝内经》中用的"经、络"概念是**虚拟**的，但却是有**物理实体（三焦经膜-结缔组织膜结构）**支撑的人体脏腑之间的分界面和路径。它也是一条充满智慧的**"思想之路"**，提供了人类认识自身外在整体与内在各个器官的结构、功能、看清"物质与意识"、"肉体与情志"、"生与死"本质的方法，在接近最高的思想层次上懂得了应该如何真正实现医学最为关心的"决生死和治病救人"；同时它又是一条**"触手可及"**的**"救死扶伤"**之路，它把中国传统哲学所追求的**"道"**（事物发展的本源）和**"德"**（追寻本源所经历的方法和过程）有机地结合了起来，从哲学认识论的顶峰高屋建瓴般表达着中华传统医学的伟大和科学，而且不只是冷冰冰般的科学教条，还散发着充满了温暖的、令人感动的艺术气质与魅力的"人文情怀"，历经2000多年的风、刀、霜、剑，依然顽强守护和坚持着自身的高尚灵魂、精神与品格！

　　古人发现通过从实践总结出来的"经络"入手，实际上就是"沿小巷、过断桥，僻静安全"，可以**"间接"**地通过"针刺"或"灸"的方法对"六脏六腑"的功能进行控制、治疗和提高。而"六脏"本体为"阴"，其功能状态表达的本体"六腑"为"阳"，二者相互配合，在宏观角度就决定了人的生死，所以《黄帝内经》里才有"阴阳者，生杀之本使"这句话。

　　至此，我认为在《灵枢》中岐伯已经竭尽全力给出了"经络、脉"的解答，从历史唯物主义的角度我们真是没有任何理由去责怪他为什么不能给"黄帝"和当今的我们一个完美的答案。毕竟那是在2000多年前，中华医圣"仲景"都还没有登场呢。对于西方世界来说，不要说文艺复兴带来的西方文明的萌芽丝毫不见踪迹，就是连在它之前的摧残人性、愚昧不堪、臭气熏天的中世纪千年黑暗都还在历史的长河中默默地排队等候。现在，想一想作为拥有5000年或更悠久中华文明遗传基因的华夏子孙是多么幸运和自豪。

2.9　《黄帝内经》中的"气"与"胆"

　　现在我将现代医学科学早已明确的知识结合《黄帝内经》的中医理论进行分析如下：

　　维持人体正常生理功能的氧化释能过程所需的原料即中医所说的"化气"的原料"营养精微物质"，是由人体消化系统吸收之后送到"肝脏门静脉系统"进行解毒、代谢以及合成新的物质以供给全身组织的需要。经过解毒后的宏观与微观营养物质随后进入心肺系统，经过气体交换溶入氧气后形成的富含营养的动脉血液通过心脏左心室泵出，经过动脉传送至全身各处，然后再通过全身动脉毛细管的末端进入到一个"氧化释能"的反应经膜区，在这里富含营养的动脉血释放出氧气和营养精微物质，把氧化反应的副产物和肌体产生的各种毒素汇集起来变成静脉血，再通过静脉毛细管以负压的方式逐级汇集到主静脉血管返回心脏的右心房和肝脏进行解毒，同时将胆汁和胰液等消化液注入胃和十二指肠帮助后续从肠道系统吸收的营养物质再次进入肝脏，随着门静脉的输出进入下一个循环。

它在理论上对应的就是通过**"足厥阴肝经"**对血液中的营养物质进行解毒、新陈代谢和流量控制并输送到全身各处组织、细胞，维持正常的生理活动。

所有涉及营养精微物质传送的通道和氧化释能的场所实际上就是"三焦"经膜的最主要的组成部分之一。氧化释能的反应属于**"化学反应"**，即大分子与小分子，以及小分子之间的各种组合方式和能量的转换。

在人体中任何化学反应都是可控的，是一个主动的"负反馈"控制系统，反馈控制的"标准"就是要维持人体正常的基础体温、新陈代谢和生命活动的要求。这个"标准的设定"是由人体中枢神经系统中小脑对应的"下丘脑"来完成的，我在前一节已经明确将这一部分对应中医理论中涉及大脑内部神经系统的"手厥阴心包"。通过什么物质来控制这个化学反应呢？当然只能是相关特殊化学物质的"分泌"和"传递"。这一类化学物质的产生和组成十分复杂，由人体的淋巴、各种激素以及内分泌系统来负责，现代医学已经比较明确，其中的一种最主要成分是**"乙酰胆碱"**。如果不是学医学专业的人可以不必在意它的具体的分子结构，但是至少要有一个基本概念，顾名思义，即使你搞不清"乙酰基"或"碱基"，这个词也一定与**"胆"**密切相关。也就是说，有一种或多种与**"胆"**密切相关的微量化学物质控制了人体宏观营养物质的"能量释放效率"和几乎所有的新陈代谢以及生理活动。

那么古典中医在现代医学出场的两千多年前，认识到了"胆"所具有的这个功能吗？

《黄帝内经》在多个场合反复论述，与"**足厥阴肝经**"互为表里的是"**足少阳胆经**"。"**足厥阴肝经**"的代表"**肝**"把合成的胆汁输送到"**足少阳胆经**"的代表"**胆囊**"里。表面上是一个简单的特殊的消化液存放于"**腑**"单元的过程，实际上问题远不是如此简单。

中医所说的"**足少阳胆经**"不仅包括了那个有可能给你造成胆结石麻烦的"苦胆"，还包含了其对应的所有相关的控制化学反应特殊物质生成的"人体内分泌系统"以及各种化学物质在全身分布的通道，即三焦经膜对应的另一个重要组成部分之一：胆经。而《素问》有言：**肝主筋，胆主决断**，所以"宏观营养和精微物质"通过肝经输送、提供全身"筋"与"肌肉纤维"完成生理动作、物理做功以及能量释放；而与此相伴的"胆经"则通过整个体系所分泌的"化学精微物质"对整个氧化释能反应进行"**负反馈自动控制**"，协调整个机体"化学能量的产生与营养物质消耗"始终处于动态平衡状态，而这正是人体全身所有脏腑器官的维持、实现正常生理功能的基础。这种"负反馈"如果不足，人体就会出现"躁狂"；而如果进入"深度负反馈"，人体就会陷入"抑郁"。所以保持、控制平衡的关键就在"胆"中。

因此，《黄帝内经》中还有一句名言："**凡十一脏，皆取决于胆**"。

初学中医，总是难以理解，不是说"心主神明"吗？为什么"胆"会这么重要？似乎凌驾于"心"之上。当今社会很多人，对于自己的"胆"很不待见，觉得可有可无，特别是在当今手术发达、"微创取胆术"盛行的今天。

我的启蒙师傅多年前初见我诊完脉时就情绪复杂地说我是一个"胆虚"之人，我一直不明其理，自觉虽不是"浑身是胆雄赳赳"，但也仍是一个敢做敢当之人呀，后来回头看看自己这一路走来，关键时刻总是"掉链子"，终于体会到了其中的深意。

小时候，"三国"里最喜欢的人物就是常山赵云了。很多人都会有同感，只要他一出场，大家就是一种轻松欣赏的心态，因为完全可以预测，在任何情况下他都能沉着冷静、极其出色地完成任务，这是为什么呢？如果能让赵云穿越千年，回来联系几家三甲医院做个体检，我敢保证所有计算机打印的报告都会是：血压正常、脉搏正常、呼吸正常、心电图正常、脑电图正常、各种体液指标正常，只要还有其它能够测出的指标那是"要多正常，有多正常"。而且还可以预先得出一个结论，就是所有这些以现代医学为基础的西医们都不见得能说清楚**"这是为什么？"**！

学习了《黄帝内经》就明白了，还是老领导、主公刘备"一针见血"，一句话就说明白了，因为：**子龙一身都是"胆"**。

用现代科学的话说就是：子龙全身的营养物质与能量转化的效率在"**乙酰胆碱**"的平衡控制下那是相当的高！结合《黄帝内经》的话说就是：子龙的其它十一脏腑的生理功能都在那个完美而强大的"**胆**"的平衡控制之下。

如此说来，岐伯的确是高人，有胆才能有识，他对人体科学的认知水平至少提前了当今世人二千多年。

对于现代医学来说，"不知其所已然"（口头禅是：no clear）的成堆医学疾病综合症、各种莫名其妙的细菌、病毒表征、基因变异问题等等搞得世界医学顶级大师们疲于奔命，一边是每年上百万篇的各种医学研究报告和论文，而另一边则是各种急性病、致死率最高的几大慢性衰老性杀手疾病如"癌症、心脑血管病、糖尿病、老年痴呆等神经系统性疾病造成的病家如潮水一般冲击着各大三甲医院。

"一片茫茫都不见，知向谁边?"

如果我在这里就信口下结论说《黄帝内经》的理论水平接近了当代科学顶峰，是否太过情绪化、言过其实了?

所以还要"疏肝利胆"、从容镇定、打开《黄帝内经》、启动智慧，冲破最后的那层迷雾。

2.10 "经络"与"气"的物理基础

再次总结一下："经络"的物理基础就是人体的整个"三焦经膜"系统。"存在"一词在所谓的古希腊哲学里也属于"事物的物理本源和物质基础"的范畴，从英语单词上看物理和哲学的希腊词前缀也是相通的。

可以把它想象成为一块印着"围棋棋盘盘面"的巨大的"经膜"布料，其上纵横交叉的 19 条经纬线自然形成了 361 个交叉点， 将这块布料精心合理地剪裁缝制成一件与"针灸铜人"100%贴身的内衣裤，那么这 361 个落子的交叉位置就可以粗略地想象成是人体的"穴位"。按照传统中医基础理论中的"天人相应"的理论，人体应该具有 365 个穴位，这主要是为了配合一年有 365 天，此处不够严谨，但是应该充分理解古人的情怀，所以有些误差可以忽略不计。

岐伯对于人体脏腑结构的理解"由表及里"、"由外到内"的落子布局形成的"穴位"连线，形成了人体手足三阴三阳"十二正经"，也就相当于十二条"大龙"相互交织，因人各异，纠缠于整个盘面。

　　需要明确的是：很显然，从理论上讲，可以有无数的走向和长短不一的大、小龙在盘面上呈现，此处这"十二条大龙"只是我们作为棋手或观察者应手而得的客观连线和对盘面视觉的"主观感受"，它可以随着我们的思想和认识深度有不同的变化、移动和组合。经过千百年的对人体疾病治疗知识的不断总结和升华，一种最佳的"格局"就基本决定下来了，它目前公认最合理的走势就是如《黄帝内经-灵枢》中所阐述的内容和正式出版的"人体经络图谱"中所展现的走势。"十二条大龙"代表的"十二正经"，它们各自的分支是"十二经别"，"十五条小龙"代表的"十五络（脉）"，还有大量的短小的"孙（脉）"。另外还有一块包含有全身血管、淋巴管和神经网的"脉膜"布料与之"复合"在一起。这很类似电子线路多层或双面板上的"顶层原件面"（阳面）和"底层焊接面"（阴面）的关系。二者之间的贯通连接各层的"过孔"（联通阴阳）就是事关针灸生死的关键"穴位"。

　　所以从围棋胜负的角度也可以帮助理解，如果"十二条大龙"代表的"十二正经"都是足够长且左右逢源，那么整个的盘面就是"活"的，否则如果"大龙"不断被对手（外邪）阻隔、切断和分割，"盘面"形式就会越来越危险和困难。人生如棋局，很多人"英年早逝"就是"中盘"或之前的无奈认输，根本原因在于"十二正经"中的某一条或多条"大龙"过早地被"外邪"和"内邪"所阻和切断，又没有"高手"及时出手相救，无法做活"两个眼"相互照应（边、角尽失），导致相关脏腑功能的彻底丧失、并且按照"五行"的原则互传至"心"和"肺"，最终**正不压邪**，导致整个人生棋局的毁灭。

　　再回到这块"棋盘料子"上，再进一步：

　　这块"料子"就是"手少阳三焦经"和"手厥阴心包经"的"物理底子"。

　　可以将"手少阳三焦经"统率整个"十二正经"中的手足六大"阳经"以及对应的"腑"，而将"手厥阴心包经"统率"十二正经"中的手足六大"阴经"以及对应的"脏"。但是这个概念一直在中医领域"犹抱琵琶半遮面"，处于百家百言、解释不清、概念混乱、可有可无的状态。

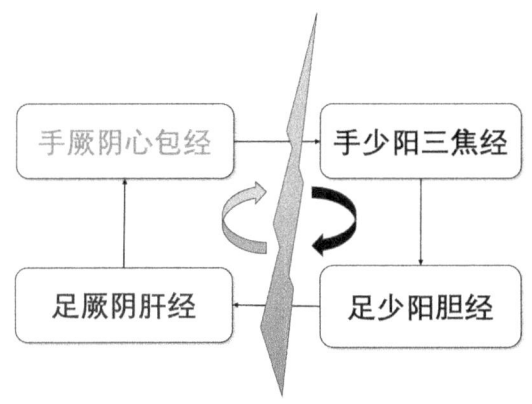

"三圈图"的"内圈-情志圈"关系图

　　现在我将这块"棋盘料子"上的"手、足厥阴经"连成一个环，即：（起）手厥阴心包>手少阳三焦>足少阳胆>足厥阴肝>(回到)手厥阴心包。结合第一部分的核心内容"三圈图"，就可以明白它实际上就是"内圈"，即**"情志圈"**。我定义它为一个**"宏观营养/精微物质-化学能量转换圈"**，此处要发挥一点古人时刻念叨的"天人感应"的想象能力：在茫茫宇宙之中，一个物质环高速旋转，强大的"吸积盘"形成了宇宙之中的"黑洞"，那么按照现在公认的天文学研究成果的结论，这个不断吞噬其它星系物质的"黑洞"之中就会向外喷射出一股明亮强大的能量柱，物质和能量的转化将会按照爱因斯坦的"质能方程"稳定地进行着。那么借用这个天体自然现象，类比于人体来说，想象一下如果设法使人体"手足厥阴、少阳环"

也高速地旋转起来，它也应该会在环的中心发射出一种"特殊"的能量，它会是什么呢？

我认为它就是人的"神或精神"、如果这股能量之中能够包含有"编码信息"的成分，那么它就是"思想"。如果这种"思想"来源于已经逝去的人，那么它就是"灵魂"。以前这个领域属于被批倒批臭的"封建迷信"，现在则是身处科学顶峰、最为时髦的"人类思维存在、意识与物质、思想与量子科学"的研究范畴。当前世界上无数的顶级科学家正在此领域拼搏，目的是抢先获得那顶不仅仅属于计算领域的桂冠：**量子霸权**。

其实代表中国传统医学最高境界化身的岐伯早就自费进入这个领域开展课题研究了，其代表就是"巫"文化。通过"调神"和"情志思想工作"来解决人类的疾病，这是一切医学治病救人当中最为先进、效率最高的方法。

很多人难以理解，因为要打通人的"心灵"才能巧施妙手，似乎难度太高，以致当前西方先进医学科学在面对人类"抑郁、焦虑等精神病"方面，除了精神分析、用化学药物进行阻断稳定、切断神经抑制控制，还没有更有效的方法。而中华医圣仲景早在1800多年前就给大家指明了如何治疗"情志"病（即精神病类）及其分析了发病的根源，并为此特设了纯天然的"大、小柴胡剂组方"。当前抑郁症已经不分年龄大小、老少皆得、危及全球，如果用现代科学方法揭示出仲景"情志病"经方的奥秘，不知能救多少人于危难！

从仲景利用"大、小柴胡剂组方"通过调整"手足少阳、厥阴经环"气机的**"旋转"**来改善调整病家"情志"的能量转换效率可以感到，他不但成功继承了岐伯的"调神"思想精髓，更重要的是还设计了**"通过中药组方控制营养物质与能量转化效率从而调节情志"**的方剂。当然这种"物质与能量"的转化属于"化学反应"的范畴，这一点与"黑洞"中发生的高能核反应不同。

"民以食为天"，因为没有食物就活不了；"人活一口气"，当然"气"就只能从"食物"中来。

最后终于不可避免地要面对"气"这个概念了。当前中医面临的所有问题都和能否对这个字的正确理解有关。

2.11　"气"的科学本质

"气"到底是什么？《黄帝内经》赋予了它多重身份。为了便于分析和讨论，我在本文之后所有涉及到"气"的场合都将按照我自己的理解来定义和规范。

"气"是一个古人先贤表达人体宏观精神状态的综合概念的"字"。它涵盖以下所有的方面，在不同的场合有对应的特定含义。

1）"气"可以是溶解和流动在"血脉或血管"之中的与红血球的血红蛋白结合的"氧分子"和其它的"营养物质"。

2）"气"可以是上述的"氧分子"和"营养物质"在动脉毛细管出口末端和静脉毛细管入口始端交接区域发生氧化反应并释放能量的定量表达。

3）"气"可以是上述"氧化反应"的所处交界区域反应床的物理实质区域，其对应的实体就是：分布于内部全身各处的"经膜"。

4）"气"可以是产生于上述氧化反应并且运行、传输于"经膜"之上的"能量"。它的某些物理表达方式包括：脑电波通过人体神经系统进行的传递、神经脉冲信号与神经传导化学递质相互转换的效率。

5）"气"可以是产生于上述氧化反应的以气态方式存在的剩余的代谢废物，如二氧化碳 CO_2、水 H_2O，H_2S 和各种氨类物质。它们以气态"放屁、打嗝或释放体味"的方式通过前后二阴、口腔和皮肤排泄器官被排出体外。

6）"气"是古人先贤的一种用于人体思想、情绪和精神状态外在表达的文字。

7）"气"是传统经典中医理论中"阳"的另外一种表达方式和代名词。

8）"气"是产生的能量以做功形式驱动人体各组织进行物理运动能力的宏观表达，包括各种肌肉和筋脉的"收缩、舒张、律动、蠕动、颤动等物理过程"。

9）"气"是以"热对流"、"人体辐射"、"热传导"实现人体与外界能量交换的方式。

10）"气"是人体中肺部进行气体交换、驱动声带振动、胸腹各腔隔膜运动的被压缩的"空气"的一部分。

11）"气"是人体经、脉所对应的血管中的血液与经膜之上（淋巴管内）各种体液实现化学反应导致的组成成分的变化及相互转换、修复受损的细胞肌体、消灭外邪即细菌、病毒和内邪的能力，即：肌体分解代谢有毒物质的基本功能的活力表现。有时也可以特指"体液"、"津液"。

12）"气"有时在经典中医理论中也用于代表人体的全部物质基础，即"肉体、肉身"。

13）"气"可以代表人类的"呼吸"的生理本能和在自身生命中"生"所处的阶段和状态。

14）"气"还可以代表人类对于美好的物质生活和高尚的精神相互统一，即"阴平阳密"向往的思维境界和高度。

以上的定义确实外延较广，有些定义还似乎有些矛盾，但是只要你内心理解了，应用起来并不会感到无所适从，因为它们不是让你对号入座的"教条"，而是心领神会地"思想驰骋的空间"。

当然解决问题要抓主要矛盾和矛盾的主要方面，因此在这里，我认为第一要素是必须要认识到**"气是能量和能量传递的状态及其表达方式"**这个层次。

2.12　第二部分总结

中国传统中医经典理论的基础是建立在最古老的中国古典哲学与最具广泛时空的海量群众实践经验基础之上的万年工程，其地基是无比坚实的。只是还没有将现代科学已经得到实践公认正确的相关成果与之有机地搅拌混合，实现最后的灌注、封顶。是如某些"居庙堂之高"的自我感觉良好之士那样"借题发挥"将它列为伪劣工程拆了呢？还是调动一切积极因素和现代科学一切有益中医发展的知识体系，同心协力一点一滴铸成它最后的辉煌，无愧于中华民族先贤的期望呢？

对于当今每个中医课题利益相关者来说，是继续按照"既定方针"把"经络"当成摇钱树，有滋有味继续地研究下去，把这一核心问题"一竿子支到公元3000年"呢？还是现在就主动出击、解放思想，完成先贤们留给我们的任务，给岐伯、"黄帝"和仲景一个完整关于中华医学真理的交代呢？

答案应该是显而易见的。

前文说过，如果把"经络的科学本质"看成是一个定理，要证明它为"真"，即：具有"物理存在"的真实意义，从科学研究的角度上看就必须要满足两个条件，即：**"充分条件"**和**"必要条件"**能够同时成立。以上行文讨论的目的就是先从"经络问题提出的本源"，即从《黄帝内经》中来确定中华传统医学的代表岐伯到底是如何"说"的，他是如何给"黄帝"和今天的我们揭示这个问题的。

但是从历史唯物主义和科学探索的角度上看，《黄帝内经》中绝大部分的解释都是属于**"必要条件"**的证明，即：通过各种外部实践获得的医学治疗经验、证据、数据、描述整理和分析，来说明"经络"都具有什么样的功能而且确实有效。因为这些功能如果不能被证明能够有效地治病救人，那么"经络"的概念就没有存在的意义了，所以无数的中医大家通过著书立说、授徒传方，经验总结来解释中医是如何有效地治病救人、来证明"经络"确实是有治病救人的功能的，这都是我们非常容易理解和合理的，因为在早期中医先贤的研究工作毕竟是在至少两千多年前。因为缺乏足够的科学研究手段，所以上述的各种努力只能证明**"必要条件"**，即：**中医确实能治病**，但确实还不能证明**"充分条件"**，即说清楚：**中医为什么能治病？**

建国七十多年来所有关于中医**"经络有无"**问题的研究成果从本质上看都还是属于**"必要条件"**的证明。大量所谓现代化的**"循经"**研究方法、成果无数但都是在以不同的现代表征手段来扩充证明岐伯论述的合理性。也就是说如果"假设"这些研究成果都是"正确"的，即能够反映"经络"现象客观实际的话，那么所有相关课题最后最完满的结局也只能是得到**50 分，不及格**！这还不包括很多"超级异想天开"、"胡乱创新"和"盲人摸象"式的研究成果和论文画蛇添足、混杂其间。

这也是造成当今国内外不可胜数的，对中华传统医学不学无术、少学少术、认知浅薄的各色人等都配合默契、异口同声、自信爆棚般地敢于在岐伯的背上踹上一脚的根本原因。

因此摆在眼前的问题变得清晰而又紧迫，就是作为《黄帝内经》核心的"十二正经"体系的科学本质是什么？这是我们下一阶段的首要任务，即中医基础理论的科学性问题，必须要解决之。

我们要彻底搞清"十二正经"的本来面目，在《黄帝内经》中岐伯为什么要以它作为立论的基础，如果它是客观存在与科学的体系，为何找不到实体解剖的证据？流传几千年的治病救人的理论如何与现代人体医学科学体系已经得到公认的最先进的科学成果相结合？在人类医学的未来发展进程中，它的地位和作用是什么？

因此要彻底解决"经络的科学本质"这个问题，就必须要完成**"充分条件"**的证明，即要证明：**为什么"经络"具有《黄帝内经》里岐伯所阐述的治病救人的功能？**

如何完成这个任务呢？当然还是只能依靠**"科学"**的方法，即：从"经络"即"十二正经"体系的物质存在的基础、结构、组成入手，从科学理论上彻底证明"经络"为什么具有在《黄帝内经》和当代所有**"必要条件"**证明研究成果中所体现出的"决生死、治百病"的功能。

所以，从第三部分开始，我们来完成这个**"充分条件"**的证明。

第三部分　当前"经络"理论的致命问题
（充分条件的证明）

　　结合第一和第二部分的讨论，我们从《黄帝内经》的核心理论出发，将**"十二正经"**理论用了一个**"三圈图"**统一了起来。但是在我们的面前不可避免地出现了一个巨大的疑惑：古典中医理论讲究的是"阴阳和合而统一"，对应于人体则是"气血相互依存，气为血之帅，血为气之母"，那么，如果"三圈图"描述的"十二正经"的流注次序是人体"气"的流动循环次序的话，就必须要有另外一个与"十二正经"对应的"气"**相伴**且同步运行的"血"，即："十二正脉"与之形影相伴。

　　比如，打仗是人类特定的一种行动，无论古今，打仗的核心之一就是"打后勤"，"兵马未动，粮草先行"；"兵马已动，粮草紧跟"，而且粮道与行军打仗的路线要大致一致，最后相交！但是很明显，根据当代最科学、最准确、最详实的人体解剖图对应的"血液循环图"（可以上网查看，很多），可以清楚地看到人体的动、静脉血管网与古典中医的"十二正经循行图"，也就是"三圈图"并没有我们所期望的"阴阳相伴"的对应关系！而且相差太过明显，实在无法强行将此二者的概念对接。

　　也就是说，现在至少可以明确："十二正经"不能"对接"或者说与现代医学公认的"人体血液循环系统"概念划等号。《黄帝内经》问世之后的后世医家和著书立说者，都采取了"有意或无意的回避"策略，只是笼统地说"血在脉道中行"，却不去讨论研究"脉道"的结构、组成与位置，将《黄帝内经》里的"经脉"问题主观人为地"去脉放血"演化成了"经络"问题。从当前各种版本的《中医基础理论》的教材中可以明显看到，只讲"十二正经"和其它的辅助经络，对于"脉道"问题则草草一笔带过，不愿意接受承认"脉道"就是"血液循环系统的动、静脉网"。但是这个额外的"脉道"在人体中又找不到实体来证明和支撑，无法在逻辑层面自圆其说，最后只能强行"自话自说"。

由此"血无所靠"成为了当代中医基础理论的一个最大**"硬伤"**！

目前的中医官方理论研究关于这两个概念是混在一起的，笼而统之地归为"经络"。几乎所有中医理论研究相关者自身都很坚定地认为：决不能把中医的"脉"与现代医学的"动、静脉血管网"等同起来，因为如果这样做，中医的理论基础就"动摇"了！说不清楚就只能"死守"固有的教条，而这正是国内和国外"经络"研究陷入死区和泥潭的重大原因之一。

其实站在唯物辩证法的科学角度来分析，要走出这个"泥潭"并不难，因为不论中医、西医；古人和今人，人体的血液循环网系统客观实体就在那里，不离不弃。名词定义可以有所不同，但不能主观"视而不见"或"冒而前行"！所以只有两种可能：

要么是在《黄帝内经》中的中国古人先贤**"岐伯错了"**，他没有看到血管，或者看到了却故意避而不谈；

要么是**"现代中医关于经络的基础理论错了"**，现代人错解和低估了岐伯的智慧和其在《黄帝内经》中关于"经脉"阐述的内涵和外延。

哪一种可能性更大？没有必要再"欲擒故纵"来浪费大家的时间了，我先在此立论，然后再深入讨论。论点是：**岐伯无错，《黄帝内经》的核心理论无错，错在后世医家特别是建国以来中医基础理论研究者对于"经脉"的片面错解。**

可以这样说，现代《中医基础理论》教材中将"经脉"简单化为"经络"，看似替换掉了一个"脉"字，实质上是从根本上违背了中医古典理论基础的精髓，即"生杀之本始"的"阴阳"，因为在《黄帝内经》里，岐伯说的很明白："阳"为"经与络"，"阴"为"血与脉"。但是"阴"被后人给"论丢了"！即便是从建国开始算来也丢失了至少七十多年。因此，我先下结论说，中医的现代经络理论中长期存在一个未能解释清楚的"顽疾"就是"失血症"！

即：当前的中医"经络理论研究"都是"失血的"！"奄奄一息"的！这不但使当代中医理论自身无法"自圆其说"，而且也造成了其无法与现代医学理论中的科学成果相结合，实现成果共享，共同发展。

为什么会出现这个问题？到底能不能解决这个问题？有人说还要几百年后，或者还要等待下一个大神、外星人或高级文明或平行宇宙的出现，等等等等。对于未知的难题，想当然地下一个结论作为借口来麻痹自己很容易，其本质还是没有自信，在逃避困难。历史走到今天，这个问题再也躲不过、绕不过、搪塞不过、推卸不过了！

其实如果用科学的方法论来分析和聚焦，问题没有这么复杂。比如如果现在还是"地心说"，它也可以解释日月星辰的运动规律，而且不考虑宗教因素虽误差较大，也基本正确，但是太过繁琐，常人很难推算、掌握和理解。反之如果是"日心说"，那就意味着一场"思想意识的革命"，一切都变得简单、合理而科学起来，换一个观察问题的角度和立足点，一个初中生都能很容易理解和掌握，更何况中国古典医学的理论精髓早已渗透进了中华文明几千年，操作简便而理论深刻的中医治疗术早已融入到了中国人生活的每一天。所以对于中医的基本问题，答案只有一个：当然能解决！而且我们现在就要在此解决之！

可能会有朋友问：**"为什么你有这个信心？你依据的是什么？"**

答案简单而且明确，因为中医的古典理论基础和基于它的实践是关于自然界客观存在的事物，即：人体，它是与上下五千年中华文明相伴，与人类社会和自然界万物繁衍变化相容的理论体系。而中华文明是目前世界上唯一近乎保存完整、最有历史可信度记录的文明，它在空间上是"连续"，在时间上是没有"断点"的！从数学上看，既然有这样一条"随时间轴连续变化的中医古典医学历史"连续曲线存在，那就一定能够通过科学的方法找到它的理论本源、理论演变的规律和预测出它未来科学发展的趋势！

"实践是检验真理的唯一标准"，而各种**"实践"**的过程都能够广泛、深入、久远合理地存在于一个特殊的维度，即：**"时间"**。由此还可以看出：中国字和词都很神奇，因为中国古人真的很智慧，在造字组词时，同音、谐音字和词追根溯源都会有或紧或密的联系。

我想大家都已经看出来了，我们不只是要基于别人已有的科研成果搞点科普宣传推广，而是要使中医学的基础理论特别是存疑近百年的**"经络有无"**的认识与现代科学处于完全相容的平台之上。

因为此处论点肯定会成为今后争论的**"焦点"**，所以本文随后将从中国古典医学已有的**"基本概念"**和**"现代医学科学理论"**两个方面寻找有力的证据进行"论点"的支撑"论证"，而这个"焦点"，其实就是当前**中医基础理论是否具有科学本质**的核心问题。

任何涉及客观事物**"本质"**的问题，都必须或只能依靠唯物辩证法来研究和回答！这是一个我们大家从中学起就不断学习和使用的分析问题的基本方法。所以从下一节起，我们就一起来学习和分析。

3.1   中医理论中"经与脉"、"气与血"

我们当前的目标是要在《黄帝内经》中找到"血和脉"，因为它是组成人体的物质基础，比如老百姓都知道人要有"气"有"血"才能"活"！我们从哪里入手呢？当然还是要从古典中医本源和经典入手，结合现代科学技术来分析。

所以我们现在必须要认真地读一读《黄帝内经》，可以买有古文翻译的版本，读文言文困难就读白话文，精读读不下去就泛读，"清风不识字，也可乱翻书"，更何况已经掌握了现代科学知识的现代人！但是我觉得要读懂《黄帝内经》确实是需要一种"机缘"的，虽然你可以闲来无事、休闲般地信手翻览，但是要能够真正读进去，确实需要一种特殊的事件来"引领"或"刺激"才行，否则你的思想就像是带了救生圈在游泳池里扎猛子，根本"沉"不下去！

有报道说现在中医院校的很多在读博士生桌边很少摆放《黄帝内经》了，取而代之的是现代医学的《分子生物学》、《基因生物学》等等了。其实也不奇怪，因为《黄帝内经》里的确有很多地方难以理解，如果文言文功底差，还有很多不认识的字，读起来就很费脑子，需要你同步进行思考、判断和科学合理地"猜"！否则很容易"肝火上亢"地摔书。而相反地，要想博士毕业，用大量数据和图表、曲线和电镜照片叠加的论文通过学术委员会审查关的可能性肯定会更高一些。

　　由于《黄帝内经》自带强大气场，等闲、虚浮、盲目和浅薄之人，很难破场入之，这也是为何在能看到各种怀疑和反中医人士名流的论调中，能够引述《黄帝内经》原话进行破题讨论的，也就那么几句，而且经常是过度分析、反复咀嚼、翻炒和折腾！蜻蜓点水，根本无法深入探索。

　　但是只要我们咬牙读下去，就会发现岐伯的理论绝大部分都是平易近人的。而且原本就是"既不缺血、也不少气"且"阴阳、气血平衡"的。只是随着"往事越千年"之唐、宋以后，许多师承或自学中医的后人，包括那些有著作流传的各方名家，由于历史原因逐渐形成了一种类似经典"修正主义"的思维方法和**"学一半，扔一半"**的"打五折"简化版学习方式，使整个中医理论渐渐地失"血"了、无"脉"了，最后当然只能是热衷于**"谈经论气"**了！这当然是**"空谈"**。

　　"空谈"要想进行下去，只能"玄"之，"玄"者，"黑"也，"不反光"也、"隐形"也，有意或无意让你看不清里面究竟！其实就是"无心"或"别有用心"之人给自己或他人摆的一个"玄龙门阵"。如同一个"人造黑洞"，谁都别进！让谁都不敢进！远观最好！这样做的好处是谁都可以"信手"指点《黄帝内经》，信马由缰想当然地"理论"一番、"立论"一套，使得整个中医界看似"百花齐放"、"众人拾柴火焰高"，好一番"扬鞭催马运粮忙"的红火景象，实则是各方门派、名家"各承家技"、"各呈家技"、"各逞家技"！"你方唱罢我登场"、"城头变换大王旗"。"各家学说"呈现的理论更是"争奇斗艳"、"勾心斗角"，演绎着"相互否定或否定之否定"的惬意，如同数学里的发散函数，自顾自欢快地"跳跃着、波动着、震荡着"，毫无"收敛"之意！在这些热闹喧嚣"气场"的背后，中华医学千年精髓所包含的科学之光如同"加速红移膨胀"的宇宙一般，离我们普通百姓越来越远了，越来越黯淡了！

中医的理论基础立足的根基从哲学的层次上看属于"一分为二"的唯物辩证法，也就是与我们从中学就熟悉的**"物质决定意识，意识对物质具有能动作用"**这个体系是完全相容的，但是直到目前中医理论研究自身总是有那么一干人等喜欢在前面加上"朴素"二字来帮倒忙。哲学问题研究的思想境界有高低，但并非如人的穿衣戴帽，本无"朴素"或"华丽"之说。

《黄帝内经》从头到尾都在反复明示和暗示，"经脉"是**"决生死、处百病"**、**"生杀之本始"**。人体的整个生命系统是由"经"和"脉"来控制的。这里的"经"就是前文我们说到的"十二正经"体系的"三道圈"，以及运行在其上之"气"；"脉"即是"脉管（血管）"和流动于其中之"血"。更精确和简略一点来描述就是：**"气"在"经"上走、"血"在"脉"中行**。但是在《黄帝内经》中，大量的篇幅都在讨论"十二正经"、"十二经别"、"十五别络"和"十二经筋"等等，没有对应的文字容量来匹配讨论"脉与血"的篇章。

我在第二部分开始研究**"经络是否科学？"**这个敏感热门话题时，还没有在《黄帝内经》中找到**"原始论据"**来解决这个问题，当时准备的底线方案就是如果突破不了，就用如下的方法来强行解释：即根据史料记载岐伯确实谈到了"脉"，则肯定有关于"脉血"的论述，但限于千年的历史变迁和战乱，相关内容丢失了，本质上这个"脉"就是全身的动、静脉血管网的总称，因此可以直接采纳现代医学已经明确的"血液循环系统"来替换，而且还可以采用"拿来主义"，直接调用成熟和得到公认的各种形式和版本的现代医学血液循环图来解释，补上这一块内容。

如果这样做，错是不会错的！因为本来人的全身就分布着动、静脉和密布对应的毛细血管网，把它作为"十二正经"

对应脏腑以及其它分支的附属"血脉"，也说得过去，因为现代解剖学已经清楚地表明人体每个脏腑都有一对专有的动、静脉供血。但在**"境界"**上很明显还是比较牵强，总是不如在《黄帝内经》中找到直接的论据令人**"过瘾和感动"**！

如果能够找到岐伯或"扁鹊"的一句原话来背书，那才是"一句顶十万句"、最有说服力的证据！

感谢生活的安排，在加拿大、多伦多所学习的中医学院一个特殊的"古典特定经络、穴位组合针法课"实习时使我突然意识到，原来《黄帝内经》对于"脉血"与"经络"的关系确有专门论述，只是比较支离破碎、很分散，不成系统，但是却可以"管中窥豹"，相关内容足以拓展思维和想象空间，去感知和体会古人先贤的智慧，而且其中的理论基础结构，其实它就摆在我们**"眼前"**，后世医家在实际应用中都在默默地运用。真是"踏破铁鞋无觅处，得来全不费功夫"。相信大家可能会有些诧异，关于"脉"的论述原来竟是"它"！

中医断病，"脉诊"是核心之精华。有"脉"者生、无"脉"者死！如果换位思考一下，假设让我们站在古人的角度来对这一维持生命最重要的**"脉"**进行认识和定义，该如何入手呢？当然就是用古人先贤最擅长的符合辩证法思想精髓的**"一分为二"**认识论来定义。

既然"脉"的本质功能是"维持生命的存在"，那么不妨给先它加一个形容词定语变成：维脉，则定位就更显**精确**了。这里"维"和大家熟悉的"维生素"中"维"字的含义是一样的，即"维持生命"，那么这个"维持生命"的"维脉"就可以按照"一分为二"的"阴、阳"观点对应分成**"阴维脉"**和**"阳维脉"**两个相互对立、统一的大类。其中"阴维脉"对应具有物质属性的**"血和液"**，而**"阳维脉"**则对应具有能量属性的**"气和神"**。因为古人先贤认为一个正常的"平人"就是"气"、"血"兼顾、"阴平阳密"之人。

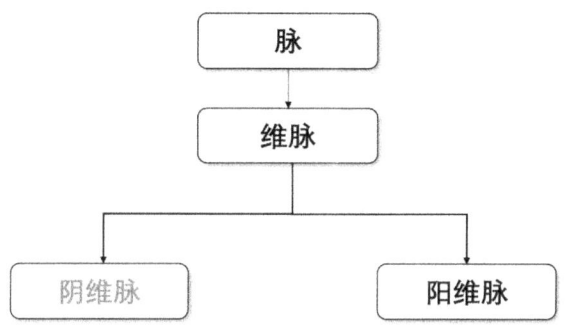

Fig.3-1 "脉"和"维脉"的分解图

所以下面我按照这个思路开始分析：首先要特别注意的是，在《黄帝内经》中，中国古典哲学认为，任何事物的属性都可以从"阴和阳"两个方面来看待，这也符合辩证法的核心要求，那么，再重复一遍，"维脉"在中医基础理论中就可以顺理成章且理所当然地被"一分为二"，分别对应并被赋予、对应**"阴维脉"**和**"阳维脉"**二个名称。如果你接触过中医，回头来看一看、想一想在所学过的中医基础理论中，哪里出现了这两个概念？对了！在**"奇经八脉"**之中，它们的具体名称如下：**阳维脉、阴维脉、冲脉、带脉、阴跷脉、阳跷脉、督脉和任脉**。

3.2 《黄帝内经》之 "奇经八脉"

熟悉《黄帝内经》的人，一定会感到，根本见不到关于**"奇经八脉"**完整论述，与之相关的基本概念在书中的踪迹的确有，但却十分散乱。有时"经脉"就简约成了"脉"，有时又简约成了"经"。"槛外人"会觉得很乱，没有章法，因为它需要依据不同的前后文和应用场合与话语氛围来进行判定。不过在现存的《中医基础理论》中却出现了一条很重要的线索，它就是："扁鹊"（约公元前四到五世纪）所著的**《难经·二十七难》**和约二千年后明朝的李时珍（公元 1470~1525）所著的**《奇经八脉考》**，其中对于**"奇经八脉"**有相对完整的定义和描述。

所以我们现在先来看一看"扁鹊"在《难经》中对于"奇经八脉"的描述。

"扁鹊"在**《难经·二十七难》**中说：（督脉、任脉、冲脉、带脉、阳维脉、阴维脉、阴跷脉、阳跷脉）**"凡此八者，皆不拘于经，故曰：奇经八脉"**。

岐伯在**《黄帝内经》**中说：（十二正经）**"阴阳相贯，如环无端，莫知其纪，终而复始。其流溢之气，入于奇经，转相灌溉，内温脏腑，外濡腠理。奇经凡八脉，不拘制于十二正经，无表里配合，故谓之奇"**。

3.2.1 后世医家对以上相关段落的理解

（1）"奇经八脉"与"十二正经"是两套独立的体系，其不同点如下：

1）"奇经八脉"不隶属于脏腑，又无表里配合关系。

2）"奇经八脉"除任、督二脉有自己的独立俞穴外，其他六条经脉的俞穴都寄附于"十二正经"与任脉和督脉之中。

3）"奇经八脉"的循行错综于十二经脉之间，而且与"十二正经"在人体多处相互交会，因而"奇经八脉"有涵蓄十二经气血和调节十二经盛衰的作用。

(2) "奇经八脉"与"十二正经"相关联之处如下：

1) 当十二经脉及脏腑气血旺盛时，"奇经八脉"能加以蓄积，当人体功能活动需要时，奇经八脉又能渗灌供应。**《难经·二十七难》**把十二经脉比作"沟渠"，把"奇经八脉"喻作"湖泽"，即形象地说明了这一功能。

2) "经"包括"十二正经"和"奇经八脉"。经络系统大体分"经"和"络"两个部分，直行曰：经，旁支曰：络，络可分为十五络、孙络等。十二经脉是构成人体气血运行的主要通路，每一经脉各有其所属的脏腑，属脏的称为阴经，属腑的称为阳经。

3.2.2 目前"中基"教材对于"奇经八脉"最通行的描述

（1）"奇经八脉"的分布部位：与十二经脉纵横交互，八脉中的督脉、任脉、冲脉皆起于胞中，同出于会阴，其中督脉行于背正中线；任脉行于前正中线；冲脉行于腹部会于足少阴经。奇经中的带脉横行于腰部，阳跷脉行于下肢外侧及肩、头部；阴跷脉行于下肢内侧及眼；阳维脉行于下肢外侧、肩和头项；阴维脉行于下肢内侧、腹和颈部。

（2）"奇经八脉"的作用：

1)沟通了十二经脉之间的联系，将部位相近、功能相似的经脉联系起来，起到统摄有关经脉气血，协调阴阳的作用；

2)对十二经脉气血有着蓄积和渗灌的调节作用，奇经八脉犹如湖泊水库，而十二经脉之气则犹如江河之水。

（3）"奇经八脉"中的任脉和督脉的地位：

任脉：又称"阴脉之海"，行于腹面正中线，其脉多次与手足三阴及阴维脉交会，能总任一身之阴经，即与手足六阴经有密切联系。任脉的位置起于胞中，与女子妊娠有关，故有"任主胞胎"之说。 具有调节全身诸阴经经气的作用；（注意此处，阴经和阳经的物理定义还未明确，不能将其与现代医学概念直接相连）。

督脉：又称"阳脉之海"，行于背部正中，其脉多次与手足三阳经及阳维脉交会，能总督一身之阳经。督脉行于脊里，上行入脑，并从脊里分出属肾，它与脑、脊髓、肾又有密切联系。具有调节全身阳经经气的作用。

"任、督"二脉因有其所属的俞穴，故与"十二经"一起全称为"十四经"。"十四经"均具有一定的循行路线、病候和所属俞穴。

以上是现代中医基础教材中关于"奇经八脉"的定义，它属于目前一种普遍的说法，下文我将基于此做分析。为了提高效率，我先根据自己的体会先"立论"，即：先下一个结论作为论点，然后再开始分析，这样问题的焦点会比较集中。

3.3   分析与讨论

如上所述，后世医家和现代中医基础理论对于《黄帝内经》中岐伯和《难经》中"扁鹊"对于"奇经八脉"的定义进行了内涵和外延的扩展解释，但是这些解释中都出现了一种**"想当然"**的空想成分，在现代中医基础理论中，所有形象的比喻大部分都还是直接翻抄古书的定义，都没有得到现代科学理论成果的验证和支撑。

我的论点如下：

"现代中医基础理论"中对于"奇经八脉"的认识至少有 80%是错误的，而且这是一个方向性的错误。

错误在于："现代中医基础理论"认为"奇经八脉"是人体经络走向的另一个类别和体系，将"奇经八脉"与"十二正经"这两个概念**并列**了起来。

这是一个认识方法论的错误，不但没有揭示出"奇经八脉"与"十二正经"之间清晰的逻辑关系，体现出它的重要性，反而动摇了整个《黄帝内经》所建立的理论体系的科学基础，后世医家在这种错误的基础之上，又各自为政，相互主观和片面的错解更加重了这种理论体系的混乱。

我们仔细体会"现代中医基础理论"关于"奇经八脉"叙述的原文，仔细研究其中的表述，就会发现，它表达了这样一个不严谨的思维逻辑，即："奇经八脉"是另外一套"经脉"体系，但是它自身并无特定的穴位，而是与"十二正经"分别共享了几个特殊的穴位点，所以它不过是古人对于"十二正经"说的一种补充，是对十二经脉气血有着蓄积和渗灌的调节作用的，它看似"八个湖泊"对"十二条大江大河"的调节和平衡补充。

这种看似形象生动的比喻却反映出当前的"中医基础理论"对于《黄帝内经》具有的内涵产生了明显的认识错误。当然这种认识的产生，的确有一个历史原因，就是在《黄帝内经》里确实提到了"十二正经"和"奇经八脉"的概念和定义，但是却没有很清晰地表达出二者之间的关系。如在《黄帝内经》说："**阴阳相贯，如环无端，莫知其纪，终而复始。其流溢之气，入于奇经，转相灌溉，内温脏腑，外濡腠理。奇经凡八脉，不拘制于十二正经，无表里配合，故谓之奇**"。看似的确乎**"奇经八脉"**与**"十二正经"**是并行的**两套经络体系**概念，但是要注意，在这里，岐伯的**"不拘制于"**已经明说了"十二正经"**管不着**"奇经八脉"，这意味着二者可能是"**平级**"，即当前公认的"**并列**"关系；但是还有一种可能性，那就是刚好恰恰相反，<u>即"十二正经"**被拘制于**"奇经八脉"</u>，也就是"奇经八脉"的等级要高于"十二正经"，这样，二者的关系就不是后世医家和当前中医基础理论公认的"**并列**"的概念了。

因为"**并列**"的关系是目前的共识，所以要证明它是错误的，必须要另寻逻辑证明的工具。故在此，我以现代人体医学科学的知识为背景和依据来分析、证明和标定这两者之间的关系。

3.4   "阴维脉"和"阳维脉"与"现代医学理论"的关系

现在回到前文开始，我们首先将脉分成了"**阴维脉**"和"**阳维脉**"，下面开始继续用"一分为二"的观点往下分。

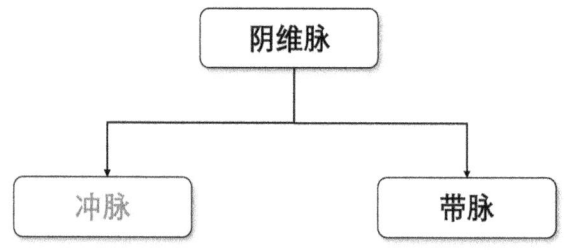

Fig.3-2   "阴维脉"的分解图

在"**阴维脉**"这个分支里，来思考它应该包含的组成单元。将现代医学解剖学的知识结合进来，可以很容易地联想到，"阴维"这个维持人体生存最重要的部分就是人体"**五脏六腑**

"和与之密切相关的人体的**"体液"**，包括血液、淋巴液和各种组织液，即：维持整个人体的营养循环体系的正常功能。它最佳的匹配选择就是对应**"奇经八脉"**中的**"冲脉"**和**"带脉"**。所以整理一下思路，我在此做如下定义：**"阴维脉"下辖"冲脉"和"带脉"，特指人体的"五脏六腑和血液和体液及各种组织液所依附的通道和组织结构"**。简单地说，**"阴维脉"**相当于人的**"血液、体液与内分泌系统和对应的脏腑器官"**。

现在如法炮制，再次结合现代医学解剖图来体会分析**"阳维脉"**的组成结构。

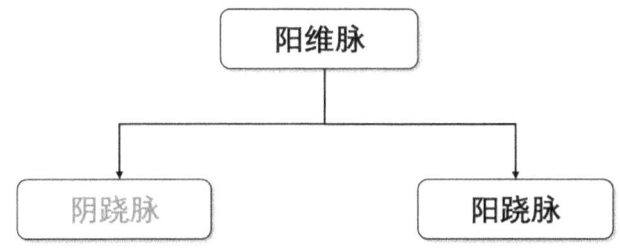

Fig.3-3　"阳维脉"的分解图

"阳维脉"的功能是维持人体的"阳"的所有属性，实际上就是人体具有**"思想意识"**和**"行动与能量转化能力"**的功能属性。

我在此做如下的定义：**"阳维脉"下辖"阳跷脉"和"阴跷脉"，它特指人体的"神经系统"以及其所控制的四肢及躯体运动系统、肌肉、骨骼以及内脏神经系统和精神活动的功能。**

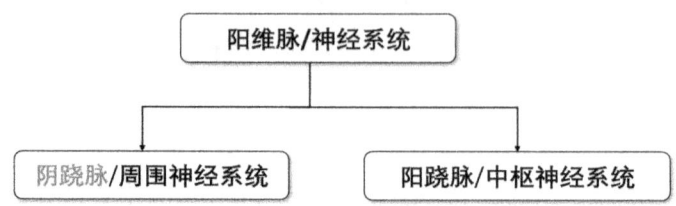

Fig.3-4　"阳维脉"与"神经系统"的分解图

现代医学人体神经系统的分配如下图所示:

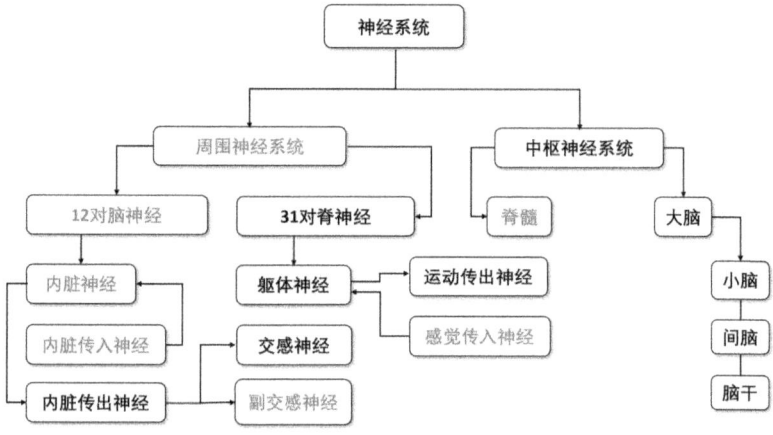

Fig.3-5　现代医学"神经系统"关系图

可以看到，**"阳维脉"**所对应的现代医学的**"神经系统"**的
分类是比较复杂的，但是总体上可以分为"中枢神经系统"和"
周围神经系统"。其中"中枢神经系统"包括"脑"和"脊髓"；而
"周围神经系统"则包括"躯体神经"和"内脏神经"。"内脏神经"
则进一步下分为"内脏传入神经"和"内脏传出神经"。"内脏传
出神经"进一步"一分为二"，则划分为"交感神经"和"副交感神
经"。"躯体神经"之中的"感觉传入和运动传出神经"以及"内脏
传出神经"中的"交感神经"控制人的肌体在紧急情况下（保命

逃跑）的运动和反应，属于人体"本能"的反应，"动"刚好属于"阳"的范畴。"内脏传出神经"中的"副交感神经"则是在脱离危险、平静安全的环境下，对于人体行动的"负反馈"控制，保证机体的内脏器官的生理功能平静、稳定运作，"静"刚好属于"阴"的范畴。

如果把**"阳维脉"**看成是中医**"气"**的代表，**"阴维脉"**看成是**"血"**的代表，那么前文所说的中医基础理论**"只见经络而不见血"**的问题看似就可以解决了，这就是说，我们找到了这个原始依据，利用《黄帝内经》中的"奇经八脉"中的**"阴维脉"**和**"阳维脉"**的理论，使"中医古典理论的系统整体框架"与"现代医学科学理论"至少在最高的**"阳"**（阳维/神经系统扩展）与**"阴"**（阴维/内脏与体液、血液循环系统扩展）境界或者说是中医**"气"**与**"血"**的层次上就实现了相容和衔接了。

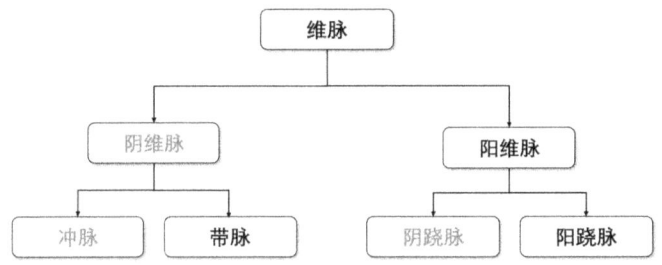

Fig.3-6 "阴维脉"和"阳维脉"的关系图

人类医学历史的发展也完全可以验证这种假想和推断。比如直到今天还有很多主修西医学课程、不学经典《黄帝内经》的中医学子或只把它当做"选修课"的中医药大学，把现代医学基础理论和解剖课作为主课，照样每年毕业大量的各个层次的中医毕业生，只需要背一些简单必须的一级"伤寒"条文和基础方子，也可以在毕业之后走向社会去吃中医这碗饭，虽然吃的可能很辛苦。中西医对于疾病的理解层次和治疗方式会有所不同，但只要都能治好病，则在核心的底层逻辑和理论层面一定是相"通"的，因为人体的结构本质永远不会变。

那么这个问题的本质在物理层面的关系到底是怎样的？为什么会这样？这是否意味着中医有逐渐被现代医学取代的趋势呢？**"十二正经"**的地位又在哪里？

所以我们下面必须要更进一步，仔细地研究**"奇经八脉"**里面的各单元之间的定义，彻底搞清楚它与**"十二正经"**之间的逻辑关系，真正找到古典中医基础理论与现代医学科学理论之间相互沟通的**"桥梁"**，用科学的分析方法来彻底**"还原"**《黄帝内经》的本来面目，实现一个彻底的认识论的飞越！

所以下一步要做什么就很明确了，将火力聚焦在**"奇经八脉"**的具体的八个脉，彻底搞清楚它们各自的内涵与外延。

3.5   在第一层次的"阳维脉"与"阴维脉"

维脉的"维"字，含有维系、维络的意思。

《难经·二十八难》："**阳维、阴维者，维络于身，溢蓄不能环流灌诸经者也。**"

《难经·二十九难》："**阳维维于阳，阴维维于阴，阴阳不能自相维，则怅然失志，溶溶不能自收持。阳维为病，苦寒热**"。因阳维分布头肩各部，故主寒热等表证。《脉经》卷二："**诊得阳维脉浮者，暂起目眩，阳盛实者，苦肩息，洒洒如寒**"。说明：阳维有维系、联络全身阳经的作用；阴维有维系、联络全身阴经的作用。在正常的情况下，阴、阳维脉互相维系，对气血盛衰起调节溢蓄的作用，（如果）阴、阳维脉不能相互配合支撑，人的精神状态就不能正常表达而

"失志"，如同人生失去了目标，处于涣散的状态。注意这里并没有明确说会得什么病，出现什么症状。

阳维脉：

功能：**"维络诸阳"**；即：维络诸阳经。《素问·刺腰痛篇》**"阳维之脉令人腰痛，痛上怫然肿，刺阳维之脉"**。

起于足跟外侧，向上经过外踝，沿足少阳经上行到髋关节部，经胁肋后侧，从腋后上肩，至前额，再到项，交会于督脉的风府、哑门，腰脊、下肢、头肩。

交会穴：金门（足太阳经）、阳交（足少阳经）、臑俞（手太阳经）、天髎（手少阳经）、肩井（足少阳经）、头维（足阳明经）、本神、阳白、头临泣、目窗、正营、承灵、脑空、风池（足少阳经）、风府、哑门（督脉）。

"阳维脉"这个概念中的"阳"字一方面对应充满活力的人体的整个有机实体，主要包括人体的四肢、皮肤、骨骼和肌肉和控制行动的神经系统，另一方面也对应着人体的行动能力、生存能力、劳动能力和运动能力。所以"阳维脉"这个概念的内涵就是"维持人体生存和运动生理机能的脉"。人体要能够运动，宏观上看，必须包含维持运动的神经系统和由运动神经系统控制的肌肉骨骼等，而这一部分的内容，现代医学已经完全明确，所以在下文，我再将现代医学的概念与中国古典医学的概念相结合，在细节部分要根据客观事实做一些主动调整，因为中国古人的定义与我们现在理解的程度有所不同。

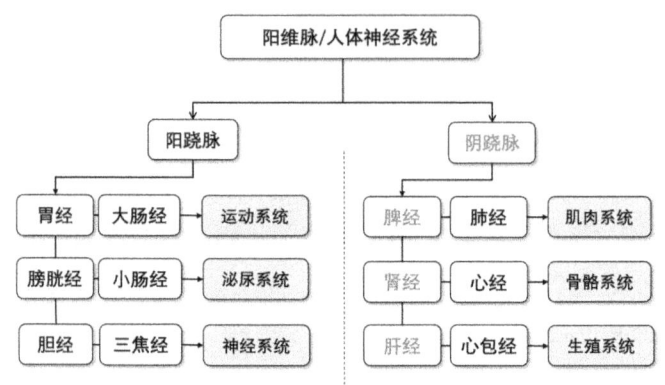

Fig.3-7   "**阳维脉**"分支与"**人体神经系统**"关系图

如上图所示，我直接将现代医学已经公认的人体"神经系统"结构图，引入至"**阳维脉**"的左侧分支"**阳跷脉**"。现代医学对应人体的"人体中枢神经系统"和"周围神经系统"。"周围神经系统"还对应着以下两个概念："躯体神经"和"内脏神经"，我将之引入了右侧分支"**阴跷脉**，而"**阴跷脉**"结构实际上还暗含了整个人体的"**五脏六腑**"和"**肉身**"，即头面、躯干和四肢、骨骼以及所附的肌肉的实体结构，它们是肢体运动的物质基础，它也是现代医学的肌肉、骨骼解剖研究和实践的发源之地。

人要主观能动地去认识世界和改造世界，一方面要能够行走、劳动和生存，去同客观世界打交道，获取生产资料，改善生存的客观环境；另一方面还要进行人与人的交流和思想的沟通，形成自身种族的文明和文化认知的思想体系，才能进入到可持续性的发展空间，所以"**阴跷脉**"和"**阳跷脉**"要相互配合，才能实现"**阳维脉**"内涵的定义。

　　中国古人在构造"阳维脉"下属的两个阴、阳分支时，用了"跷"字，即形象又生动，它代表了人的脚、小腿和下肢相关的关节动作，比如大家经常习惯的"跷二郎腿"，民间过节的"踩高跷"就是用特制木棍拔高小腿，表现行动力的娱乐方式，还有女子所穿的高跟鞋和芭蕾舞足尖鞋的艺术魅力表达，等等。"千里之行，始于足下"，人的行动要靠"跷"来完成，所以广义上其"人体行动能力"体现的外延还可以推广到人的四肢的功能实现。

　　这样做，很明显，**"阳维脉"**这个"脉"的概念看似成了"光杆司令"，我把它"保留编制，闲置起来"，看看后面对于整个中医体系的理解有无帮助。可以发现，它实际上是"足三阳经"和"足三阴经"的功能体现。同样，从"阳维目锐外关逢"可以看出"阳维脉"与"外关"穴的关系。"外关"穴是手少阳三焦经的特定穴。"三焦经"经膜是一个与"手厥阴心包经"对应的独创的概念。它是控制人体全身能量释放与转化的**"道场"**，它本身是属**"阳"**的，实际上就是**"带脉"**的物理基础。

　　"三焦经膜网"我已经在第二部分的"论经络的物理基础"一文中讨论过，它分为两个并列的概念，一个是"大脑内部皮层"为主的人体神经系统对应的"阳跷脉"，另一个是与人体神经传导递质、能量释放和津液和免疫系统相关的"带脉"。在"奇经八脉"里，四肢、骨骼、躯干和肌肉相关各个层次的扩展对应的就是人体负责运动能力的"阴跷脉"，与它对应的就是与之相关的"冲脉"，即：人体全身的"动、静脉血液循环网"。

　　而"冲脉"和"带脉"则属于"阴维脉"的下级分支。

阴维脉：

功能："维络诸阴"；即：维络诸阴经，交会于任脉的天突、廉泉。

交会穴：筑宾（郄；足少阴），冲门、府舍、大横、腹哀（足太阴），期门（足厥阴），天突、廉泉（任脉）。此外，手厥阴心包经的内关穴通于阴维。

《素问·刺腰痛篇》：刺飞阳之脉，在内踝上五寸，少阴之前，与阴维之会。《难经·二十八难》：阴维，起于诸阴交也。

我将"**阴维脉**"的概念等价于现代医学所明确的"**人体血液、体液和内分泌循环系统**"。这个定义还需要在《黄帝内经》和相关的后学发展典籍中寻找答案。岐伯早已名言"阴主内，阳主外，阴为里，阳为表"。结合现代医学的共识，主动脉以及各个脏腑的动脉都是隐藏在体内深处，为里，而静脉网则大部分分布在外层体表之下，很多可以用肉眼直接看到。各种注射药剂和输液都是通过静脉网来实现的，因为这样更为安全有效。所以这里用"**阴维脉**"来统领"动、静脉网"，可以用《医宗金鉴》里"**八脉交会穴**"歌中的第二句"**内关阴维下总同**"来做一个侧证，"内关"是"手厥阴心包经"的一个非常重要的穴位，它也是"心包经"与"阴维脉"的一个"交会穴"，可以用于"心脏病"相关疾病的急救，它的本质就是直接刺激了"心脏周围内脏神经系统的功能恢复"，这种恢复的结果当然就是"心脏供血功能的恢复"，当然也就与供血主要通道的"动、静脉网"相关。而"手厥阴心包经"通过"内关"与"阴维脉"相"通"，控制了心室和心房的心肌的收缩和舒张以及内脏神经网的调节。

同样可以推导出来，如果将**"阴维脉"**中的"人体体液"看成是**"阴"**，那么就必须要有一个与它相匹配的**"阳"**的成分，所以能够符合逻辑与之相配的就只能是在**"阴维脉"**中具有"传导、疏泄"实体功能的脏腑以及其对应的筋膜和各种管道对应的生理功能了，而这一块，刚好可以用**"带脉"**的概念来与之对应。这样一来，就可以顺理成章地将中医古典理论包含的概念与现代医学概念对应起来了。

从以上的分析可以得出一个结论，就是我们可以仅用古典中医理论的**"阴维脉"**概念以及其下一级的扩展**"冲脉"**和**"带脉"**就完全可以与现代医学的所有当前得到公认的血液和淋巴微循环理论在宏观层次上相容。后续的工作只是不断细化匹配工作即可。

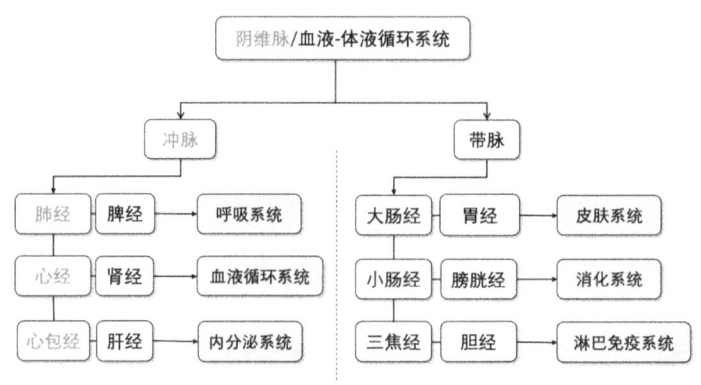

Fig.3-8　**"阴维脉"**分支与现代医学**"血液-体液循环系统"**关系图

至此，**"阴维脉"**的功能已经明确，下辖**"冲脉-人体血液循环系统"**和**"带脉"**，这样，就完成了古典中医与现代医学在人体体液循环系统范畴的统一。同**"阳维脉"**一样，**"阴维脉"**也没有自身特定名称的"穴位名分"，只能与其它的"阴经或阳经"共享几个"穴位"。既然是个"光杆司令"，仍然先把它"保留编制，闲置起来"，先从已经明确定义和内涵的第二层的"**冲脉**"和"**带脉**"、"**阴跷脉**"和"**阳跷脉**"入手，搞清楚它们的概念定义与在现代医学人体结构体系中的对应关系，再反过头来解决"**阴、阳维脉**"的地位问题。

3.6   在第二层次的"阴跷脉"与"阳跷脉"

跷：有轻健跷捷之意，有濡养眼目、司眼睑开合和下肢运动的功能。

阴、阳跷脉：   共主"阳动阴静"，共司"下肢运动与寤寐"。

3.6.1 "阴跷脉"的本质

人体的"**阴跷脉**"对应的内脏器官和肌肉组织。

《黄帝内经》的《灵枢·热病》："目中赤痛，从内眦始，取之阴跷。"

《难经·二十九难》："阴跷为病，阳缓而阴急。"

《奇经八脉考》："寸口脉后部左右弹者，阴跷也，动苦癫痫，寒热，皮肤淫痹。又为少腹痛，里急，腰及髋窈下相连，阴中痛，男子阴疝，女子漏下不止。

阴跷脉主一身左右之阴，司下肢运动。阴跷者，足少阴之别脉，其脉起于跟中、足少阴然谷穴之后，同足少阴循内踝下照海穴，上内踝上二寸，以交信为郄，直上循阴股，入阴，上循胸，入缺盆，上出人迎之前，至喉咙，交贯冲脉，入鼽内廉，上行属目内眦，与手足太阳、足阳明、阳跷 五脉会于睛明而上行。（按：阴、阳 跷 交会穴《甲乙》原无睛明，据《素问》王注补。）

阴跷脉的循行：起于足舟骨的后方，上行内踝的上面，直上沿大腿内侧，经过阴部，向上沿胸部内侧，进入锁骨上

窝，上经人迎的前面，过颧部，到目内眦，与足太阳经和阳
跷脉相会合。

　　主要病候：多眠、癃闭，足内翻等证。

　　交会腧穴：照海、交信；（肾经）睛明（膀胱经）。

　　如图 Fig.3-5 所示，人体"阴跷脉"对应的"周围神经系统"
也有两个分支，即已经得到解剖医学公认的"31 对脊神经"和
"12 对脑神经"。这两个部分合并在一起，按照在人体全身的
分布区域划分为"躯干神经"和"内脏神经"两个部分。

　　"周围神经系统"的右侧分支对应的"躯干神经"，它主导
了人体的身体四肢的行动和运动能力并包含了两个部分：
即负责神经信号传入的"躯体感觉传入神经"和负责神经信号
传出的"躯体运动传出神经"。这两个部分同时作用于人体的
各层次神经纤维、筋膜、肌肉和骨膜，通过肌纤维的收缩和
舒张，拉动骨骼各个对应节段随关节的约束各转动，实现人
体特定的动作，形成整个"运动系统"。

　　而在左侧分支对应的是"内脏神经"，它负责对人体所有
内脏功能运行进行调整。也包含两个部分，即负责神经信号
传入的"内脏感觉传入神经"和负责神经信号传出的"内脏感觉
传出神经"。需要指出的是，现代医学的研究认为，"内脏感
觉传出神经"往下又有两个重要的分支，即：交感神经和副
交感神经。其中"交感神经"负责控制人体器官在运动和紧急
情况下的所需功能实现，而"副交感神经"则负责人体在相对
平缓和休息的状态下，人体内脏消化和排泄等生理功能的正
常实现。二者互为抑制，它们的控制核心分布在大脑内部的
皮层和小脑、脑干的核心。

　　因为它包含了人体身体的运动的表达和控制，于"跷"字
的内涵完全吻合。要专门说明的是，现代医学人体系统分类

中的"运动系统"，包括"骨骼系统"和"肌肉系统"的功能也属于"阴跷脉"的内涵之中，这样才能准确地表达《黄帝内经》里用"跷脉"这个概念的用意，基本对应现代医学的"骨科学"和"神经外科学"。而"内脏神经"的部分，包含感觉神经的"传入"和"传出"，直至"交感"和"副交感神经"也称植物神经系统的底层对于人体内脏功能的控制，也归属于"阴跷脉"的内涵范畴，基本对应现代医学的神经内科学。

这样的分类既符合中华医学**"阴、阳"**的内在关系，也符合现代医学公认的解剖成果和定义。

如果没有"阳维脉"中"阳跷脉"和"阴跷脉"对应的神经系统和传导通道来控制、筋膜和骨骼来支撑，人体就是"死"的、没有生机且"如土委地"般的一瘫肉。而一旦有了"阳维脉"对应的神经系统的控制，这个"肉身"就有了知觉和对外界刺激的反应特征。将具有输出执行机构功能的"肌肉、骨骼和筋膜韧带组成的运动系统"与躯干神经相结合，人体的躯干和肢体就可以配合来自上级神经信号的脉冲进行相关的动作，使"阴跷脉"这个概念具有了真正的主动意义上"行"和"动"的功能，再加上作为"阳跷脉"的人体中枢神经系统作为最高级别的控制，使人体躯体四肢与内脏功能相互配合，并与大脑思维结合，成为具有思想和创新能力的人。

因为"跷"字与人的腿脚行动密切相关，如前面提到的民间春节期间"踩高跷"游乐活动，就是在有意识借助木制小腿来伸长"下肢"，扩展"跷脉"的应用价值，所以此处用之，非常准确和生动。当然还有一个更为深层的含义，即：这里的"跷脉"，"脉"字已经突破了"管道"的限制，它实际上还包含了人体的"神经系统和肌肉各个层次结构"，因此在此处，"脉"又具有了"经"的属性，此说法并不是我的个人臆造，岐伯他老人家也是这个意思，故用了**"阴跷脉"**和**"阳跷脉"**二个词组来表达其内涵。

3.6.2 "阳跷脉"的本质

现代医学的研究成果表明，人体的所有的脏腑生理活动、思想活动以及身体的各种骨骼、肌肉和筋腱运动都是由"神经系统"来控制的，因此将**"阳维脉"**对应整个**"人体的神经系统"**。

而整个神经系统有两个分支，即：（我自定义的）对应**"阳跷脉"**的**"人体中枢神经系统"**和对应**"阴跷脉"**的**"周围神经系统"**。

阳跷脉的循行：起于足跟外侧，经外踝上行腓骨后缘，没股部外侧和胁后上肩，过颈部上挟口角，进入目内眦，与阴跷脉会合，再沿足太阳经上额，与足少阳经合于风池。

主要病候：目痛从内眦始，不眠，足外翻等证。

交会俞穴：申脉、仆参、跗阳；（太阳经）居髎；（阳明经）臑俞；肩髃、巨骨；（小肠经）天髎；地仓、巨髎（三焦经）、承泣；睛明；（太阳经）风池（少阳经）。

阳跷主一身左右之阳。同时还有濡养眼目，司眼睑的开合和下肢运动的作用。主要临床表现：腿腹肌削，痿痹无力，下肢阴经弛缓或阳经拘急的足外翻，癫狂、嗜睡或失眠，目内眦赤痛，眼睑下垂或两目开合失司，舌淡，苔白，脉虚。

由前图可知，在《黄帝内经》当中，关于**"阴跷脉"**和**"阳跷脉"**的内容只有简略的位置走向的描述，这也是造成了后世医家并没有在此方向进行进一步的深化和扩展。也就是说**"阳维脉"**这个概念只给我们提供了一个空虚的框架，并没有详实和可操纵的内容填充其间。在实际的中医治疗过程中，除了个别借用其它经脉的穴位和增加了几道相关的考试题之外，实际上并没有起到广泛和实际有效的作用。为什么？看看上面的原理图就明白了，在两千多年前或更早的年代，中国古人对于人体的神经系统无法达到今天这样详尽的认识程度，因为显微镜等相关技术是在西方文艺复兴的代表人物伽利略之后才诞生的。注意这里并不是说岐伯就不知道有神经，因为人体的粗大的臂丛神经和坐骨神经是普通人都非常显而易见的，但是古人对于大脑中枢神经系统的动作控制原理肯定是不明确的。从《黄帝内经》原文中可以看到，岐伯已经认识到了，神经系统与人体的行动能力直接相关，因此在这里将之内涵核心用显而易见的粗大的贯穿大、小腿的"坐骨神经"来领军，而将各种生理运动机能所归属的外延，通用一个"跷"字来带代表。

用"冲脉"与"带脉"来统领人体的血液、体液和内分泌循环系统以及所对应的现代医学的人体各大器官组织和用"阳跷脉"与"阴跷脉"来统领"人体神经系统"则是我的主观调整。

我们要感谢岐伯和扁鹊，在进行人体医学认识体系总体设计的时候，预留了这个宝贵的发挥自我的位置空间，使我们能够利用现代科学知识来填充完整之，实际上就是实现了古代中医与现代医学在最高也是最底层核心概念逻辑上的统一。这意味着，我们已经找到了中西医结合的理论"坐标原点"。这样安排既包容了《黄帝内经》和《难经》里对于"阳维脉"和"阴维脉"的定义，又能够以最合乎逻辑和合理的方式用现代科学理论来解释古人正确的概念，链接破碎的片段从而形成完整的逻辑链条。

3.7   在第二层次的 "冲脉"

前面说过，《黄帝内经》对于"奇经八脉"的记载的确比较分散和杂乱，其中讲的最多的也就算是"冲脉"了。所以现在，我先开始从隶属于"奇经八脉"之一的**"冲脉"**入手，采用现代医学科学已经明确公认的知识来验证它的科学性，校正它的不确定性，再将这个概念的内涵和外延补充完整。

3.7.1　《黄帝内经》中的冲脉

"冲脉"又称**"血海"**，起于胞胎之中，上至于头，下至于足，贯穿全身，成为气血的要冲。能调节十二经气血，故又称**"十二经脉之海"**。

在《内经》中对于"冲脉"的讨论是相对内容文字数量最多的。主要的内容分散于《上古天真论》、《逆顺肥瘦篇》、《举病论》、《五乱》、《动输》、《无音五味》、《痿论》、《气府论》和《空骨论》等篇的论述中。其中在《痿论》中也谈到了"督脉"和"带脉"。由此关联的"奇经八脉"也表现为缺乏系统性的论述，的确造成了理论不统一性、不确定性，因此后世医家做了很多的阐述。

《灵枢·逆顺肥瘦》：夫冲脉者，五脏六腑之海也，五脏六腑皆禀焉。其上者，出于颃颡，渗诸阳，灌诸精；其下者，注少阴之大络，出于气街，循阴股内廉，入腘中，伏行骭骨内，下至内踝之后属而别。其下者，并于少阴之经，渗三阴；伏于出跗属，下循跗，入大指间。

3.7.2　"冲脉"循行路线

所载多有出入。**"冲脉"**起于胞中，处于关元，名之曰**"太脉"**-《灵枢-五音五味》；**"至中极，下络会阴，然后分别而行"**-《素问-空骨论》；**"冲脉任脉者，皆起于胞中，上**

循脊里，为经络之海。其浮而外者，循腹上行，会于咽喉，
别而络口唇"-《针灸甲乙经》。

冲脉起于胞中（小腹内），下出会阴部，并在此分为三
支：一支沿腹腔前壁，挟脐上行，与足少阴经相并，散布于
胸中，（沿着腹部两侧）再向上行，经咽喉，环绕口唇；一
支沿腹腔后壁，上行于脊柱内（柱内刚好有一对血管，可作
为及依据）；一支出会阴，分别沿股内侧下行到足大趾间。

主要病候：腹部气逆而拘急。

交会腧穴：会阴，阴交（任脉）；气冲（足阳明）；横
骨，大赫，气穴，四满，中注，肓俞，商曲、石关、阴都、
通谷、幽门（足少阴）。

注意：**冲脉自身没有所属的穴位，需要借用或共享"任
脉"、"脾经"和"肾经"的几个特殊的穴位。**

综合上述经文描述，冲脉始起于脐下胞中。其循行分为
上、下两大部分。上行部分又分为前后（其中前行的是冲脉
循行的主干部分），下行部分亦分为两支（一只前而下，位
于大腿内侧；一支后而下，到达足背）。其经气所致则与各
经脉相连通，散步周身。

3.7.3 "冲脉"在当前中医基础理论中的功能定义

冲脉具有调节十二经气血之作用，冲脉气机升降失司，
则气从少腹上冲，或呕吐，恶心，咳唾，吐血；冲脉起于胞
中，冲脉气逆，则腹内拘急疼痛，胸脘攻痛，妊娠恶阻。
"冲为血海"，有促进生殖能力及调节月经作用，冲脉虚衰，
血海不足测月经量少色淡，甚或经闭，不孕，或初潮经迟，
或绝经过早，少腹疼痛；血虚儒养功能减弱测头晕目眩，心
悸失眠；男子冲脉伤损则阴器不用；血海不足则发育不良，
或须毛稀少，不能生育；舌淡，脉细弱为虚衰之象。冲脉气

结，气机失于调达测经行不畅，量少或愆期，或乳房胀痛，乳汁量少，或少腹积块，游走不定。

3.7.4 分析与讨论（结合现代医学理论）

首先"冲脉"的定义十分特别，"冲"字在教材中有"要冲"、"重要"、与"生殖系统相关"的结论，岐伯又专门创造了一个"冲脉"说明它与人类的五脏和生殖系统密切相关，它还通脑，因此与"督脉"和"任脉"又有"一源三岐"之说。

本人认为，此处的"一源三歧"不能简单地认为就是"任脉、督脉和冲脉是同根同源，花开三朵，各表一枝"，它还有更深层次和更加深刻的含义。从《黄帝内经》的叙述中可以很明显看出，"冲脉"既然是**"十二经脉之海"、"血海"**，当然就有汇集人体所有"体液"的功能，或者说是所有"体液"生发的本源。结合现代生理学的知识，与"体液"相关又有"冲"字特性的系统是什么？当然是且只能是具有能够提供"一定流速"和"一定压力"的管道，哪种管道具有这种功能呢？对了，是"动脉血管"，所以可以先认为"冲脉"就是专指大脑供血和上腹部的心肺血液循环系统和胸腹腔内部深处的五脏专用大动脉血管，最重要的是它有一条分支专门供血给脊椎内的中枢神经，在《黄帝内经》中也专门提到了这一点：**"向上行于脊柱内"**，同时还支撑着肝、心、脾、肺、肾和六腑器官等所有内脏的供血。

但是我认为还有一种最为关键之处是它维持着人体"血液"的合成。人的血液是由"精"生化而成，而"精"就是储藏在脊椎和骨骼内部"脊髓和骨髓"，特别是它"通脑髓"和"肾精"。因此"冲脉"的另一个重要功能是"传递、运输和造血"，制造血红细胞。《黄帝内经》和现代医学都认为"脾生血"和"骨髓生血"。从**"冲"**字结构也可以体会到它"在人体内**中**部，与**体**

液相关而且在血管中流速是打冲锋般的快"。不但如此，如果把古典中医的"冲脉"看成是"狭义"的血液循环的概念，则应该还有一个"广义"的概念与之相匹配。所以这里还需要进一步扩展思维："冲脉"还应该在广义上包含人体血管网所支撑和提供营养的所有内脏器官和机体组织这个最终的目的地。所以"冲脉"的核心不仅在大脑和胸腹部的供血，同时还贯穿了人体的上下肢、动静脉血管网和具有造血功能的骨髓。

　　所以分析到此处，应该能明白了，**所谓"冲脉"者，结合现代医学科学的定义，"人体全身血液循环系统"也！**因为只有心脏的左右心室收缩和扩张产生的"动脉血"才能真正体现"冲"的特性和动力传输的能力。如果当前你手边有现代医学的"人体血液循环图"，打开它，"冲脉"就是流动着鲜红色血液的动脉血管网以及与之并行且不离左右的标明蓝色血液流向的静脉血管网。

　　但是这里要特别分享给大家，我曾经主观想当然地把"蓝色的静脉血管网"配属给"带脉"，看起来好像符合"一阴一阳、一动一静、一红一蓝"的辩证法格式，但是长时间验证却无法走通逻辑，反复在《黄帝内经》和现代医学解剖图中验证寻觅，一瞬之间，突然醒悟！虽然输出"动脉血"的左右心室与输入"静脉血"的左右心房的收缩和扩张构成了整个血液循环系统，但是在血管中静脉血是以"负压"的方式"静悄悄地"回流至右心房的。而在几千年前中国古人虽然能够观察到人体内部的某些血管中既有色泽鲜红、流动迅捷有力的血液，也有一些血管内部的血色深暗、流动缓慢的血液，但是还没有现代医学"动、静脉血"的概念，或者说是将二者在功能上"混为一谈"的可能性很高才比较合理，即：古人在观察时更多的注意力总是放在了"动脉血"的"瞬间脉冲式高压和高流速"特性身上。所以岐伯在此当然是"抓主要矛盾"，以"冲脉"统而代言"人体全身的动脉和静脉血管网"。这样一分，问题就清晰、简洁、明快了起来。

"血"是由五脏和人体骨骼的软骨组织将各种体液在先天肾精中 DNA 的控制下完成合成的。大腿骨的骨髓软组织是造血的主要器官，女子以"血"为主，特别是要养胎和主生殖，因此女子的妇科特别重视冲脉，男子当然也一样，而且将它与肝经密切联系，冲脉流动受阻，肝经所主的宗筋对应的性能力就会下降，冲脉一旦受伤，必然会影响发育和生殖，所以它表现的特别充分。冲脉受损问题在当前也有广泛的现实意义，比如造血机能的功能失调引起的：不孕不育、小儿白血病、地中海贫血、血红细胞先天镰状畸形，胎儿神经管发育畸形，等等。

这里再明确一下，中医认为"脾主生血"、"人体骨髓造血"、"肝主藏血"，因此"冲脉"对应的血液循环与人体的脾、肾、肝等内脏器官的功能密切相关，　中医与现代医学的认识是完全相通的。"脾"的运化功能中的造血功能，就是指将人体通过每天胃肠吸收营养物质和水分，通过化学反应合成人体的血液以供应全身的需要，这个量是巨大的，属于后天的获得。而骨髓的造血功能则完成了其中血液组分质量的"标定"，保证了血液质量的稳定、因人而异，血红细胞、白细胞和各种粒细胞的最后"定性"和功能的"标定"就是在骨髓中完成的。它相当于调酒师用"调味酒"完成原料酒的"勾兑"，实现调整各批次酒，使之口味统一的功能，是非常精细的活，事关成败。而这种"标定"功能是属于"先天"的，极为重要，受损后很难恢复，很多小儿白血病等血液病就是因为在幼儿后天尚未完善阶段，身体抵抗力不足，外邪和毒素伤害了先天的造血功能。而在后天的成长阶段，来自先天的造血功能也有可能受损而导致严重的血液病，如众所周知的自身免疫性疾病如 HIV 艾滋病，等等。

正是因为"冲脉"独具这种使气血输布的动力，才使其成为"诸脉之冲要"，使其具有"十二经脉之海"之称。要说明的是，在这里的"经脉"中，"经"泛指所有与储血密切相关的内脏器官，而"脉"在本质上指的就是：人体动静脉血管网。它最重要部分的中心位置在"胸膈"，所以才有《医宗金鉴》里八会穴歌为证："血会膈俞（穴）"为证。而"十二正经"在本质上指的是"气"，会聚的位置在正胸下，所以古人才有"气会膻中（穴）之说。注意在这里，"经"是什么以及"经"与"脉"的关系我已经在第二部分的论述中做了最后的论证。

《医宗经鉴》中的"八脉交会穴歌"有唱词为证"公孙冲脉胃心胸，内关阴维下总同"。"公孙"是脾经的络穴，在脚踝部，"内关"是心包经的常用俞穴，在手腕内侧腕横纹以上二寸处。而胃、心、胸均在横隔之上，以横隔为依托，古人认为"膈"也是"冲脉"的一部分，故有著名的"八会穴"之"血会膈俞"，以"膈俞穴"来代表整个胸腔的"膈"。因此"脾"、"胃"、"心"等内脏和"胸"（在这里主指"肺"和"肝"）以及"冲脉"和"阴维脉"对应人体上下肢的血管网（都属于"冲脉"的概念集合，是广义的"冲脉"），这样就与现代医学的血液循环系统所对应的五脏器官生理解剖以及所有理论完全统一了。

后世医家其实也认识到了"冲脉"与其余七脉以及"十二正经"具有广泛的联系。金代张从正在《儒门事亲-证妇人带下赤白错分寒热解》："其脉气所发腧穴在脐之上、下两旁，左右共 22 穴，横骨、大赫、气穴、四满、中注、膏肓、商曲、石关、阴都、通谷、幽门"，系足少阳肾经穴位；民国张锡纯在《医学衷中参西录》云："其循行并不止于少阴，

亦隶属于阳明，又通于厥阴，及于太阳，阳维、阴维、阳跷、阴跷为之拥护"。其脉气流经，渗灌阳明，又与其它脏腑经络相互连属。

由此可以看出，相当于所有的其它七个脉均与冲脉密切相关。据此而论，**冲脉的循行输布当寓于它经之中，而只有人体的血管才有这样的特性**，这便构成了"冲脉"在经脉系统中的特殊地位。所以，当我们来审视现代人体的系统结构图，也只有人体的血液循环系统才有这样的功能，因此，可以再次证明，中国古人的所谓"冲脉"者，就是"**人体血液循环系统**"也。

换句话说，在"**奇经八脉**"中早已定义的"**人体血液循环系统**"，也就是说岐伯早就明确和定义了现代医学定义的人体的血液循环系统，它就是"**冲脉**"！这里不是在玩概念替换游戏，找个老面孔来翻"新花"。实际上，只有明确了它的地位，古老的中医才能冲破千年的阻碍，而明确了"冲脉"的名分，这就意味着中医基础理论要"活"了！！因为**岐伯早已明确"血"为"阴"，"气"为"阳"，而无"阴"之人，本不能活**。这同现代医学的认识是完全一样的。

3.8　在第二层次的 "带脉"

现在必须要讨论一个特殊的问题，就是为什么在已有"冲脉"的情况下，仍要定义一个"带脉"呢？因为一个活的人体，光有"血"还不够，还要有"津与液"，即体液所对应的"内分泌免疫系统"。另外，"血液循环系统"的最终目的地是"六脏六腑"，在《黄帝内经》中，将"阴跷脉"等价对应人体四肢躯干、肌肉和骨骼，和人体"六脏"之中的脾、肾、肝；而"六脏"之中的肺、心、心包划分给了"阴维脉"对应的"冲脉"。

上文已经明确，"冲脉"就是指的人体的"血液循环系统"。而"带脉"就是指的人体的"津液、体液和各种内分泌免疫组织液循环系统，如淋巴液、关节润滑液和精液"，等等。需要特别说明的是，我在刚开始研究此问题时，想当然地把"冲脉"定义成了"主动脉"，而"带脉"定义成了"主静脉"，主要是在主观上认为"冲脉"有"血压"才"冲"得起来，但是这样做，"带脉"就找不到强有力的存在依据了。

因此根据现在这样"一分为二"就会发现，"阴维脉"的内涵也包含了"五脏六腑"，它本身成为了人体所有内脏的一个"集合"，这样说对吗？对！因为《黄帝内经》里明确说了**"奇经八脉"："既不直属脏腑，又无表里配合关系"**，"阴维脉"本身是一个合集的概念，**当然不直属脏腑，而是各脏腑直属于它**。而"冲脉"对应的"人体血液循环系统"分布服务于全身表里各个脏腑组织，的确没有明确的"表里"关系。

3.8.1 "带脉"的本质

带脉：起于季胁，斜向下行到带脉穴，绕身一周，如腰带，能约束纵行的诸脉。带脉是奇经八脉之一，带之言束也，犹如束带一般。带脉的主要功能是"约束诸经"。所谓腹部"皮带或游泳圈"位置，正是中医学"带脉"所绕之处。带脉一旦不佳，则腰部日显肥厚，苗条曲线不再。

在《黄帝内经》岐伯已经讲明了，人体的"体液"不只是"血液"，还有一个大类，即"津液"。也就是说如果**"冲脉"**为"阴"，则还需要一个相对应的"阳"来匹配，岐伯在《黄帝内经》中则创造了**"带脉"**一词，来统领人体组织内外，维系正常生理活动的各种"津和液"，同时来作为它们的"载体"。

李时珍《**奇经八脉考带脉篇**》：**"带脉者，起于季胁足厥阴之章门穴，同足少阳循带脉穴，围身一周，如束带然"**。

《**黄帝内经-痿论篇第四十四**》**"帝曰：如夫子言可矣，论言治痿者独取阳明，何也？岐伯曰：阳明者，五脏六腑之海，主润宗筋，宗筋主束骨而利机关也。冲脉者，经脉之海也，主渗灌溪谷，与阳明合于宗筋，阳明楤宗筋之余，会与气衔，而阳明之为长，皆属于带脉，而络于督脉。故阳明虚，则宗筋纵，带脉不引，故足痿不用也"**。

《**难经-二十八难**》云：**"带脉，起于季胁，斜向下行到带脉穴，绕身一周，如腰带，能约束纵行的诸脉。"**

带脉：约束联系了纵行躯干部的诸条足经，阴阳维脉联系阴经与阳经，　分别主管一身之表里；带脉循行：起于季胁部的下面，斜向下行到带脉穴、五枢穴、维道穴，横行绕身一周。

主要病候：腹满，腰部觉冷如坐水中。

交会腧穴：带脉、五枢、维道。

所以，带脉在这里不仅是一个脉，也是它与胆经的一个"交会穴"名，正是通过两条"经"共享的这个"交点"，使胆经与带脉在概念的外延上统一了起来。现代中医基础理论中的"带脉"穴位的位置在侧腹部，章门下 1.8 寸，当第十一肋骨游离端下方垂线与脐水平线的交点上。布有肋下神经和肋下动、静脉。带脉主治痛经，月经不调，赤白带下，经闭，疝气，腰痛，及子宫脱垂，盆腔炎，当然还有阳痿等。用针直刺 0.8—1 寸。

从现代医学解剖图上可以看到，"带脉"不应该只是一个"穴位"或一条"腰间皮带"的功能。因为从"带脉"作为"津液"的载体所具有的功能上看，它应该是分布全身各处的。为何古人只把它粗略地画在了"腰部"？想象一下，古人穿衣，宽袍大袖，全靠腰带扎起来。只是为了暗合"腰扎皮带"的说法吗？可以这样想象帮助理解，但是不能这样简单地分析。因为带脉与胆经交汇于腰部（比如在腰部的胆经上就有 4 个直接的穴位定义：京门、带脉、五枢、维道），我曾经现场看到过的牛皮带的制作方法，不就是将一块鞣制处理好的上好牛皮，用刀尺比划定位切割，再打眼、钉扣出来的吗？能否学学岐伯对待万物的联系、发展眼光，灵活扩展一下思维，从"腰间皮带"扩展至"腰间带脉"，再组合扩展"全身皮肤"和反推至"全身带脉"，那么"带脉"实际上就是讲的"全身所有经膜和组织薄膜、各种隔膜和结缔组织的多层次结构"，所以，结合现代医学科学对于人体结构的相关定义，"带脉"实际上就是维持全身各处的淋巴管、体液流动和内分泌系统以及神经、免疫系统所基于的生物膜结构物质基础的总称，而它就是"十二正经"中与"胆经"同属一个圈层的"手少阳三焦经"的物理载体。而足少阳胆经与手少阳三焦经是同处一个"生理功能圈"的。《医宗金鉴》曰：**"临泣胆经连带脉"**，所以带脉可以搭上胆经和三焦经的高速通道扩展至手、足少阳经循行的人体各处。

因此，人体内部除了"血管网和血液"之外所有的"津"和"液"就是以"带脉"为基础，在其上实现血液与组织液的营养物质交换，各种化学释能反应以及各种生理代谢产物的解毒与释放、排泄。因为这一部分的内容在现代医学中非常丰富和繁杂，所以，在这里如同分析"冲脉"结构那样，需要再次活学活用一下爱因斯坦建立"相对论"的手法，将"带脉"定义成"狭义"和"广义"两个部分。**"狭义带脉"**就是岐伯在《黄帝内经》中定义的带脉，主要集中在"腰间"，与"胆经"交汇于"带脉"穴，功能如前文所述。而对应于现代医学的丰富内容，用"带脉"这个概念来领军俯瞰，却很成熟、简单和清晰，因此直接采取"拿来主义"，用之将现代医学关于人体十大系统当中的除了"人体血液循环系统"之外的所有"微循环及淋巴、筋膜系统"一网打尽！

"带脉"的广义内涵还包含了六腑，即"大肠、小肠、三焦、胃、膀胱、胆"，与现代医学"人体十大系统"中的三大系统，即：消化系统、泌尿系统、内分泌系统和免疫系统。特别是，"带脉"还包括了人体的全身皮肤，是人体天然的衣服。

3.8.2 "带脉"与"津液"的关系

在前文讨论了**"带脉"**，现在进一步结合现代医学的理论讨论在**"带脉"**之上的**"津"**与**"液"**。

"津液"，是机体一切正常水液的总称，包括各脏腑形体官窍的内在液体及其正常的分泌物。津液是构成人体和维持生命活动的基本物质之一。其所包括的内容非常广泛，机体内除了藏于脏腑中的精和运行于脉管内的血之外，其它所有正常的液体都属于津液。因此津液也是构成人体和维持人体生命活动的基本物质之一。

"津液"目前在中医基础理论教材中的定义如下：

它指：饮食精微通过胃、脾、肺、三焦等脏腑的作用而化生的营养物质。在脉内的，为组成血液的成分；在脉外的，遍布于组织间隙之中。津和液通常并提，但二者在性质、分布和功能方面，均有不同之处。

"津液"是'津"和"液"的总称，泛指一切体液及其代谢产物。**《素问·灵兰秘典论》："膀胱者，州都之官，津液藏焉"。**

《灵枢·决气》说："腠理发泄，汗出溱溱，是谓津。……谷入气满，淖泽注于骨，骨属屈伸，泄泽补益脑髓，皮肤润泽，是谓液。"《灵枢·五癃津液别》又说："津液各走其道，故三焦出气，以温肌肉，充皮肤，为其津；其流而不行者，为液。"

《类经·藏象类》注曰："津液本为同类，然亦有阴阳之分。盖津者，液之清者也；液者，津之浊者也。津为汗而走腠理，故为阳；液注骨而补脑髓，故属阴。"

因此，可以说在津液中，质地较清稀，流动性较大，布散于体表皮肤、肌肉和孔窍，并能渗入血脉之内，起滋润作用的，称为津；质地较浓稠，流动性较小，灌注于骨节、脏腑、脑、髓等，起濡养作用的，称为液。津与液的区别主要用于临床对津液损耗而出现"伤津"、"脱液"病理变化的分辨。但在一般情况下，由于津液二者同属一类物质，且可以互补转化，故津和液常同时并称，不作严格区分。

从现代科学的角度上来分析，"津"与"液"的区分点应在于"所含的营养物质即精微物质和代谢产物"的不同，从宏观上看，"津"的粘度低，易于流动，具有"阳"的属性；而"液"的粘度高，如脑髓、骨髓、关节液和脏腑筋膜之间的润滑液等等，具有"阴"的属性，二者本是同根生，相互转化的平衡控制维系人体内部肌体的正常生理功能。

所以如果将人体的**"带脉"**对应的各种膜结构和管道结构组成的**"泄而不藏"**的组织生理功能看成**"阳"**，那么流动于其内、其上、其间及其各个层次之上、之间的"津液"就是**"阴"**。而这个**"阴"**的概念其实就是中医基础理论中最为重要的**"阴液"**的概念总和。中医里面最广泛出现的**"阴虚"**的概念，本质上就是这个**"阴液"**的亏虚的体现，同理，与它对应的就是另一个非常重要的概念就是**"血虚"**，即：在**"冲脉"**中对应的"动静脉血管网"中血液的容量多或少。

3.9　小结

至此，**"阴维脉"**和**"阳维脉"**及对应下属的四个脉相互之间的逻辑关系就完全明确了。

总结一下，通过对于**"阴维脉"**和**"阳维脉"**概念的位置定位，完成了古典中医认识理论的**"第一个层次的划分"**。我们必须要深刻地理解：这两个脉的概念是中国医学先贤依据古典哲学理论创新出来的，是**"无中生有"**的、是**"务虚"**的、是**"起宏观指导作用的"**。但是其概念所依据的物理基础结构却是**科学和明确的**，也就是**"虚"**的思想必须有**"实"**的物质基础来支撑和体现。那么"实"的物质基础是什么呢？看一看在"奇经八脉"中候选队列中的其它 6 个"剩余变量"，"冲脉"和"带脉"划分给"阴维脉"统管；而将"阴跷脉"和"阳跷脉"划分给"阳维脉"统管。这样就完成了**"第二个层次的划分"**。也就是说可以认为"冲脉"和"带脉"就是"阴维脉"的物理实体基础；而"阴跷脉"和"阳跷脉"同理也就是"阳维脉"的物理实体基础。

很明显，这样安排虽然与李时珍及其前后医家和当前中医理论研讨者公认的"奇经八脉"定义的结构改动很大，因为我在这里彻底打破了八脉之间的"并列"关系，但是这个新的定义结构与"唯物辩证法"的"一分为二"分析方法是完全一致的，而且可以清楚地看到，在这样的认识结构层次下，古典中医对于人体结构的认识与现代医学已有公认的结论是**"完全相容和统一的"**，因此它是科学的。

至此，我们将"奇经八脉"中"阴维脉"对应的人体血液循环、津液、内分泌系统和"阳维脉"对应的大脑、脊髓中枢神经系统与周围神经系统在概念上彻底统一了起来。

其实静下心来想一想，也没有什么不可思议、莫名惊诧的，毕竟从古至今，几千年转瞬即逝、"白驹过隙"，世界观和方法论变来变去，疾病的种类变了，人体结构却没有什么变化。所以站在"实事求是"的科学态度上看，任何能够正确反映人体医学的理论，无论国家、地域、年代，认识的层次肯定会有深浅，但在本质上都是相通的。

因为面对的研究对象是同样的身体组织结构的"人类"，所以只要坚持客观真理，古典的中华医学理论与现代科学的成熟理论就一定能够"互解"，而且最后的大结局一定是在科学真理基础之上的"同一解"。

将中医与现代医学完全对立成两个不同的医学领域和认识体系，这种观点现在国内中医界内、外很广泛，很有市场，但却是**完全错误**的。因为治病救人的科学真理只有一个，但是会有不同的具体表达方式和治疗手段。有几千年历史的中医和几百年历史的近、现代医学在治病手法上当然会有所不同，但是如果面对所施治的病人都能够"药到病除"、"转危为安"，那么在最底层的核心结构表达上，二者就是**"一回事"**！

所以我们的任务就是要通过认真的学习、分析和研究，说清楚**"这回事"**！难乎哉？我想只要紧紧依靠岐伯和"科学"，"两手都要抓，两手都要硬"，不难矣！

3.10 第三层次的"任脉和督脉"

下面来讨论八个脉之中的剩下的也是大家最关心的两个脉往哪里放的问题，也就是：**任脉和督脉**的编制问题。

还剩下两个最熟悉的"奇经二脉"：**"任脉"**和**"督脉"**。它们的位置应该在哪里，往哪里放？我此前研究了很久，尝试了各种组合和理论相容性研究，总是不能满意，但是最后终于获得了突破，不是用了什么"神秘理论"，还是要坚持"唯物辩证法"里"一分为二"观点和方法来理解中国古人的思维体系，同时结合现代医学科学的人体解剖学理论的成熟公认的结论，尽量达到相容、合理和符合逻辑的层面。

《空骨论篇第六十》：任脉者，起于中极之下，以上毛际，循腹里，上关元，至咽喉，上颐循面入目。冲脉者，起衔，并少阴之经，侠脐上行，至胸中而散。督脉者，起于少腹以下骨中央，女子入系廷孔。其孔，溺孔之端也。其循络阴器，合纂间，绕纂后，别绕臀至少阴，与巨阳中络者，合少阴上股内后廉，贯脊属肾，与太阳起于目内眦。

从人体经络图可以看到，督脉的位置对应在人体背部"躯干传入神经"脊椎正中线从颈椎到尾椎所对应的部位；它的循行在《黄帝内经》中是这样定义的：

督脉循行：1）起于小腹内，下出于会阴部，2）向后行于脊柱的内部，3）上达项后风府，进入脑内，4）上行巅顶，5）沿前额下行至鼻柱。

主要病候：脊柱强痛，角弓反张等症。

交会腧穴：长强，陶道、大椎，哑门、风府、脑户、百会、水沟，神庭。

"任脉"对应了"躯干感觉传入神经"在人体腹部中心的汇集之处，即：人体腹部正中线从会阴穴到廉泉穴的"段落"。它与督脉对应形成了位于人体的中心的一个前后近似环线。

中医理论是这样描述任脉的：

任脉循行: 1) 起于小腹内, 下出会阴部, 2) 向上行于阴毛部, 3) 沿着腹内, 向上经过关元等穴, 4) 到达咽喉部, 5) 再上行环绕口唇, 6) 经过面部, 7) 进入目眶下 (承泣穴属足阳明胃经)

主要病候: 疝气, 带下, 腹中结块等证。

交会腧穴: 会阴、曲骨、中极、关元、阴交、下脘、中脘、上脘、天突、廉泉、承浆。

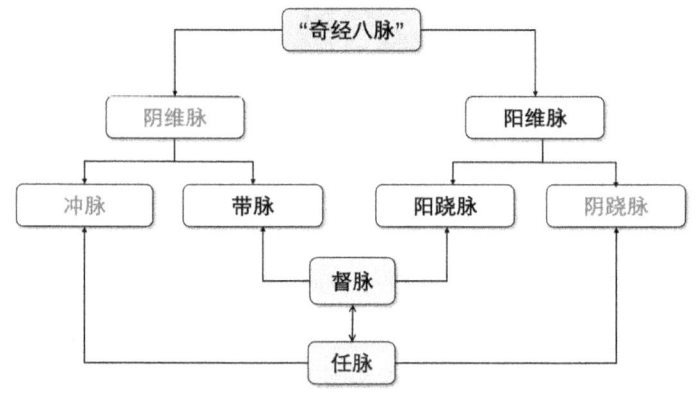

Fig.3-9　"奇经八脉"中八个单元相互关系图

如果我们结合现代医学的解剖理论, 实事求是地来分析, 就可以很明显地看出, 所谓"任、督二脉"都是**"无中生有"**的, 它们是岐伯独创的一个**"特殊的用针刺治疗疾病的线路区间"**。但是与"十二正经"不同的是, 它们都有一个明确的解剖物理基础, 就是: <u>"31 对脊神经"对应的人体中枢"躯干神经"和"内脏神经"在背部和腹部的中心汇合线。</u>

从"督脉"的位置上看, 因为有背部脊椎节棘突 (包括颈椎、胸椎和腰椎) 物理结构的阻挡保护, 所以利用此区间既可以间接地刺激人体"躯干传入神经", 又不会真正地接触伤害到脊柱内的神经束和脊髓; 而对于"任脉"来说, 也是通过通过针刺在腹部中线汇集的"周围神经系统"敏感点的"集合"，来刺激"内脏传入神经"和"躯干传入神经"。达到治疗四肢、躯干特别还包含了"脏腑"疾病的功能，而且因为涉及了内脏器官，所以对于任脉的针刺治疗，每一个穴位点都严格规定了进针的深度和角度。

再明确一遍：

所谓**任脉**，就是腹部正中的皮层和筋膜层的结合线所对应的神经末梢敏感点集合连线。所以它既涉及表皮层对应的浅表层神经末梢，也有深层进入腔体所对应的脏腑内脏神经。

所谓**督脉，**则是后背部正中皮肤、肌肉层下脊椎对应的各个颈、胸、腰椎对应相关的神经末梢敏感点的集合连线，它只在表层。重点要强调的是：督脉不是脊椎内部的中枢神经，它与任脉一样，仍然属于"周围神经系统"的外围末梢，正确的针刺进针最后会被脊椎锥体间盘棘突结构挡住，所以可以在督脉正对位置上用针，除了特定的几个间隙较大的腰椎外，不可再进针处即为终点，一般不用担心针刺会伤害到脊椎内部的主神经。从《黄帝内经》对于督脉的定义以及现代医学解剖结构上看，督脉实际上是脊椎内部的中枢神经通过锥体两侧旁椎孔神经传导出来的周围神经末梢，即"夹脊穴"位置的神经末梢向背脊中线扩展汇集在背部皮下的中心线而由人为主观定义的穴位点的连线。

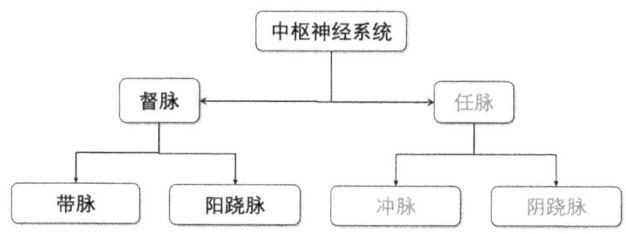

Fig.3-10 "督脉"和"任脉"与"中枢神经系统"的关系图

在实践中发现，在脊椎两侧，即：针对 31 对脊神经从各个椎间盘分支出来的神经末梢的针刺效果也很明显，"任脉"在腹部正中线，它既是"浅刺"躯干感觉传入神经的"汇集结合线"，又是通过其对应穴位"深刺"调节内脏神经功能的最佳"应用线"，所以它的功能就是帮助"周围神经系统"实现对于体表的肢体和体内的各个脏腑功能的控制，并对整个过程实现精确的"负反馈"调节，即起到一个稳定和平衡的作用。所以中医的针刺术不仅可以治疗各种"痛症"，最精彩之处是在可以调节脏腑，实现"治病"的功能。

按照《黄帝内经》的定义，总体上看，四肢手脚的功能是一致且相互配合的，因此"以足带手"来简化定义，在"阴、阳维脉"的基础上，又发展出了由"督脉"来统管的"手、足三阳经"和由"任脉"统管的"手、足三阴经"。用"任脉"总领"阴经"，主调节"体液循环和脏腑功能；而"督脉"总领"阳经"，主调节"大脑中枢和肢体运动功能"。所以有"任脉"是"阴脉之海"，而"督脉"是"阳脉之海"之说，因此"任、督二脉"也具有共同调整"阴、阳维脉"的功能。这里要特别指出，如图所示，**"任脉"和"督脉"与"阴维脉"和"阳维脉"并不完全等价**。"阴、阳维脉"来自于哲学"二分法"的核心，而"任、督"二脉则是中华医学实践和中华文化认知科学的一个独特的创造，可以看成是"阴、阳维脉"的一个"简化实用版"。

我认为，岐伯和"扁鹊"应该也是这样考虑的，否则没有必要多设两个脉的概念。

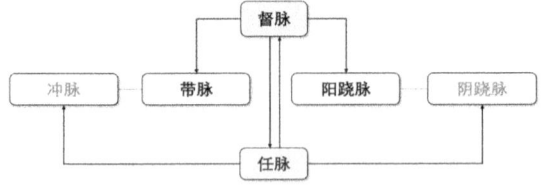

Fig.3-11 "督脉"和"任脉"与"奇经八脉"中四个单元的关系图

"任、督二脉"这个概念和定义，是真正的"来自实践的创新"，充分彰显着中华医学闪光的智慧和卓越的认知高度。因为从历史唯物主义上看，二千年前的中国古人虽然已经认识到了"人体中枢神经"的极端重要性，而且很明白它们位于"脊椎"之内，不可触动和损伤！但是可以通过间接安全的方法通过人体后脊背中线位置间接地用针来刺激神经周围的组织，从而刺激、控制和调节人体的能量释放效率。现在通过科学，我们可以明白这就是：通过刺激末梢神经系统来调节人体神经系统，是最为安全和聪明智慧的方法。

3.10.1 "任脉"和"督脉"与气功的关系

我自己和很多人一样，年轻时似乎对**"奇经八脉"**很熟，但也很陌生。"熟"是因为作为一个曾经沉迷于"气功"和"武侠小说"的少年，**"打通任、督二脉"**、**"身轻如燕"**是我们追求的"里程碑"。也曾如很多人设想的那样，将"任、督二脉"默认为就是"动、静"二脉来硬套，以求获得现代理论的支持与逻辑通畅表达，但深入下去却总是碰到难以自解的困境。而翻阅中医教科书，在所能找到的版本中也没有令人激动的语句，在此中医官方学术范畴仿佛存在一个无形的玻璃禁区，而在民间则是"百花齐放"、"鱼目混杂"、"各家都有各家的高招"。

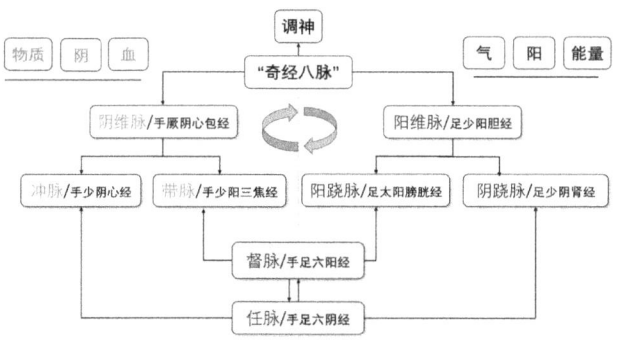

Fig.3-12 "十二正经"和"奇经八脉"在《黄帝内经》中的布局

　　"气功"模块中"任脉"和"督脉"的位置，如上图所示。气功能够提高人体体质的科学本质在于：通过人为有意识的**调整呼吸**来实现"任脉"和"督脉"所对应的"气"与"血"的动态平衡。实际上就是对人体神经和血液循环系统进行主动和有效的调整。

　　练功之人的所谓"打通任、督二脉"这种说法表明的是人体的"任、督二脉"畅通之后一种气感"自主地"在全身躯干四肢和脏腑流动的自我感受。其本质是通过**主动调整呼吸**激活"周围神经网"和"中枢神经系统"包含的"脊神经"和"脑神经"，其中一个重要方面就是间接控制"交感神经"和"副交感神经系统"对应的"内脏感觉传出神经系统"的功能状态，通过如上图所示的上下级关系，激活了"周围神经系统"和他的上级"阴跷脉"，再反作用于对应于人体"中枢神经系统"的上级"阳跷脉"。通过呼吸的调整控制了肌体能量的代谢过程。呼吸过程具体的作用点在"小肠经"和"肺经"，对应的是"带脉"和"冲脉"。即：通过**"肺主呼"**和**"肾主吸"**的**"吐、纳"**功能控制大脑的意识与主动呼吸的作用调整了心、肺的功能，也就是通过有意识地调整呼吸，人为地干预调整"冲脉和带脉"之中内脏和血液的氧的浓度和各种内分泌激素物质的变化，在激活血液循环系统的同时也激活了对应的六脏六腑的各自功能，同时也反作用于"阳跷脉"对应的大脑内部"交感和副交感神经控制单元"，同时达到提高"阴跷脉"对应的脏腑功能的目的。最后动态地调整"任、督二脉"，也相当于"阴、阳维脉"之间的功能交流转换的能力。

　　所以气功的练功看似在练**"用意念控制呼吸"**，其实是在锻炼提高内脏和大脑的**"品质"**。**"生命就在一呼一吸之间"**。古人所谓**"内练一口气"**，目的是在提高"阳跷脉"对应的神经系统的反应功能；古人所谓**"外练筋骨皮"**，练的则是"阴跷脉"对应的脏腑生理功能，也对应人体四肢和肌肉、骨骼。二者的动态调整和优化，就是"任、督二脉"的功能的完整体现。

再上升到第一层次的"阳维脉"和"阴维脉"，就是"人体气血"的相互调整、不断完善、促进的最后的结果就实现了《黄帝内经》里岐伯对于普通正常"**平人**"的最根本的要求，即：**"阴平阳密"，**五脏平和、思维缜密、意志坚定。从科学的角度上看，就是在不断地对"能量与物质"的相互化学转换进行调整控制，使之尽量维持在一个人体所需要的、合理的动态范围之内。

为什么说是"打通任、督二脉"而不是"打通"阴、阳维脉"呢？如上图所示，因为"阴、阳维脉"没有各自独立的穴位，并不方便中医学知识缺乏的普通人理解、学习和运用。而"任、督二脉"，即有各自独立的穴位，又有明确的解剖位置，二者在人体躯干和头部又相互形成了循环贯通闭合，可以方便地通过意识控制气息的走向，好学、好用、好理解。

"任脉"和"督脉"各自横跨"阴、阳维脉"两端，因此本质上也是"阴阳兼顾"的，普通人可以用它来替换"阴、阳维脉"的功能，将复杂问题简单化、大众化，即对于普通人来说，如果不懂中医理论，通过实现**"打通任、督二脉"**，也可以实现全身健康的调整，真正实现**"宝命全形"**的最高境界。

3.10.2 分析与讨论

下面我再将**"奇经八脉"**重组的理由及其相关内容综合梳理、加深理解如下：

1) 首先从"阴阳"的角度来进行一个分组，将所谓的"八个脉"共分为 4 组，即、**"阴维脉＋阳维脉"**、**"冲脉＋带脉"**、**"阴跷脉＋阳跷脉"** 和 **"任脉＋督脉"**。

2) 按从属结构的角度，自上而下将这四组脉按"阴、阳"进行三个层次的划分，得到第一层次的"阴维脉"和"阳维脉，随后往下进入第二层次，得到"阴维脉"领军的"冲脉＋带脉"，和以"阳维脉"领军的"阴跷脉＋阳跷脉"。

对应于现代医学"阴维脉"对应的具体的结构是"血液循环系统＋淋巴管和内分泌微循环系统和各种膜结构组织"；"阳维脉"对应"人体神经系统＋运动系统相关的肌肉、骨骼和内脏"。

3) 要强调的是，如下图所示，第三层次是一个独特的综合认知层次而非逻辑层次，即沟通"带脉"（阴维之阳）和"阳跷脉"（阳维之阳）对应**"所有阳经"**的"督脉"；沟通"冲脉"（阴维之阴）和"阴跷脉"（阳维之阴）对应**"所有阴经"**的"任脉"。

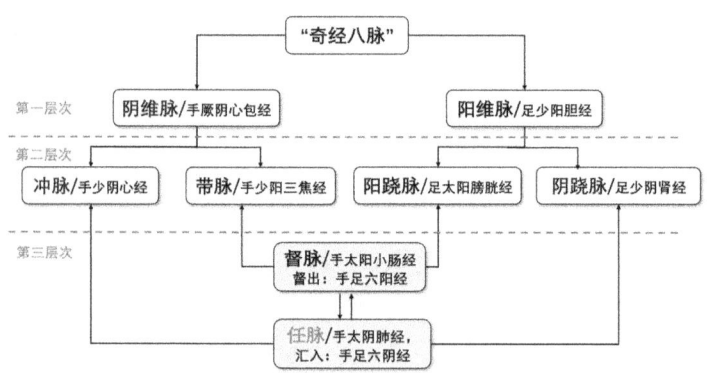

Fig.3-13 "十二正经"在"奇经八脉"中的特征代表经

需要特别指出的是，这个概念和定义是岐伯的创新，虽然它是"无中生有"、"抽象"出来的，但是"任、督二脉"在现代医学却有与这个概念对应的解剖组织结构。所以一定要理解古人之言，古人认为中枢神经不可触碰，要尽量避免伤害，因此创造了"督脉"的位置和定义，便于安全用针治疗疾病。对于类似脊椎穿刺等手术操作对于中医来讲是坚决要避免的，因为神经就是"气"的传导通道，一旦受损，后果难料且极难修复，故绝不可伤害之。脊椎中枢神经主导人体全身和上下肢运动神经系统，所以古典中医的"督脉"和"任脉"就是通过间接地通过人体后背脊椎正对之上的后背中心线和腹部中心线外层表皮神经末梢来完成调整和治疗的。从"奇经八脉"中关于"任脉"和"督脉"的位置定义上看，"任脉"和"督脉"都与人体的"六脏六腑"和属于"躯体神经"和"内脏神经"的"感觉神经"的传入部分密切相关，二者合并向上对应于 31 对脊神经对应的部位，并与头部和周围神经系统相连。

要想人为地干预人体的神经系统而不出现不可预知的损害，"针刺术"操作的确有一定的难度，因此在民间就出现了一种最简单、安全和最具有大众亲和力的说法就是要**"打通任、督二脉"**，即**"练内功"**，通过有意识地**"主动调整呼吸"**来控制人体的阴阳、气血的平衡，这也就是**"气功"**锻炼的本质含义，需要有正确的方法和持之以恒的内练。

人在"阳气"十足的状态时，是"意识反作用于物质"占主导，即"思想决定身体状态"，正如俗话所说的"人逢喜事精神爽"；而人体在"阴气"很重的状态是，是"物质决定意识"占主导，即"疾病决定人的思想"，正如病入膏肓之"恶质病"人，病痛的折磨使得思想变得消极和绝望，出现抑郁症状。因此这两种状态存在一个临界点或者交界面，如何合理地控制这个临界点或者交界面在每天思想情志表达当中的位置，使我们面对生活的冲击总是处于一种既"沉着冷静"、"处变不惊"又"乐观向上"、"从容应对"的态度，最根本的方法就是要使

"奇经八脉"总是处于阴、阳通畅的状态。这也是具有广泛群众基础的"气功"存在的客观要求。

3.11　"奇经八脉"与现代医学的关系

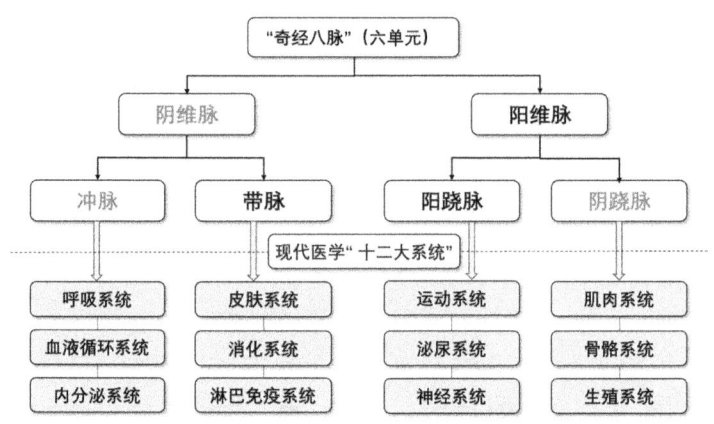

Fig.3-14 **"奇经八脉"**中六单元与现代医学**"十二大系统"**的关系图

在上面的逻辑图中，"阴维脉"下辖的"带脉"、"阳维脉"下辖的"阳跷脉"和"阴跷脉"，相当于中医对于人体神经系统、各种结缔组织和腑的认识。对比今天的认识，是相当先进和可持续的，毕竟那是在公元前 500 多年诞生的理论。当代的医学借助于现代科学技术的发展，对于这个体系已经有了非常完整和全面的认识，所有结果都可以立即直接与这部分内容实现"无缝连接"，因为道理很简单，几千年在人类历史的长河中只不过是"白驹过隙"的一个瞬间，人类的肌体结构并没有发生任何本质的进化。

古西方医学对于"阳维脉"对应的人体"精神情志"和"神经系统"的认识远远落后于古典中医的认知。众所周知，同样是在公元 500 年前的所谓的古希腊起源于希波克拉底的**"四**

体液说"，基本大致相当于中医"阴维脉"对应的"冲脉"和"带脉"体系中的"血"、"津"和"液"的部分。而对比中国古典医学体系，古希腊医学没有"阳维脉"及其"阳跷脉"和"阴跷脉"对应的体系，所以很明显，它是"瘸腿"的！因此，西医的发展至今都有一个极大的先天缺陷，就是不太考虑人是具有"思想情志"等情感需求的活人。而且，即便想考虑，也没有什么可以下手的地方和正确治病的方法以及有效低毒的药物。

因此，"四体液说"是一个十分"粗浅"的源于"眼见为实且想当然"的认识结论，这个问题一直延续至文艺复兴开始的西医解剖奠基人盖伦和维萨里的解剖学，造成的严重后果就是使西方医学陷入到了人体解剖细节的汪洋大海之中，成为直到今天都始终无法摆脱洗涮掉的"机械唯物论"教条的"烙印"。我们可以从各大三甲医院的病家检测流动大军和没有仪器、设备测试指标、图表、CT 扫描照片，医生就无法下结论的窘境得到验证。

西方医学对于人体"精神世界"的认识起始于近代弗洛伊德和荣格的精神分析法和与之对应发展起来的心理治疗学，而当前占主流地位的神经内科、外科的技术虽也有各种外科手术方法和设备长足的发展，但是在治标和治本的认识方法学上，仍然没有达到"奇经八脉"的境界，因为它缺少了如何解决人的"思想情志"的认识和治疗手段，即岐伯所强调的"阳跷脉"所对应的人的大脑思想控制情志的"气"这一条线，所以造成了一个十分明显的短板。从"奇经八脉"这个系统框图上，可以看到这个"短板"刚好与当代的中医理论的"硬伤"，即缺乏对于"冲脉"和"带脉"的正确认识配成了一对，即"中医缺血、西医少气"。

用历史唯物主义的观点来分析这个问题，中医对于"阴维脉"和"阴跷脉"对应的人体血液、体液微循环和器官、组织的描述比较粗糙的原因在于"人类科学历史发展进程的限制"，而西医展现的"大脑主观能动性"的缺失则源于"所谓古希腊哲学家和医学家的认识方法论的先天缺陷"。

从与现代医学的对比上看，现代医学的"十大系统"与"奇经八脉"所表达的结构组成完全是"相容"的。但是注意并不完全"等同"。因为中医基础理论的发展在细节上受限于历史和科学检测技术发展的限制，比较宏观和粗线条，但并不是"错误"和"不科学的"。因为它也是来源于对客观事物的合理和实事求是的探索。就如同拍照用的照相机镜头，中医用的是广角镜，擅长全局的观察。而西医用的是长焦镜头或者显微镜头，因此可以看到更多的细节信息，但是作为客观观测目标的人体结构并没有因为观察者使用何种镜头和拍摄角度不同而发生变化。注意这里我用的是比喻，并不是岐伯手中真的有"广角镜头"，因为光学成像理论和镜头的制作技术是从中世纪之后的欧洲文艺复兴时期伽利略之后才开始出现的，但是"人眼"的构造就是一个超级好用的"广角＋变焦镜头"。

岐伯早已明白，人体的肉体与思想情志的关系相辅相成、互为阴阳，限于历史条件和认识水平的限制，他不能对人体的神经系统直接地又切又割，强行阻断、干预来治病救人，但是他并没有"放弃和坐等或跪求各种鬼神的帮忙"，而是积极主动地寻求解决困难的途径和方法。"奇经八脉"对应的内容其实就是这个主动求实创新的最光彩的实践总结。现在我们已经可以明白了，它是既"务虚"，又"务实"的，是"阴、阳"即"肉体和意识"兼顾的。而人与其它动物的最大不同就是人是有思想情志的，所以中国古典医学理论的理论从一开始就是将人的思想与肉体紧密地结合起来分析和研究，十分强调人的思想情志对应的"意识的能动作用"，使中国古典医学从一开始就接近了思辨哲学的顶峰。这也使我们发现，实际上古典中医是用"阴维脉"和"阳维脉"这两只手来治病的，**"阳维脉"主"用针调气"，"阴维脉"主"用药行血"**。两手都在抓，两手都很硬！总是在追求"动态平衡"的过程中！

西方医学所代表的现代医学呢？从上图对应的下属分支框图可以看到，当然也是用"阴维脉"和"阳维脉"这两只手来治病的，但是更偏向于"阴维脉"对应的"左手"，而且借助于科学技术的发展，"左手"越来越发达！宏观证据就是看病检测的抽血管子越来越多、各种体液采集量越来越大！

至此，我们利用"奇经八脉"的系统框架将中医的古典理论与现代的医学理论统一了起来。实现了在**"人体组成结构基本单元概念和定义"**这个层次，即：**第一层次上的"中西医结合"**。但，这是一个低层次的结合。

从"奇经八脉"这个新的逻辑图 Fig.3-14 上面可已经清楚地看到它与现代医学十（十二）大系统的关系，二者是完全兼容、相容的。现代医学科学体系关于人体的医学的各种成果，就是在沿着这个流程图"顺势而下"，在现代科学技术的帮助下，不断丰富"冲脉"和"带脉"、"阳跷脉"和"阴跷脉"的外延，不断地向人体组织的各种深层次结构和细节入手，当然也包括对于各种细菌和病毒，即"外邪"的蛋白分子链结构以及 DNA 遗传信息的表征。

为什么可以这样下结论，因为**"奇经八脉"**的整个体系是"气血、阴阳"兼顾的，逻辑顺序十分明确，而现代医学的各个分支体系虽然内容丰富、深入、细致入微，但整体上却是相对独立的，宏观上看现在就是西医院的分科挂号治疗和科学院体系的课题精细化和微观化。因此刚好可以使我们利用古典中医唯物辩证法"一分为二"的方法论将西医和现代医学的所有正确的理论精华彻底**"统一"**在中华医学所谓"朴素"哲学的大旗之下，实现在**"人体医学理论体系"**这个层次的结合，即：**第二层次上的"中西医结合"**。这是一个次高层次的结合。

为什么这样一个简单的问题，几十年得不到解决，关键在于中医理论相关研究者，没有真正地"解放思想"，没有认真探索中医理论科学基础的本源，没有积极主动地与现代科学相关成果进行对接、寻求帮助。很多中医相关人士热衷于在自己的"一亩三分地"的小圈子里"深耕细作"，"博大精深"仅停留在口头上，实际上却嫌其过于"朴素"而敬而远之，在内心里总是向往"寻求捷径"、"祖传灵药妙方秘方"，或者再依靠考古出几个"马王堆"级别的古墓医学奇书来实现彻底的翻身。究其根源，还是在思想深处没有真正积极主动"继承发展、求实创新"的愿望。

那么古典中医和西医理论的相互关系是什么呢？相信这是一个最为令人关心的话题。我先给出答案：<u>**中医的理论体系框架（不包括具体的组方\药物配方以及检测方法和治疗设备）的内涵囊括了人类对于生命的所有正确认识，现代医学的理论发展只是在中医理论框架下的各个分支不断扩展和外延**</u>。也就是说，如果中医基础理论是"全集"的话，现代医学科学理论的进展只是它的数目众多的"子集"或者是"子集"中的元素。随着现代医学和科学技术不断发展，如果道路和方向一直保持正确的话，现代医学将会"无限丰富全集中的子集和元素"，但是无法"超越"，当人类彻底明确了**"物质和意识的相互关系以及量子世界的奥秘"**之时，二者在思想和精神这个层次就基本相当了。这也是当前最令科学界"神往"的研究方向！这是**"第三层次上的中西医结合"**，实际上也就是实现了用最高的科学成就实现了中医基础理论的科学性表达，是最高层次。

很明显，我们的目的是要将中医和现代医学的基本概念与理论统一起来。实际上就是要实现最终的**"中西医相结合"**，这个结合有三个层次，必须要从简单到复杂、从底层一级一级往上来实现。为什么一定要实现这个令很多人神魂颠倒、日思夜想、坚定支持亦或是要坚决否定的"结合"？因为从根本上说，它本就不是很多人相信的**"两种不同医学体系"**。

对于任何客观存在的事物，其本质是：只有是科学的，能够符合客观事物的发展规律，才真正具有生命力。中华古典医学传承了几千年，这就是最显而易见的生命力的体现，就一定具有符合客观事物发展规律的本质，黑格尔的哲学认为：**"存在即合理"**。一个事物能够客观存在，就一定有内在科学的灵魂来支撑，其中一定包含了客观永恒的真理和实践。由此可以断定，古典中医基础理论与现代医学的科学理论一定能够实现"相容"和"互解"。

任何关于人体医学研究和实践成果，如果能够反映客观人体生老病死的实际规律，那么不论来自何地、何时、何种研究体系，在本质上一定是相通的，在基本人体组成的平台上一定是相互兼容的。正如同数学上的勾股定理证明，不论中外、古典和现代，目前已经明确的证明方法已经达到了四百多种，但是不论证明方式和出发点有何不同，其本质上最终一定都是这个等式结论：$c^2=a^2+b^2$。（直角三角形斜边的平方等于两个直角边的平方和）。

所以中国古典医学的基本理论对于人体的认识与现代医学的研究成果在宏观上一定是"相容的"、"等价的"、"相互补充的"。研究这个问题，如果出发点是去"找不同点"，就会很容易失去方向，被许多表面的假象所蒙蔽，当然除非你是甘心如此，乐此不疲，当然结果只能是一个，就是永远都如同"泥鳅"一般在自己熟悉的泥潭之中快乐地麻痹徜徉下去。反之，如果去寻找相同点，"求同存异"，一旦找到双方发展的本质并且能够科学地证明二者之间的相互关系，论据是详实的、结论是符合客观事物发展逻辑顺序的，那么在宏观层次上说，二者就是"一回事"。

古典中医认为，人体医学科学的最高境界就是：调整和实现"阳维脉"及其所代表的"气"和"阴维脉"及其所代表的"血"二者之间的动态平衡。这个动态的平衡关系反映在人体就表现为一个**"神"**字，所以在《黄帝内经》中，岐伯与"黄帝"的长篇对话，其核心和精髓如用其中一个词来概括，就是**"调神"**二字。

所以我们还要仔细探讨一下"阳维脉"和"阴维脉"这两个概念中"维"字的内在含义到底是什么？从中医教科书上一般都把它简单解释成"联系和沟通"，在很多的中医进行国际推广采用的英文教材中，将**"维"**字对应翻译成了**"LINK"**。但是这种解释总是让人感到"隔靴搔痒"、比较想当然和肤浅。当前的中医理论研究者并没有深刻认识到"维"字的内涵。没有经过认真思考而只是泛泛一般地"口口相传"，中基教材"版版相传"。正是这种概念解释的粗浅，造成了对于"阴维脉"和"阳维脉"功能定义的巨大缺失，从而导致了对于所有关于**"奇经八脉"**的认识简单化，并将之放在了中医基础理论中的一个从属的地位。

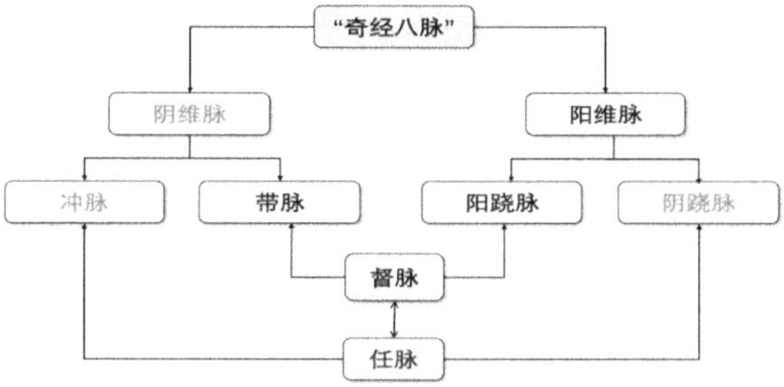

Fig.3-9 "奇经八脉"中八个单元相互关系图

如上图 Fig.3-9 所示（再次引用），从另一个角度看，将维持生命的"脉"分"阴阳"，这样"一分为二"的定义方法，把"阴"与"阳"这个与中国古典哲学密切相关的最高层次概念目标具体化就变成了中国古典传统医学最高层次对应的"阴维脉"与"阳维脉"，这样就从"奇经八脉"中给看似处于同一级别的八个经或脉，做了一个"等级划分"，如同给一个八个战士组成的班里，明确指定了"班长和副班长"。这样一个原本"四平八稳"、级别相同、各自为政又相互自以为是的八个平起平坐的散兵游勇就变成了一个有领导和组织的强有力的战斗单元。下一步干什么？很简单了，明确全班其它战士各自的分工，各自的目标和责任，就可以彻底搞清**"奇经八脉"**所代表的古典中医基础理论的整体逻辑组合结构。

可以想象这样一个动画场面：**岐伯**正手持一把锋利大斧，面对最顽固、巨大和坚硬的枯树疙瘩，不断一分为二地劈下去，直到能够成为烧火做饭的小劈柴！其实搞任何科学理论研究和实践，以及解决任何人类社会面临的难题，其本质都是基于这个方法之上的。名曰：**分析**。回想一下毛选第一篇《中国社会各阶级的分析》，它就是指导中国土地革命成功的理论基石。学会了科学分析的方法，才会有正确和科学的思想；有了科学和正确的思想，才会有正确和坚定的行动方向，否则要么被"大浪淘沙"、或"随波逐流"；要么彻底失败，或极端痛苦地在"在黑暗中摸索更长的时间"。

3.12　重组"奇经八脉"的逻辑顺序

1．首先以"脉"这个有生命活力的概念作为起始点，分为"阴维脉"和"阳维脉"两个概念。并根据《黄帝内经》里的论述，对二者进行了**"务虚"**处理，依据是"二分法"认识论。我将之作为**"第一层次"**的划分。

2．根据在《黄帝内经》和《难经》中的描述和定义，将**"阴维脉"**进一步分为**"冲脉"**和**"带脉"**，在同一层，将**"阳维脉"**分为**"阴跷脉"**和**"阳跷脉"**。我将之作为**"第二层次"**的划分。

3．将**"冲脉"**这个概念匹配给了现代医学人体的整个"血液循环系统"包括"动、静脉血管网"，依据是每个特定的脏腑都有一对动静脉血管来供血和维持。它对应现代人体医学理论的"呼吸系统"、"内分泌系统"和"血液循环系统"。

4．将**"带脉"**这个概念匹配给了现代医学人体整个体液、所有内分泌系统组织液、所有结缔组织膜结构和人体免疫系统的各种腺体。它对应现代医学理论的"皮肤系统"、"消化系统"和"淋巴免疫系统"。

5．将**"阴跷脉"**这个概念匹配给了现代医学对应的躯体，包含所有的脏腑功能、各种"骨骼"、"筋"和"肌肉"组织。它主要对应现代医学理论的"生殖、肌肉和骨骼系统"。

6．将**"阳跷脉"**这个概念匹配给了现代医学人体的"人体神经系统"。它包括"人体中枢神经"和"周围神经系统"。"人体中枢神经"包含"大脑"和"脊髓"。而"周围神经系统"则包含"躯干神经"和"内脏神经系统"。"躯干神经"包含括所对应的"躯体感觉传入神经"和"躯体运动传出神经"，对应现代医学理论的"神经系统"和"运动系统"。而"内脏神经"则控制了"阴跷脉"对应人体内脏的功能实现。另外还可以对应"泌尿系统"和"运动系统"。

7．重新定义了**"督脉"**与**"任脉"**的物理属性，结合现代医学的科学定义，将**"督脉"**包含**"阳跷脉＋带脉"**，**"任脉"**包含**"阴跷脉＋冲脉"**，形成了**"第三层次的划分"**。结合现代医学的科学定义，**"督脉"**实际上是人体"周围神经系统"下属的"躯干神经"的"躯体感觉传入神经"部分在后背中线的汇集；**"任脉"**是人体"周围神经系统"下属"内脏神经"分支之一的"内脏感觉传入神经"部分在腹部中线的汇集。

同**"阴维脉"**和**"阳维脉"**一样，任、督二脉也是岐伯**创新**出来的概念，但前二者是**"务虚"**的，而"督脉"和"任脉"二者是**"务实"**的，也就是它们有各自特定的功能和物理解剖位置，而且还有自己的元素队伍**"集合"**，即**"确定的穴位的分布汇集线"**。在《黄帝内经》里，岐伯用"督脉"统率了人体的"阳经"，物理基础是：脊髓和中枢神经背部表皮末梢连线；"任脉"统帅了所有的"阴经"，物理基础是"腹部内脏的神经汇集连线"。通过穴位的借用，间接地表达了它们与"十二正经"的关系。与"十二正经"体系不同，这二者是"务实"的，看得见，摸得着，可以与现代医学的解剖体系完全兼容。

　　"任脉"和**"督脉"**包含的所有这些穴位都是从实践当中摸索出来的，它对应了人体的"躯干神经"的背部会合线以及"内脏神经"的腹部会合线。所以，督脉是"躯干神经"的控制主体，对应现代医学的"人体中枢"与"阳跷脉"和"带脉"；"任脉"是内脏神经的汇合线和控制主体，对应现代医学的"周围神经系统"与"阴跷脉和"冲脉"。可以这样认为，在"奇经八脉"里，因为"阴维脉"和"阳维脉"是两个**务虚**的总的概念，在实际操作中，并不方便针灸治疗使用和理解，所以，岐伯特别安排了**"督脉"**和**"任脉"**这两个**务实**的概念来接替它们。

　　在第二部分已经讨论过，**"十二正经"**体系也是中华医学理论的核心，但是一个成熟的理论，不能有两个对立的核心，所以还剩下一个任务，就是要把**"十二正经"**与**"奇经八脉"**的关系彻底搞清楚。

3.13　　"十二正经"与"奇经八脉"的关系

　　现在发现一个令人"困惑"的问题，即：论了半天，如果仅用"奇经八脉"就能够实现与现代医学科学的对接，那么在古典中医基础理论中气势磅礴的"十二正经"似乎都没有存在的必要了，而且有广大气功和武术爱好者强身健体的精神支柱"小周天"对应的"任脉和督脉"也就足够了。当前，在《黄帝内经》中岐伯与"黄帝"的大段关于"十二正经"的精彩对话"桥段"也因为当前找不到经络解剖依据而争议不断，甚至将导致以"经络"概念为基础的古典中医失去了存在的科学基础了。而且蹊跷的是似乎两千多年前的**扁鹊**也有同样的感知，预测到"十二正经"将来会因为这个"麻烦"面临巨大的挑战和"中西医结合"的困难，所以提前搞了一个看起来似乎与"十二正经"相平行的"奇经八脉"备选方案来作为底层支撑，而且为了走通逻辑，二者之间还搞了几个穴位"联络点"相互沟通照应，以便于广大后世医家学习掌握、渡过此**"劫"**。

首先从"奇经八脉"中第二条定义"对十二经气血有蓄积渗灌等调节作用"就可以看出了这样的端倪，"奇经八脉"应该与人体的"体液、血液循环系统"密切相关，实际上就是**"冲脉"**的功能。它实际上就是**"中医界长期丢失的血"**的理论依据。正因为人体的血液循环系统是自成一体，在人体血液循环图上与"十二正经"明显不同，故岐伯才有**"别道奇行"**这一特别的定义。那么，它是如何如同第一条定义所述"沟通十二经脉之间的联系"的呢？这需要将之与"十二正经"的功能对比、分析、联合进行讨论。

首先再来梳理一下以上讨论的底层逻辑和次序。

当前，"十二正经"体系是中医学的理论基础，是《黄帝内经》的核心与主体。从它与"奇经八脉"的关系讨论中，我们发现，似乎没有"十二正经"，仅凭"奇经八脉"，我们也可以与现代医学统一起来，那么作为古典中医基础理论的重头部分的"十二正经"的医学意义在哪里？从《黄帝内经》中可以看到，"十二正经"确实给我们提供了切实可行的 12 条"针灸穴位联络图"，按照中国现代中医学教材的定义是 361 个穴位，这也是当前针灸学的实践基础。那么，如果作为《黄帝内经》中主体核心的"十二正经"体系是科学存在的，它与"奇经八脉"的关系是怎样的？它的位置应该放在哪里？如何放？如何与现代医学在科学的理论层面相容达到逻辑的统一？

其实从前面结合现代医学科学公认的成果的讨论中已经可以明确了，我的结论是：**"奇经八脉"处于最高的地位，具有最高的领导权，而"十二正经"体系是对"奇经八脉"的"阴、阳维脉"的一个下级扩展。**

为什么这样说？因为"十二正经"体系看起来"缺血"，而"奇经八脉"里"阴维脉"有"冲脉"和"带脉"的概念组合，看似简洁，但确是"阴阳、气血兼顾"的，岐伯特意将这个特性用了一个"奇"字来表达。言外之意，这是一个"经"与"脉"二者兼顾的体系，有"脉"就有"血"，所以非常非常重要！这一点，"扁鹊"看到了，所以在他的《难经》中又专门进行了如前文所述的进一步阐述，这说明"扁鹊"已经看到了"十二正经"体系的不足。

当然也有另一种可能，就是这个体系原本就是以"奇经八脉"为主的结构框架，而"十二正经"是一个以指导针灸实践走向为主的分支目录的补充和完善，二者是合二为一的，相互补充的，是面对同一个医学问题的两种不同的表达方式，本质上是一回事，只不过是这个版本很早以前丢失了。

需要强调的是，当前的中医理论体系刚好"打了个颠倒"，把"奇经八脉"放在了"十二正经"的补充、平行和附属的地位。关于这个问题，在 1500 多年后的明朝大医家李时珍专门为此做了《奇经八脉考》，很不幸，他也是这个思路，而当前中医理论教科书就是基本采纳了他的结论和总结。但是从现代科学的相关理论来验证，很明显李时珍的这个结论和定义不能够与现代医学理论相容，因为首先它同"十二正经"一样，是缺血的，其次，同找不到"十二正经"解剖依据一样，也找不到"奇经八脉"之中的"阴维脉"、"阳维脉"、"阴跷脉"和"阳跷脉"的物理解剖组织，不能确定"冲脉"、"带脉"的定义与现代医学的关系。因此相关研究几十年，各种"创新"一大堆，还是都无法自圆其说，只能强调临床疗效和"循经感传"的客观实感，结果就是造成现代中医基础理论关于经络的认识陷入了死区和泥潭而不能自拔。

从认识论"一分为二"的辩证法角度上看，问题的根源就在于：**当前中医界对于"十二正经"与"奇经八脉"框架和关系的认识存在基本逻辑上的错误。**

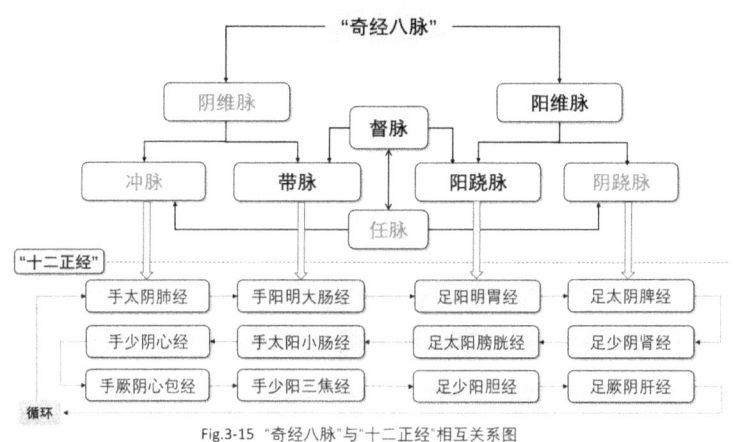

Fig.3-15 "奇经八脉"与"十二正经"相互关系图

3.14　第三部分总结

从上图可以看到，我已将"奇经八脉"与"十二正经"统一起来了。

目前这个结构框图我经过了多次的调整和论证，可以在最大限度上符合《黄帝内经》、《难经》与现代医学的相关内容的描述与定义。"阴、阳"和"表、里"对应的脏腑和经脉之间的逻辑关系是互通的。

处于第一层次的"阳维脉"和"阴维脉"，在前文曾经说是"光杆司令"，保留了编制，现在赋予了四个直辖对应"正经"的功能表达和可以借用的穴位，分别为："阳维脉"直辖的"胆经"；"阴维脉"直辖的"心包经"。这个配置不是我的个人决定，而是来自于著名的《医宗金鉴》里的"八脉交会穴歌"，结合在本文第一部分讨论中提出的"三圈图"结构，加上"手少阳三焦经"和"足厥阴肝经"，它刚好属于"内圈"，即"厥阴圈"，也是在"第二部分"中最后结论中讨论的"情志圈"。因此分配"冲脉"下属：手三阴经、"带脉"下属：手三阳经；"阳跷脉"下属：足三阳经、"阴跷脉"下属：足三阴经。结合"三圈图"的结构，刚好分别占据四个象限，这样与"十二正经"体系就完全相容了。

因为前文已经分析证明了"奇经八脉"体系与现代医学体系是统一、相容的，所以，现在也可以从逻辑上说，"十二正经"与"现代医学基础理论"也是相容的和统一的。

在最初，我说"十二正经"是"缺血"的，造成了中医发展的"瘸腿"，现在可以理解了，在本质上，由于岐伯将人体的"六脏六腑"规定为"十二正经"对应领军器官，而所有十二个人体器官根据现代解剖学可以证明都有至少一组独立的动、静脉供血体系，所以"十二正经"体系**已经暗藏了"血"的部分**，因此在"三圈图"的讨论中所提出的"第二条螺旋线"的问题，实际上已经存在，这样，"天人合一"的"双螺旋"问题就解决了。

现在再来研究一下这个**"奇经八脉"**三个层次与**"十二正经"**里包含的几个"阴、阳"关系，如图 Fig.3-13（再次引用）所示：

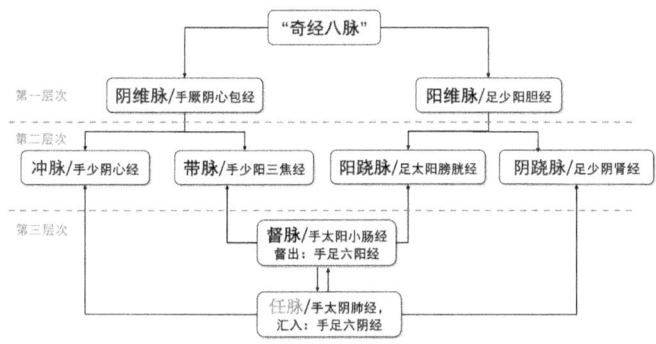

Fig.3-13 "十二正经"在"奇经八脉"中的特征代表经

第一层次：阴维脉与阳维脉

第二层次：冲脉与带脉；阳跷脉与阴跷脉

第三层次：任脉与督脉

第二层次之间手六经"表、里"与"阴、阳"关系：
冲脉与带脉

第二层次之间足六经"表、里"与"阴、阳"关系：
阴跷脉与阳跷脉

第三层次之间的督脉统管的手足六阳经：
带脉（手三阳经）与 阳跷脉（足三阳经）

第三层次之间的任脉统管的手足六阴经：
冲脉 （手三阴经）与 阴跷脉（足三阴经）

"奇经八脉"与"十二正经"的功能最相关的"特征代表经"

1）**阳维脉**----足少阳**胆经**

2）**阴维脉**----手厥阴**心包经**

3）**阳跷脉**----足太阳**膀胱经**

4）**阴跷脉**----足少阴**肾经**

5）**带脉**------手少阳三**焦**经

6）**冲脉**------手少阴**心**经

7）**督脉**------手太阳**小肠**经，总督（出）：手足所有**六阳**经

8）**任脉**------手太阴**肺**经，总汇（入）：手足所有**六阴**经

　　从"任脉"和"督脉"所处的第三层次的位置，可以这样理解，这是一个便于大众理解和实践的简化版中医人体医学认知概念，这样，对于普通民众来说，不需要理解和记忆复杂的经脉走向和穴位名称，只要记住在胸腹部的两条"中心线"，调整呼吸，运气打通之，天长日久，持之以恒，同样可以达到调和"阴、阳维脉"，无病到天年。在这里，督脉的代表特征经是"手太阳小肠经"，而任脉的代表特征经是"手太阴肺经"。如在本文的第二部分中所述，小肠经的位置实际上是中华医学认为的人体能量生发之地"丹田"，"主阳气生发"，而"肺主呼吸"，将人体能量产生所需要的氧分子吸入交换到血液中，通过血液循环系统送至"丹田"，营养物质氧化燃烧释放能量共全身的需要，这与现代医学的理论是完全一致的。这也是"气功"能够养生且能够广泛普及的根本原因。

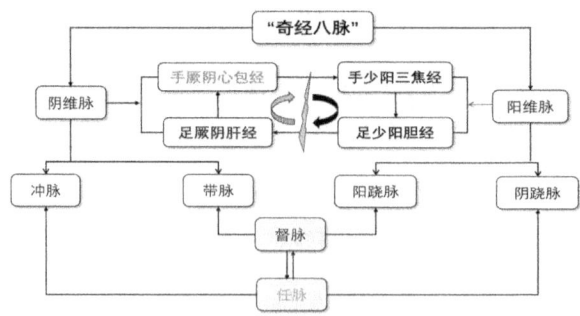

Fig.3-16 "奇经八脉"与"三圈图"的"内圈-情志圈"关系图

　　打通了"任、督二脉"，民间说法是打通了**"小周天"**，"气"也就是"能量"可以在躯干循环往复。如果打通了四肢对应的"十二正经"，则是打通了**"大周天"**，"气"贯全身。

　　如果可以用意念控制"阴、阳维脉"主控的"心包经>三焦经>胆经>肝经"环绕成的**"情志圈"**，想象一下让这个**"情志圈"**如同黑洞般地高速地**"旋转"**起来，将能量和信息发射出去，传送给病家，实现思想和信息的交流，实际上就是进入了用思想和意念治疗疾病的层次，这就是中医治病的**最高境界**，岐伯在《黄帝内经》中用了两个字来表达，就是"**调神**"。

第四部分　全文总结

现在我来做一个全文总结，再把整个文章的思路梳理一遍，看看它是怎样实现"逻辑闭环"的。

我们最终的目的，是要说清楚中医是否科学这件事，而构筑古典中医基础理论的核心是**"十二正经"**体系，它目前被中医理论体系简化为**"经络"**。因此问题就集中到了：证明**"十二正经"**体系概念的科学性问题。

要证明**"十二正经"**体系的科学性，必须要在人体中找到它"物理实体"的客观存在。而有关**"经络"**的研究自建国后已经在世界范围已经广泛开展了 70 多年，各种假设和猜测很多，但至今都没有明确公认的定论找到了**"经络"**，国内主要的研究工作都集中在了"经络"的"循经感传"验证方面。因此在本文之前，要说中医的"经络"是科学的，的确没有"客观"的物理检测依据，无法证明它的科学性。由此导致了中医这门独特的医学体系无法与现代医学体系兼容，在中国和世界其它国家只能以"实践+经验"的自然和补充医学的存在方式处于一个相对次要的辅助地位，无法成为现代"主流"医学的一部分。

但是，任何一门科学体系，如果有功能表达，必然具有对应的客观实体的存在。因为功能表达是"果"，而"实体存在"是"因"。我们当前身处的这个客观世界，不可能有"果"而无"因"。基于这个最基本的认识方法论，我们坚信，中医"经络有无"的问题的答案只有一种可能，即：客观人体原本就没有"经络"，即"十二正经"体系，它只是中华医学先贤的一个主观认知"想象"和在实践中的得到验证的有效穴位点：即"啊是穴"的汇集辅助集合线，"十二正经"体系所阐述的人体医学功能是相关人体器官和神经功能组织的"后台"支撑体系间接的"前台"表达。

由此，我们研究的目标就集中在了《黄帝内经》结构和内容本身当中，通过对岐伯与"黄帝"对话中所表达的中华医学先贤的医学思想内涵的表述，去寻找能够证明其医学体系科学存在的理论依据，同时用现代科学"实事求是"的方法，重新校正、扩展了几个已有相关概念的内涵和外延，最后完成了中华古典医学与现代医学在基础科学层面的统一和关系的论证，即:完成了中医基础理论科学性的充分条件证明，结合已经完成的必要条件证明，最后完成了中医的科学性问题的证明。

4.1 简述证明中医科学性"充要条件"的具体步骤

1）通过研究《黄帝内经》的表述，建立了**"十二正经"**的**"三圈图"**结构。明确了此结构实际上是**"十二正经"**体系的基础核心和物理模型。

2）通过引述和对比研究分析方法，利用了《黄帝内经》的《灵枢篇》中"筋经"和"十二正经"在具体定位、循行方向的原文，找到了"十二正经"的底层结构所依据"按跷"和"针刺术"客观实践对应的物理实体**"经膜"**的功能及存在位置，完成了**"十二正经必要性"**的证明。

3）补充完善了《黄帝内经》中**"奇经八脉"**的内容，重新构建了"八脉"的逻辑关系，改当前公认的"并列离散的单层结构"为"二分法的三层结构"，由此将"奇经八脉"与现代医学"人体十（十二）大系统"统一了起来，实现了逻辑和内容的兼容表达。而现代医学已有并得到世界公认的对于人体结构和器官功能的科学认识体系，本质上就是对于**"十二正经充分性"**的证明。

4）重新定义了"奇经八脉"与"十二正经"体系的相互逻辑关系。明确了"十二正经"体系是"奇经八脉"体系在中国医学先贤客观实践过程中创造的便于针灸治病操作的"实用版"的认知体系，"十二正经"从属于"奇经八脉"，其重点放在了"气"的运行表达和功能体现。

4.2　总论

1）**"经络"**即**"十二正经"**体系是中国古人**"完全创新和虚构"**的人体"按跷"和"针刺、灸术"的实践操作认知体系，在《黄帝内经》中这个概念的载体是**"三焦经膜"**，对应现代医学的**"各种层次的筋膜结缔组织"**。它的物理解剖位置对应现代医学的**"神经系统分布的结缔组织末梢网"**。《黄帝内经》中以六脏六腑对应的十二个人体器官领军**"十二正经"**体系，这是一个"思维"独创，这样就实现了用**"十二正经"**体系在**"气"**这个层次，即现代科学对应的**"物质与能量的转换"**这个层次的"新陈代谢"过程的表达。

但是，**"奇经八脉"**是**"务实"**的，因此用《黄帝内经》中的**"奇经八脉"**理论才可以与现代医学在总体结构上实现相容对接。中国古人先贤创造的**"十二正经"**体系是**"奇经八脉"**的一个占含量约50%的**"子集"**，其中的"足三阳经"中的"膀胱经"、"胆经"和"胃经"对应着"奇经八脉"之中"阳维脉"下属的"阳跷脉"分支；"足三阴经"中的"脾经"和"肾经"和"肝经"则对应着"阳维脉"下属的"阴跷脉"。手三阳经中的"大肠经"、"小肠经"

和"三焦经"归属于"阴维脉"下属的"带脉"；而手三阴经中的
"肺经"、"心经"和"心包经"则归属于"阴维脉"下属的"冲脉"。
因此**"务虚"**的目标在本质上是通过所对应的**"务实"**的人体肌
体、组织和器官来实现的。

　　"十二正经"体系重点讨论的是**"阳、气"**的概念与应用，
即：能量的释放与表达。所以用**"十二正经"**可以指导针刺术、
灸疗、按跷、推拿和正骨等治疗方法，它的重点没有放在
"阴、血"，即**"津、液"**这个层次解决疾病的问题，这里有人
类历史知识技术发展的客观条件约束的原因。但我们用**"奇
经八脉"**理论中的"冲脉"和"带脉"概念的外延的扩展和恢复，
解决了这个认知的问题，从而实现了古典中医与现代医学的
相容性问题，这样"中医基础理论的科学性问题"就得到了根
本的解决。

　　2）《黄帝内经》里**"十二正经"**表达的理论重点的核心
是在**"气"**这个层次，而**"血"**这个层次的补充完善是由后世"医
圣"张仲景来完成归纳和总结的，代表作就是著名的《伤寒
杂病论》（或《伤寒论》和《金櫃要略》），即：主要通过
口服的"汤药"实现天然药物通过对体液成分的改善、调整实
现对人体免疫系统的激活和增强，最后达到治病救人的目的。
而其组方的**"法"**则来自于《黄帝内经》的理论基础**"十二正
经"**所表达的基本原则。随着后世医家在**"方、药"**这两个领
域的不断扩展补充，古典中医的实践在几千年的历史长河中
逐渐变得"阴阳兼顾"，"气血调和"、"栩栩如生"起来。

　　理论与实践的高度统一，使中国古典医学的科学性贯穿
了人类历史，直至今天，它仍然能够为最广大的人民群众所
热爱和接受，默默地护佑着中华民族的健康发展。而这一切
客观存在的本身，就是"科学性"的体现，即：既有畅通闭环

的理论逻辑，又能够在实践中得到不断验证提高，在"实事求是"的探索实践中，不断走向人体医学的最高境界。

3）最后再强调一遍，人体之中**并不存在**一个**"客观独立存在、肉眼不可见"**的"十二正经"体系，即普遍共识的**"经络"**。它只是中国古人医学先贤的一个主观抽象出来的**"思维想象和创新"**的体系，它这个思想来源于丰富的客观人体医学实践和与中国古典哲学和文化的结合，指导着中华民族几千年的医学实践，反映出中国古代医学极高的认识境界。

4）**"十二正经"**体系功能的最底层支撑体系是现代医学已经得到公认的人体**"神经系统末梢网"**，因此《黄帝内经》中的核心，即：中国古人医学先贤的治病救人的入手点是：人体神经系统末梢结缔组织相关的整个筋膜结构交界处，指导运用这个结构的核心理论体系是**"三圈图"**和**"阴阳五行"**。

5）**"奇经八脉"**的理论可以完全兼容现代医学理论中的相关内容，现代医学理论与实践的不断发展，永远都是在**"奇经八脉"**所指定的框架下各个分支细节的不断扩充和完善。

6）因为现代医学已有成果中的科学和正确的部分都是得到公认且**"条件充分"**的，所以整个中医学的理论体系与现代医学相容和统一的部分也是**"条件充分"**的。因此，结合第二部分已经证明了中医科学性的**"必要条件"**的证明，"中医理论科学性"的这个命题**充要条件**均满足，**"为真"**成立。

4.3　"经络"研究失败的反思

其实要证明**"经络"**到底有没有这个问题，并不是什么天大的难题!比如最简单地可以用中学数学学过的反证法来证明"有"和"无"的问题。不妨先假设"经络"是存在物理实体的，然后通过科学实验检验它的物质性和功能性，经过几十年的世界范围的探索发现"找不到所谓经络的解剖物质实体"，但是"循经研究"的成果却可以证明经络的"功能性"与中国古人所说的基本吻合。那么根据"反证法"的基本逻辑，原假设不成立，即：1）人体并没有真正如"十二正经"挂图所示的"经络"；再由"辩证唯物主义的基本原理"从大量"循经研究"的成果就可以进一步做出判断，即：2）"经络"能够治病的功能是通过另外一个真实存在的体系在"后台"进行表达的，但这个"后台"是什么？还不清楚，有待研究。

目标一旦明确，就可以将研究的重点集中到这个"后台"的本质结构的探索上。从第三部分的分析讨论已经明确了，这个"后台"体系对应现代医学的概念是"神经系统和其分支末梢"；对应中国古典医学的概念是"奇经八脉"中"阳维脉"。

为什么当前中医科学性的研究陷入了"死区泥潭"？本质上就是没有按照正确的思维逻辑完成上述的推理，在指导思想上出现了巨大的错误和混乱，而这个混乱的造成与历史的进程和确定的研发相关当事人有密切的关系。所以我们现在把它当成一个已经破解的"疑案"，反过来从历史的宏观角度简要地梳理一下整个案件的因果即来龙去脉，从思想核心的深处认真反思为什么"中医理论科学性"的问题会困扰中医事业的发展几十年而直到今天。

现在简述如下：中医基础理论的代表《黄帝内经》几千年的发展，都比较平稳，一直到 1840 年鸦片战争之后，西方医学开始进入中国。清朝中医学家王清任通过解剖实体等手段发现中医对于人体内脏结构的认识与实际相差很远，写了一本《医林改错》，给当时的社会造成的积极效果是对于人体解剖结构的认识有了更准确的认识，负面的后果则是对于中医的理论和实践产生了怀疑。我们通过前文的分析，可以理解和推断，这是由于王清任对于《黄帝内经》里岐伯的核心理论并没有充分理解和把握。随后在近代的中国，西方医学凭借西药、检验和外科手术以及资本集团的优势逐渐渗透中国，在近代的中国当权和知名人士当中找到了支持认同的买办代言人，本土中医同西医的较量争夺逐渐加剧。1949年 10 月全国解放后，中国的中医现状大都是处于自生自灭状态，大城市都是以西医为主。毛主席为了解决人民群众缺医少药的问题，大力推动中医的发展，其中包括对当时卫生部主管官员的撤换和周总理指定 4 所中医学院的成立，使中医的发展进入到一个全新的阶段。毛主席提出的"中西医相结合"方向，也使很多西医有机会学习中医的理论，提高对于医学理论的认识水平。但是，不可避免的一个问题摆在面前，就是**"到底有没有经络？"**，因为它是中医理论建立的基础，这个问题搞不清楚，中医发展总是处于"名不正、言不顺"的状态。

非常不幸，正当中国国内中医理论界对此展开研究的关键时刻，发生了一件十分严重的事件，半路杀出一个**"搅局者"**，就是上世纪 60 年代的朝鲜国立研究所的"金凤汉"事件，现在可以说这个事件严重影响了中国中医事业的发展。金凤汉是当时朝鲜负责经络研究的某研究所负责人，他突然向全世界宣布说他发现了一种类似"经络"的组织，结构和功能都相当于中医的"经络"，并定义为**"凤汉小管"**。中国《人民日报》发了专版予以积极报道，卫生部相关部门组织专家到了朝鲜实地交流考察，并返回国后进行了重复性验证实验，反复多次的结果表明并没有得到同样的结论，同样的验证实验在世界范围内同时开展起来，也没有得到成功验证。后来，朝鲜研究所的另一个研究人员揭发金凤汉实验结果、数据造假，引发金凤汉所谓的"自杀"，使"凤汉小管"事件成为了一个彻底的骗局，而国内由于对"朝鲜率先发现经络"的积极报道使中国政府处于一个十分被动和尴尬的地位。

　　自此以后，在中国中医基础理论研究领域，寻找"经络实体"的研究成为了一个敏感的**"雷区"**，导致后续的研究为寻求自保和科研的继续开展，逐渐集中到了**"循经感传"**的方向。"经络"有无的问题逐渐演变成了业内默认的一种折中共识，即：**"经络实体结构"肯定有，只是还没有找到**。但是却由此导致了后续相关的中医基础理论概念和定义、解释都出现了重大的偏差，特别是在中医学院的教科书中，由于无法与现代科学知识相容、无法自圆其说、无法获得经过多年科学和义务教育的广大青年学生内心的认同，导致后面几十年的中医人才培养不断**"异化"**出现了大量怀疑中医的毕业生，支持和反对中医的人相互对立和否定，使矛盾越来越激化，中医界自身对于科学性的认识越来越负面和"情绪化"，以至于在今天，"<u>中医与现代医学是两个完全不同的体系、中医不是科学而是社会哲学，等等</u>"这样明显违反辩证唯物主义和历史唯物主义的想当然不严谨论断在整个中医界形成了气候、而且还变成了真正的"实邪"、占据了主流和上风，全盘否定"中西医相结合"的论调形成了市场，使中医基础理论不能同现代科学成果有机地结合，要实现中医的科学化战略目标，中医所面临的困难和危机越来越大。

　　因为"路线"错了，所以越走越偏，使多年来**"科学发展中医"**的决策成了一句空话。

　　客观上讲，在上世纪 60 年代，朝鲜金凤汉宣称的"凤汉小管"也并非空穴来风、一开始就是骗局。他所看到的实际上是分布在人体经络结构图**"十二正经"**旁边的经膜结缔组织末梢或组织残留。这一点也被后续国内外的很多经络研究机构确认的"来自于人体胚胎结构残留"所证实，只不过是**"好大**

喜功"的金凤汉急于要证明朝鲜是发现"经络"的世界第一，抢先发布找到了"经络"。但是因为**"发现了经络实体存在"**这个事件实在是太过重大和诱人，所以当无法找到其它科学实验的充分证据，最后内部有人揭发和他自己最后承认研究结论"造假"之后，西方势力借此大肆制造舆论，将这个问题政治化，它的后果是造成了后续几十年的"经络"研究在整个世界范围内都走入了"误区"。

　　另一方面，因为"针灸术"在治疗"痛症"方面确实实际疗效显著，所以西方医学研究也把部分的研究重点放在了所谓的"干针"刺激神经系统的应激反应方面，欲基于此建立一套取代中医"经络"针刺术的所谓"身体敏感应激点"特定自然和物理疗法。而中国国内的中医研究则是五花八门，重点都在强调经验用穴和用各种形式的针法和治疗手法的独特翻新，本质上还是在重复验证几千年来中医的"经络"体系能够治病救人的"客观真实性"，结果是**"循经感传"**的成果堆到天花板，核心理论方面还是一直处于**"死锁"**的状态。

　　金凤汉的初衷无可厚非，个人悲剧抛开政治因素不谈，其本质核心我认为还是在于他"没有读过，或读了但是没读懂《黄帝内经》"。他发现的结构其实就是"经络"的物理基础组成部分之一的"带脉"部分末梢，但他想当然地认为那就是"经络"全部，却又无法用科学的方法证实其功能的实现依据。作为科学探索研究，他本可以存疑，先假设那可能是"经络"的一部分，这样为后面的研究留有余地，但是"为朝鲜在世界中医领域抢功心切"，外加个人科研道德的缺失导致了他最后采用伪造实验数据和结果方法来强行弥补"无中生有"的逻辑空白。

　　现在我通过前文的论述已经明确了，**"十二正经"**体系是中国古人岐伯**"务虚"**的创造，它在人体上的功能表达是建立在"人体神经系统"的底层框架基础之上来实现的，所谓**"经络"**只是岐伯指导后世医家行针的有效穴位标志主观想象的**"联络图"**，底层的物理本质是**"人体神经系统末梢网"**。《黄帝内经》里**"十二正经"**对应的概念定义是**"三焦"**经膜，在**"奇经八脉"**中对应的概念是**"带脉"**和**"阳跷脉"**。

所以金凤汉几乎接近成功了，只是他"错解"了岐伯的本意，以为找到了"经络"的实体，却无法"自圆其说"。

他没有意识到，原来中华医学先贤的代表岐伯居然是在**"玩虚的"**！

他没有领悟到，原来中华医学理论层次早已经达到了**"形而上"**的思想高峰！

正所谓"基础不牢、地动山摇"，不但自己成了悲剧，同时还严重"误导"了中国中医基础理论的现代化研究与实践的进程，使后者陷入了死区和泥潭而不能自拔。

最后，我在这里再次明确如下：**当前中医界官方依据人体"十二正经"走向所描述的"经络"，其对应的特定所谓物质实体是不存在的。**

具体地说就是：《黄帝内经》里的**"十二正经"**体系是通过实践摸索总结出来的筋膜敏感穴位和痛点的**"主观想象"**的集合连线，中国古人先贤利用了中国古典哲学和医学理论进行了宏观的概括、解释和演绎，把它推演到了**"经膜"**的层次，而这个层次的概念是**"务虚"**的。

"十二正经"的功能体现是由底层**人体神经系统**的**"务实"**的操作来完成的，而"十二正经"的功能表达所依据的物理载体就是**"神经系统"**的结缔末梢和浅层组织，中国古人在《黄帝内经》中所定义的词组**"经膜"**结构就是针刺术有效实施的基于**"十二正经"**体系的物理实体操作层面。

很多中医当前理论的维护者害怕一旦"**十二正经**"体系的特定物质实体被证明是不存在的，中医就失去了立足的根本，中医基础理论的宏伟大厦就垮掉了！中医就难以生存了！中医将不中医了！因此要不惜一切代价维护坚持"经络是客观存在的"，要"顶住、顶住、再顶住"！还有人想当然杜撰它是另一套神秘的体系结构、有可能存在于某个多维空间的投影、或者是一种特殊的"量子表达"、可能来自于某外星人的施与，只是还没有找到！

现在，这种担心和空想就不必存在了。

如前所述，在《黄帝内经》里岐伯的"**十二正经**"体系是存在的，但却是以一种主观认识方法论的思想意识形式存在于形而上的"**道**"这个层次，而不是在物质层面的一个特殊的"**客观存在**"这个层次。所以很多后世的医学大家都暗自明白北宋王惟一的"**经络铜人**"以及现在能够在中药店买到的大大小小的针灸人体塑料模型和各种"人体十二正经示意图"上的"十二正经"路线图只能作为学习背诵和练针指导，具体用针还要不断根据具体的病人体型和针感去摸索和体会更准确、更有效的穴位。

鲁迅有句名言："**世上本无路，走的人多了，也便成了路**"。

我仿此造句：**人体本无"经"，针灸、按跷见效穴位多了，也便成了"经"**。

很多读过《黄帝内经》的中医学子都有这样的体会，看了很多遍《黄帝内经》还是不会治病，面对病家，无法理论联系实际，而且药方只有几个，也不好用，原因就在于此，即：《黄帝内经》是用来指引中医整个思维体系"**方向**"的，正如在冬天夜晚的"**北斗七星**"，其实宇宙的夜空天球之上本无这个"勺子"，这七颗恒星也不在同一个球面，彼此相差几十几百光年，只是对它观测想象成"勺子"的人多了，自然就接受了这个说法，而且这个"勺子"总是出现在北方，方便好用，特别是头顶的两颗星的连线延长五倍多，就是"北极星"，永远指向"正北"的方向，所以就成为了中国古人心中的**"恒星定位系统"**，不管走到哪里，方向都不会迷失。

当我自己认识到人体的**"十二正经"**图谱对应的"经络"体系**本不存在**，而是岐伯**"务虚"**的创新之后，心里的喜悦难以言表，因为这意味着"中医基础理论"对应的这**"十二条大龙"**能够真正地**"活"**了！再通过对**"奇经八脉"**的重组实现了中华医学与现代医学的相容性结合逻辑论证之后，就已经明白中华医学重新登上世界医学的顶峰已经为时不远了！

感谢**岐伯**、感谢**"扁鹊"**、感谢所有中华医学的先贤们，特别是《**黄帝内经**》的作者群体为我们所创造的这个伟大和充满智慧的认识人类医学本质的方法论，以及所开辟的人体医学科学天地。

最后来讨论，如何站在中医理论的角度看西医的治疗？

从理论上讲，西医目前所用的几乎所有化学合成药物，除了少数完全与人体原有的分子结构相同的维生素系列、微观激素和矿物营养物质之外，都不是人体细胞所固有和喜爱的，也就是说对于人体的肌体而言，都是"外邪"。因此本质上都有使正常细胞造成过早衰亡和变异的所谓"副作用"。

西药基于无机化学和有机化学合成技术，化学药品能够治病的根本原因主要在两个方面，一个是破坏"外邪"细菌的细胞膜、核结构或者 DNA 复制机制，特别是对于没有完整细胞膜结构的病毒来说，主要是病毒 DNA 和 RNA 的复制。另一个是利用人体大脑和神经系统对于某些化学药物刺激造成的各种过激反应，调动人体自身的激素和免疫系统，即中医所说的"正气"，主动合成出各种消灭"外邪"的分泌抗体物质。

　　现在，我们不得不重新开始面对一个最基本和最容易被想当然忽略的问题，就是：人体是由什么构成的？这个属于中学生理卫生的问题看起来很明确：人是由细胞构成的。这个说法对吗？当然是对的，因为现代医学和科学已经证明了人体的十大（十二）系统都是由各自对应的细胞组成的，虽然细胞的种类、形状、大小有差异，但都具有共同的本质构成基础。即一个完整的细胞应该具有的：细胞壁、细胞核、细胞质、线粒体、高尔基体和间质网膜等等。它是构成人体各个组织和器官最基本组成单元。比如心肌细胞构成了心脏的心肌纤维，肝脏细胞构成了肝脏，肾小球细胞构成了肾的主体结构。

　　可以做这样一个数学想象，细胞就是构成对应器官的"微元"，而对应的器官就是这个"微元"在整个器官外围以膜结构为"边界"的三重（维）定积分。不同形状的组织结构和器官实际上就是由各自特定"积分函数"关系来决定的。这个函数关系对应于各个组织和器官具有的，由遗传基因所决定的功能，以及其所需要的"营养物质"与"能量释放做功"的对应关系。"做功"干什么？当然是完成某一特定的动作和功能，完成新、旧细胞的交替，"除旧迎新"。大量的细胞"微元"集合起来完成某一生命密码指定的任务。而完成任务需要释放能量来"做功"，这个能量则来自于人体对于体外宏观营养物质和微观营养物质的吸收。这些营养物质都来自于自然界的植物、动物和矿物质。当然，能量的最终的来源现代科学早已明确，来自于"太阳的热核反应"，其表面辐射的能量通过"光波和射线"的辐射到达地球的大气层，使地球上的万物生长，将光能转化成各种化学能储存在各种植物和食物的高分子组织链结构中，其进入人体的细胞后，再通过细胞线粒体内三磷酸腺苷 ATP 的"氧化反应"释放出来。

所以如果把中医的"阴阳、气血"理论对应于人体细胞这个层次，其中的"阴"对应的就是"营养精微物质"所化生汇聚的"营阴"，而"阳"对应的则是每一个细胞内部氧化反应释放的"能量"所汇总形成的宏观的"阳气"的表达。

现代营养医学认为，如果能够给予人体细胞充足、正确、合理的宏量营养物质和微量矿物质，那么细胞就会不断自我分裂、复制和更新，保持自身的功能和"生"的状态，而每个细胞的分裂次数正常情况下可以达到 50 次左右。所以人要想活，首先就要保持自己的肌体细胞处于"活"的状态，就需要让每一个细胞能够吃到"自己喜欢想吃的那一口"，同时还要能够把代谢的废物排出体外。

接近六十万亿的细胞构成了一个成人的肌体组织和器官，各种组织和器官又"集成"在一起构成了整个人体的有机体结构。所以从理论上讲，在"微观"上一个细胞或一个细胞集群缺乏什么，想"吃"什么，最终一定会反映到一个人想"吃"什么，但它不是"山珍海味、鸡鸭鱼肉、满汉全席"，它需要人去用心体会并且依靠科学手段来检测和分析。现代医学借助科学技术进入到了细胞的内部微观结构，这首先要归功于"光学和电子显微镜"的成功运用，但这毕竟是在《黄帝内经》诞生之后的 1300 多年以后的事情了。

所以中国古人早就明确了：人生病了，就是营养精微物质对应的**"血"**与气化释能对应的**"气"**之间出现了问题，毒素以各种**"邪"**的形式出现了。用现代医学的定义就是**"细胞病了"**。因此解决的方向很明确：用新的细胞来取代旧的、即将衰亡的细胞，就可以恢复整个机体正常的功能。所以努力提供一个尽量"合口"的"饭菜"给新的细胞，让它迅速成长起来，负担起衰老细胞的功能和责任，同时，努力保持细胞外部环境沟通的畅通，使营养"精微物质"能够成功送进细胞内部，把代谢的产物和毒素排出细胞，维持正常的"新陈代谢"功能，人就一定会好转起来，这也从古典中医"药补不如食补"的教诲得到充分的体现。

这个道理其实很容易理解，比如对于一个社会的正常运转，年轻人正常就业，老年人正常退休，就是体现在正常的"新老交替"的过程中。人一旦生病了，如果在初始阶段，合理饮食、放松心情、保证足够的休息，大多数都能够得到自我缓解和好转，就是这个道理。

中药的绝大部分来源于已经被大自然千百年筛选过的安全的植物，与人体有天然的亲和力，人体的肝经解毒系统对它们并不陌生。它们品种繁多，有的中药本身就是有药用价值的"食物"，比如"山药"、"白扁豆"、"粳米"、"薏米"等等。所谓"药用价值"，就是能够促使"细胞"新陈代谢和具有营养成分并能够保持环境畅通、功能正常的物质。

因为"不通则痛"，病人如果感觉不到"痛"，则一般来讲就会认为自己没病，或者问题不大，如果功能没有受到损失，精神又是愉快的，那么当然就会认为自己是正常的，一时半会儿肯定死不了，心里就不会紧张。人为什么会感觉到"痛"？是因为代谢产生的死亡细胞以及它们产生的毒素对周围神经系统的刺激上报大脑对应的感知器官而形成的。

人一旦有不舒服的感觉，就会主动想办法克服和将它排除出去。这就需要能量或者说"正气"来推动或帮忙。所以中医能够治病救人的本质是一个"营养补充"与"行气活血"相结合的过程，也就是大家最为熟悉的"阴阳相互调和"的过程。在这里包含了"理法方药"及其各种治疗手法和指导思想，"营养精微物质"与"能量"二者结合才能实现"治本"的目标。那么谁来完成这个"治本"的任务呢？当然就是新细胞，即：功能完整的吃饱喝足的新细胞把衰亡细胞的位置替换下来，并重新行使自己被"正气"赋予的应该完成的功能。

所以在本质上，如果中、西都能够把病治好，二者就是"殊途同归"，都是利用了人体自身的免疫系统，即：中医所说的"正气"来杀灭对于人体有害的来自于自身或外界的各种特殊的由高分子链段组成的各种远程或近程组织结构单元，对此中医称之为"内邪和外邪"。老百姓都知道，身体强壮了，"气"足了，病就不容易找上门！就是这个道理。

因此岐伯在《黄帝内经》中用了一句话就做了最简洁和精确的描述，它就是我们都听过的那句千古名言：

"正气存内，邪不可干！"

www.ingramcontent.com/pod-product-compliance
Lightning Source LLC
Chambersburg PA
CBHW070919120626
46546CB00001B/325